古典文論詩文之論述

徐麗霞 著

文史哲學集成
文史哲出版社印行

國家圖書館出版品預行編目資料

古典文論詩文之論述 / 徐麗霞著.-- 初版.--
臺北市：文史哲, 民 105.08
　　頁；　公分（文史哲學集成；689）
ISBN 978-986-314-323-9（平裝）

1.中國古典文學　2.文學評論

820.7　　　　　　　　　　　　105015705

文史哲學集成　689

古典文論詩文之論述

著　　　者：徐　　　麗　　　霞
出版者：文　史　哲　出　版　社
　　　　　http://www.lapen.com.tw
　　　　　e-mail：lapen@ms74.hinet.net
登記證字號：行政院新聞局版臺業字五三三七號
發行人：彭　　正　　雄
發行所：文　史　哲　出　版　社
印刷者：文　史　哲　出　版　社
　　　　　臺北市羅斯福路一段七十二巷四號
　　　　　郵政劃撥帳號：一六一八○一七五
　　　　　電話 886-2-23511028 · 傳真 886-2-23965656

定價新臺幣四○○元

2016 年（民一○五）八月初版

古典文論詩文之論述

目　　次

緒　言

　　學界一般把文學研究分成兩個主要部門：文學史和文學批評，文學批評兼指文學理論和文學批評，亦即是理論探討和實際批評，前者關係到文學的基本特質及作用等，後者牽涉到文學的形式、類型、風格及技巧等，前者是文學的實質，後者是文學的現象或方法，兩者之間相互關聯[1]。本書的前四篇文章就是關於文學批評的初探淺釋，在悠遠的中國文學批評史針對所選擇的代表名家的文論，進行蒐集整理，試圖找出理論的系統與菁華，俾自我幫助在這個學門領域建立起基本的觀念和知識，並且希望奠定下學習的典範和方向。

　　周秦是中國古代文學批評的萌芽階段，此時的經典乃至先秦諸子百家的著作，都不能稱之為專門文學，「文學」名詞的內容是指文化學術的總稱。但先秦諸子主要學派都發表了一些關於文學的意見，全部的文學意見，都只有零星片斷的資料，散見在各種典籍裡，專門論述文學的文章尚未現世。

1　參見劉若愚著，賴春燕譯《中國人的文學觀念》。臺北：成文出版　　社，1977 年，頁 1-9。

　　中國文化背景的兩大思潮為儒家思想、道家思想，文學思潮當然不例外，儒家學說以禮樂德教為主，鮮明地以功用觀點論文學，文學要切合實用與教化意義。道家學說以微妙玄通而繩繩不名的虛無本體為主，重自然，追求神化的境界，主張復返原始素朴的生活，視語言文字為糟粕，但老莊崇尚自然的觀念卻被後人運用到文學批評，提倡自然美以反對雕琢堆砌、矯揉造作，莊子有不少關於技藝的寓言，目的在比喻人生修養的道理，也同樣被引伸出文學創作的具體問題，諸如此類，林林總總，使道家成為中國文學批評史上最早泉源。青木正兒即說：「**道家直接談文藝的地方很少，然而他的理論在後世的文藝思潮上發生影響的地方很多。[2]**」

　　本書第一篇〈莊子文學理論舉隅〉，原刊 1978 年 9 月《哲學與文化》第五卷第九期，頁 25-36，篇名〈莊子自然主義的文學理論〉。前言部分，對上述莊學由哲學成為文學理論的過程簡要說明。第二部分，選擇數則莊子聞名的寓言，與現代美學思想的基礎論述相互印證參照，內容含：鼓盆而歌與表現距離、削木為鐻與純粹直覺、道在屎溺與移情作用。第三部分，提出四點莊子哲學所內藏的文學創作理論：純任自然、味外之味、技巧潛藏、虛構手法。這篇文章的寫作時代較早，改動題目的原因，乃由於再度審視後，對於篇章內容未能十分

---

2 青木正兒著，不著譯者《中國古代文藝思潮》。臺北：啟明書局，1958 年，頁 135。

契合題旨的反省，其中若干引文也改用較現代版的參考
典籍。

魏晉為中國文學的自覺時代，擺脫了儒家束縛，轉
向求索文學的特質和規律，為文學理論的建設和文學批
評的開展，留下珍貴文獻資產。其中，曹丕《典論・論
文》是我國最早討論文學的專篇，開啟了論文風氣之先
聲。《典論》原是一部書，共五卷，原書已散佚，只存
〈自敘〉、〈論文〉、〈論方術〉三篇而已。《典論・
論文》中，曹丕本著「文非一體」、「各有所長[3]」的原
則，品評了建安七子的優劣得失；同時提出「文氣說」[4]，
他所說的「氣」，才性與氣質兼而有之，初步觸及文學
風格和文學與天才關係的問題；他也提出文學「本同末
異」，根據體裁的質性，分文學作品為四科，說明其各
自：「宜雅」、「宜理」、「尚實」、「欲麗」的不同
要求[5]；最後以「蓋文章，經國之大業，不朽之盛事[6]」，
總結全文，大大提高了文學的價值和社會地位。曹丕論

---

3 曹丕《典論・論文》：「夫人善於自見，而文非一體，鮮能備善，
是以各以所長，相輕所短。」梁蕭統《文選》，臺北：藝文印書館，
1964 年，頁 733。

4 曹丕《典論・論文》：「文以氣為主，氣之清濁有體，不可力強而
致。譬諸音樂，曲度雖均，節奏同檢，至於引氣不齊，巧拙有素，
雖在父兄，不能以移兄弟。」同註 3，頁 734。

5 曹丕《典論・論文》：「夫文本同而末異，蓋奏議宜雅，書論宜理，
銘誄尚實，詩賦欲麗。此四科不同，故能之者也，唯通才能備其體。」
同註 3，頁 734。

6 曹丕《典論・論文》：「蓋文章，經國之大業，不朽之盛事。年壽
有時而盡，榮樂止乎其身，二者必至之常期，未若文章之無窮。」
同註 3，頁 734。

文雖猶簡略，但在當時與後世論文種下了根苗，曹植〈與楊德祖書〉、應瑒〈文質〉、劉楨〈體勢說〉等，也都是此一時期文論篇什。

西晉陸機〈文賦〉是魏晉文學理論的更重要之著作，全文用賦體寫成，詳細敘述了文學創作過程的諸多議題，論述了文章的利弊得失，提出文學的內容與形式，文學的感興、想像和獨創，以及文學的體裁等等，涉及的範疇愈加寬博，見解精到。這篇魏晉文學自覺時代的名作，是在曹丕《典論・論文》的基礎上，向前跨躍一大里程。田兆民《歷代名賦譯釋》即說：「〈文賦〉的問世，在《典論・論文》之後，和《文心雕龍》之前，既進一步發展了曹丕的理論，又對劉勰的美學思想有很大影響。清代章學誠便曾經指出：『劉勰氏出，本陸機氏而昌論文心。』可見是一部承前啟後的光輝文學理論著作，在中國文學批評史上占有重要的地位。[7]」〈文賦〉除了有很高的理論價值，還是一篇很高藝術的美文，精語絡繹、珠聯璧合，許多絕妙精彩的語句，千百年一直為文人學者所贊賞引用。

本書第二篇〈陸機「文賦」創作論初探〉，原刊載於 1999 年 10 月《人文及社會學科教學通訊》第五十七期（第十卷第三期），頁 25-48，為該期專輯「語文教材鑑賞」之一篇。鄭在瀛《六朝文論講疏》認為陸機〈文

---

[7] 田兆民《歷代名賦譯釋》。哈爾濱：黑龍江人民出版社，1995 年，頁 758。

賦〉以寫作過程中的「構思」問題為中心,把前人的經驗和自己的經驗結合起來,首次對寫作理論作了比較全面系統的論述,其論述的內容可以分為兩大部分:「創作論」和「風格論」,尤其創作論,更是〈文賦〉的重點[8]。羅根澤《中國文學批評史》也說:「就現在所說者而論,陸機實在是提出較周詳的方法的第一人。他的〈文賦〉,說的概括一點,便是專為提示文學的方法而作。[9]」本文即聚焦於陸機〈文賦〉的「創作論」進行粗淺研究,由〈文賦〉的「寫作年代」和「創作動機與目的」兩個面向切入;接續剖述:「創作的準備階段」、「創作的構思階段」、「創作的表現階段」、「創作的技巧」等五個節目,積極討論選辭、謀篇、擇體、定旨、感興、想像等陸機的精心結撰。

　　本書第三篇〈「文心雕龍・辨騷」初探〉,原刊載於 2000 年 10 月《人文及社會學科教學通訊》第六十三期(第十一卷第三期),頁 70-92,為該期專輯「國語文教學與教材問題之探討」之一篇。南北朝時代,文學觀念日益明晰,文學形式日益精求,論文的專家和專書也就應運潮流而出,像沈約、蕭統、蕭繹、劉孝綽、裴子野、顏之推等人的文章,對文學都發表了觀點。而其

---

8 參見鄭在瀛《六朝文論講》。臺北:萬卷樓圖書公司,1994 年,頁 91-92。
9 羅根澤《中國文學批評史》第六章創作論。臺北:明倫出版社,未著出版年,頁 225。

中能夠獨成組構，集中火力，致身於文學批評而取得豐碩成果者，厥推鍾嶸《詩品》和劉勰《文心雕龍》，唯《詩品》主於論詩，雖思深而意微，終究難與《文心雕龍》頡頏，《文心雕龍》主於論文，體大慮周，籠罩群言。〈《文心雕龍》和古典歷史主義〉指出：「《文心雕龍》有許多思想超越了其同代的文論家，尤其是它的籠罩群言的理論視野和體系，令後人難以企及。其內含的歷史主義精神，是促成這一成就的重要力量。劉勰的歷史觀念所達到的高度足以使他在當時乃至後世傲視群倫。[10]」因此，劉勰《文心雕龍》可謂是中國專門名家勒為成書的初祖，他站在文學批評家的踏足基點，把文學理論視為一門專業學術而進行鑽研。

　　《文心雕龍》全書五十篇，分上下二卷，上半部自〈原道〉至〈辨騷〉五篇是全書的樞紐，表明了劉勰著作的基本文學思想；自〈明詩〉至〈書記〉二十一篇是文體論和分體文學史，條理性地論述各體文章的性質、歷史發展和寫作要點。下半部自〈神思〉至〈總術〉十六篇是創作論，討論了有關創作各方面的要點，從重大的創作原則到具體的寫作方法；〈知音〉以下七篇為批評鑑賞論，討論了文學批評方面的重要問題。最後一篇〈序志〉，乃是自序，介紹寫作的動機、宗旨和全書的

---

10 蔣凡、羊列榮〈《文心雕龍》和古典歷史主義〉。收入中國文心雕龍學會編〈論劉勰及其《文心雕龍》〉，北京：學苑出版社，2000 年，頁 11。

組織架構[11]。

依前所述,《文心雕龍》的思想邏輯應該表現於〈原道〉、〈徵聖〉、〈宗經〉、〈正緯〉、〈辨騷〉五篇總論,學者或稱之為「本原論」。〈序志〉云:「**蓋文心之作也,本乎道,師乎聖,體乎經,酌乎緯,變乎騷,文之樞紐,亦云極矣。**[12]」要理解《文心雕龍》全書,必須先領會這五篇的底蘊。五篇之中,〈原道〉、〈徵聖〉、〈宗經〉居領航地位,為總論中的核心總論。劉勰奉儒家經典為終極典律,大大揭櫫「文」原於「道」的理念,以及聖人文章的功能,他說:「**道沿聖以垂文,聖因文而明道。**[13]」職此之故,「文」乃「道」之表現,「道」乃「文」之本源,聖人創作「文」,來彰顯「道」,以治理國家、經世濟物。簡言之,即「道」、「聖」、「文」三位一體,聖人根據道心,製作文章以立教化,一方面要有益政治,一方面要提升人的道德修養。這種內涵傳統的文學理論,不僅成為中國後世各類文學的淵源,同時也替文學的思想和藝術樹立了典範。

---

11 《文心雕龍》五十篇內容的分類,各家說法頗歧異,劉大杰《中國文學發展史》分為五個部分:一、全書序言(〈序志〉),二、緒論(〈原道〉至〈辨騷〉五篇),三、文體論(〈明詩〉至〈書記〉二十一篇),四、創作論(〈神思〉至〈總術〉七篇),五、批評論(〈知音〉至〈指瑕〉七篇)。臺北:華正書局,2002 年,頁 342。

12 劉勰《文心雕龍‧序志》。范文瀾《文心雕龍注》,臺北:開明書局,1960 年,卷十,頁 21。

13 劉勰《文心雕龍‧原道》。同註 12,卷一,頁 2。

　　至於〈正緯〉、〈辨騷〉是抉擇真偽同異，從側面論述的篇章。羅立乾注譯、李振興校閱《新譯文心雕龍》說：「至於劉勰還要把『正緯』、『辨騷』列入『文之樞紐』的總論，則既是為了確立『原道』、『徵聖』、『宗經』在他文學思想中核心地位，又為了解決汲取緯書中的養料，以及對文學發展中繼承革新的指導思想問題。[14]」。〈正緯〉之「正」謂匡正，「緯」指緯書。緯書是對聖人經書的解說，或曰起源太古，萌於周秦。西漢以經淆緯，東漢以緯儷經，讖緯之學熾盛，雜論鬼神，競言災異，假託孔子之名偽製，把經典宗教化、神祕化。唯緯書之中，亦含有一些古史傳說、神話幻想、天文地理等等奇偉之事，南北朝的辭賦家、駢文家，往往採擷緯書中的典故和辭藻，以學習讖緯為博學。劉勰明白指出緯書確實無益經典，卻有助於文章的書寫藝術，重點是必須在匡正虛假荒謬的前提下，斟酌擇取菁華，這是一種不籠統否定而加以區別的法則，《新譯文心雕龍》認為其價值在於：「為了維護經書純潔性和神聖地位，特寫此篇來大力匡正讖緯的虛假荒謬。」、「這種不籠統否定而加以區別的看法，是可貴的。[15]」

　　至於本文所討論〈辨騷〉，指《楚辭》的〈離騷〉及其他屈原、宋玉作品。漢魏六朝屈騷備受廣大文人的

---

14 羅立乾注譯，李振興校閱《新譯文心雕龍》。臺北：三民書局，1996 年，頁 17-18。
15 羅立乾注譯，李振興校閱《新譯文心雕龍》。同註 14，頁 44-45。

學習模仿，大重於時，是繼承《詩經》而後起來的另一座文學高峰，抒情奔放，踵事增華，具有強烈的浪漫主義特質，標識了文學風潮之巨大轉變與創新。韓湖初〈論《楚辭》對我國古代南北文化融合的貢獻和劉勰對它的理論總結〉云：「不同的文化互相之間的傳播與交融，不但會豐富和提高其原有的文化素質，而且會交媾而產生新的文化，從而促進其繁榮與昌盛。我國古代早在先秦時期已形成南北不同的文化，屈原的《楚辭》正是二者交融的結晶。《楚辭》一出現，便以其既在精神上繼承北方文化傳統，又具有南方文化絢麗多姿的特色，為人們所嘆服和仰慕。從此，追求奇瑰、艷麗、新奇便成為文壇不可逆轉的潮流。[16]」〈辨騷〉正是對這種無法逆轉的文學流變所作的邏輯推闡，劉勰一方面積極肯定屈騷的藝術成就，贊揚它在中國文學發展史的地位與影響；另一方面則與〈正緯〉相同，仔細爬梳屈騷與經書的異同，分析後世文人受其影響衍生的評述和不同情況，最末指出「憑軾以倚雅頌，懸轡以馭楚篇，酌奇而不失其貞，玩華而不墜其實[17]」訂為準繩：執持儒家經典的純正文風，來駕馭文學所生發的變化與創新。本文的寫作方式，依循〈辨騷〉的行文秩序，分為：「前言」、

---

16 韓湖初〈論《楚辭》對我國古代南北文化融合貢獻和劉勰對它的理論總結〉，收入韓氏著《文心雕龍美學思想體系初探》。廣州：暨南大學出版社，1993年，頁85。

17 劉勰《文心雕龍·辨騷》。同註12，卷一，頁30。

「宗旨」、「漢人對屈騷的評價」、「四同四異」（騷與經之異同）、「屈騷的影響」等節次進行初探，最後附帶淺說少數學者將〈辨騷〉從「本原論」（總論）取出，以成為後續「論文敘筆」（文體論）之首的爭議。

　　本書第四篇〈葉燮《原詩》文學理論淺析〉，原刊載於 1997 年 10 月《人文及社會學科教學通訊》第四十五期（第八卷第三期），頁 60-83，篇名〈葉燮《原詩》之詩學理論初探〉，為該期專輯「文學理論與語文教學」之一篇。葉燮是明末文人葉紹袁的第六子，生於明天啟七年（1627），曾在南明福王弘光元年（1645），補嘉善弟子員，應試名列第一。鼎革之後，康熙五年（1666）鄉試中舉，九年（1670）登進士第，十四年（1675）任寶應知縣，十五年（1676）因伉直不附上官意，被借故彈劾罷官，從此絕跡仕途，遊覽名山大川，與學術界名流如王士禎、孔尚任等交遊，切磋問學，晚年寓居江蘇吳縣橫山，教授生徒，人稱「橫山先生」，卒於康熙四十二年（1703）。

　　有清二百餘年，人文薈萃，學術鼎盛，其特殊現象在於兼容並包以前各朝代的論述，又在滿清入主中原的政治、社會等客觀形勢變動之下，呈映出獨立的學風文風，表現出自主的精神面貌，成為中國傳統舊文學的大總結。郭紹虞概述清代的文學批評時，說：「清代文學批評也是如此，以前論詩論文的種種主張，無論是極端的尚質，或極端的尚文，極端的主應用，或極端的主純

美，種種相反的或調和的主張，在昔人曾經說過者，清
人無不演繹而重行申述。五花八門，無不具備，真是極
文壇之奇觀。由這一點言，清代的文學批評可以稱為極
發達的時代。」、「對於文集詩集等等序跋，決不肯泛
述交情以資點綴，或徒貢諛辭，以為敷衍，於是必根據
理論以為批評的標準，或找尋例證以為說明的根據，而
關於文學批評的材料遂較往昔為增多。至於論文論詩的
書翰，往復辨難，更成為一時風氣。所以於昔人文集中
不易見其文學主張，而在清人文集中則處處透露其對於
文學的見解，由這一點言，清代的文學批評，也可稱為
極普遍的時代。[18]」基於此，派系林立與意見駁雜，可
以說是清代文學批評的特色，文獻資料之多真所謂汗牛
充棟。根據吳宏一《清代詩學初探》歸納所得，清代文
學批評之中與「詩學」相關的，大約分下列五項：（1）
詩話、（2）筆記、（3）詩選、（4）批注、（5）詩文
別集中有關詩學的序跋題記、論辨書翰及論詩絕句和懷
人詩[19]。葉燮《原詩》屬（1）詩話類，丁仲祜收入所編
輯之《清詩話》[20]。

　　詩話，乃中國古代詩歌理論批評的一種形式，濫觴
甚早，像《世說新語》謝安摘評《詩經》佳句，《顏氏

---

18 郭紹虞《中國文學批評史》下卷，第一篇總論、第四章清代文評
　　概述。臺北：明倫書局，1974 年，頁 8-9。
19 吳宏一《清代詩學初探》。臺北：牧童出版社，1977 年，頁 5-6。
20 葉燮《原詩》收錄於丁祜仲《清詩話》（下）。臺北：藝文印書
　　館，1977 年，頁 693-766。

家訓》關於時人詩句的評論和考釋等，都可以看作詩話的雛形。至於，第一部以「詩話」命名的專書，則是北宋歐陽修《六一詩話》，為其晚年作品，歐陽修自題：「**居士退居汝陰而集，以資閒談也。**[21]」中國詩話於焉正式誕生，自茲以後，成了廣泛流行的書體類型。緣由歐陽修「以資閒談」的撰述動機，詩話的體製泰半多是筆記體短札，一則一事，隨意長短，漫筆書寫，無嚴密的結構。南北宋之交的許顗《彥周詩話》曾說：「**詩話者，辨句法，備古今，紀盛德，錄異事，正訛誤也。**[22]」張葆全《詩話和詞話》認為這是嘗試給詩話立界說、定內容；他將詩話概括為兩大種：第一種著重「評論」，品評詩人詩作、考訂字句名物、詮釋名篇佳作；第二類著重「記述」，記載詩壇掌故、詩歌本事、詩人遺聞軼事[23]。而伴隨歷代詩歌創作的花團錦簇，文人更嗜愛談詩論藝的風氣，歷代詩話就跟著源源不絕，越來越繁富。

　　清代初期的文學思潮，大致為明代擬古運動和反擬古運動的餘波；明中葉後，前後七子的擬古運動獨霸，他們唯古是尚、陳義太高，又字比句擬、跡近剽竊，沒有鮮活生氣；迸激了公安派和竟陵派的反動崛起，然而

---

21 歐陽修《六一詩話》，收入何文煥《歷代詩話》第五冊。臺北：藝文印書館，1974 年，頁 156。

22 許顗《彥周詩話》，收入何文煥《歷代詩話》第七冊。同註 21，頁 221。

23 參見張葆全《詩話和詞話》第一章「詩話的特點和淵源」。臺北：萬卷樓圖書公司，1991 年，頁 3-4。

公安派和竟陵派強調主性靈的結果，末流也失之或浮淺
或幽僻，亦生異議。明末清初之際，錢謙益排擊擬古派，
馮班、馮舒、吳喬等人皆祖述之，經學家兼通文學的大
儒王夫之亦排擊擬古派；而影響層面最大應為漁洋山人
王士禛所提倡的神韻說，詩壇翕然相應，天下為之風靡。
雍正、乾隆後，前述派系林立與意見雜駁的現象陸續登
場，主要論家及其論述例如：沈德潛的格調說、屈復的
寄託說、袁枚的性靈說，翁方綱的肌理說等等，種種流
派及其理論，多於清代詩話中有所反映。

　　葉燮是標舉格調說的沈德潛之業師，沈德潛少時嘗
從葉燮學詩，葉燮鎔鑄古昔而自成一說，兼唐、宋之餘，
推崇杜甫、韓愈、蘇軾諸家，對於沈德潛的論詩主張多
所啟發，葉燮門下還有名詩人薛雪，著《一瓢詩話》。
郭紹虞指出：「葉氏名位雖不高，然以沈歸愚（沈德潛）
關係，所謂『橫山門下尚有詩人』，故其影響不為不大。
沈德潛的《說詩晬語》、薛雪的《一瓢詩話》，頗多引
橫山詩教之處。即不曾明言是橫山言論者，亦多暗襲橫
山之說。[24]」、「歸愚論詩宗旨，全本橫山葉氏，他的
《說詩晬語》雖不如《原詩》之有系統，也不如《原詩》
之多精微，但以他的詩論傳授之廣，故影響反較葉氏為

---

24 郭紹虞《中國文學批評史》下卷，第五篇清代（下）、第三章格
　　調說。臺北：明倫書局，1974，頁 567。薛雪，蘇州吳縣人，業
　　醫，名醫的聲譽極高。

大。[25]」

　　葉燮不但啟發門人，其《原詩》於建立理論系統方面更居功厥偉，清初部分詩話的表現形式，已不再是隨筆箚記，而如短篇論文，有條理有層次，葉燮《原詩》集中呈顯了這種自成體系的組構特色。《清代詩學初探》說：「葉燮的『原詩』，就理論而言，是歷代詩話裡最有系統的一部。它的好處，不僅是說理周詳，內容充實，最值得重視的是他於自己的理論，有『一一剖析而縷分之，兼綜而條貫之』精神，這與信手雜書的方式是截然不同的。[26]」《原詩》如何闡述詩歌基本原理與發展變化？本文在「前言」之外，分別從「論本原」、「論正變」、「論才膽識力」、「論胸襟」四個條目剖析之。

　　第五篇〈李白詩中的秋 —— 悲秋傳統的繼承與拓展〉，原刊載於 2002 年 3 月《華岡文科學報》第二十五期，頁 29-55。寫作動機起於對文學「時間意識」的思考，中國文學常應用某些典型概念和感覺方式，「時間」雖然遍在卻是眇無形迹，農業民族習慣以具體的「季節」物色表現之，通過季節流轉的「季節物色」委曲盡致地感召觸發「季節情感」；屈原宋玉的悲秋傳統，就是巧妙地把現象界的摧毀力量拿來擴大處理了許多悲悼挫折

25　郭紹虞《中國文學批評史》下卷，第五篇清代（下）、第三章格　　調說。同註 24，頁 586。歸愚，為沈德潛號。沈德潛，字確士，　　號歸愚，著有《說詩晬語》二卷。
26　吳宏一《清代詩學初探》。同註 19，頁 168。

的主題。陳鵬翔〈悲秋的傳統與衍變〉說:「中國古典詩,其中有許許多多秋天詩都是為了抒寫各式悲情而寫成的。在淒涼肅殺氣氛和環境底下感到憂愁、孤單、寂寞甚至沮喪是相當普遍的情懷,而中國詩人擅於表現此一情懷可已家喻戶曉,並且已構成一個獨特的文學傳統。[27]」後世寫秋,大抵不離這個基調。詩仙李白在這個普遍性狀況下,受到那些制約、表現什麼樣貌呢?

　　本文的研究方法,首先以瞿蛻園等校注之《李白集校注》為底植,摘錄李白詩題或詩中出現「春、夏、秋、冬」之篇什。統計結果:秋詩二二五首居冠,春詩一六一首居亞,冬詩六首居季,夏詩一首為殿,綜合計算:秋詩約佔李白詩歌總創作之 22.98%,此數字尚不包含月令在秋或景色為秋而無秋字者之作品,此外卷一古賦八首,亦存〈悲清秋賦〉一篇,在在證明「秋」於李白文學之重要性。分析這些眾多秋詩,主要展現在兩條路線:第一、繼承統傳統屈宋悲秋原型基調,包含:觸景生情、歲月推移、感士不遇三方面;睹秋景之衰,感日月之逝,而興發年壽將盡的生命悲慟;並且遠紹屈宋的不遇情懷,隱喻失志與無成,恐懼戒慎於自我生命價值落空。第二、拓展傳統悲秋之內容,包含:題材多元、淡化悲秋、省思悲秋;於是跳脫原型悲秋的描寫範疇,開闢出寬廣的寫作途徑和場域,在秋詩中體認人生究

---

27 陳鵬翔〈悲秋的傳統與衍變〉,收入陳鵬翔《主題學理論與實踐》。臺北:萬卷樓圖書公司,2001 年,頁 210。

竟，超越個人式的感傷，進入宇宙哲思的意境；並且仰賴其天性的雄邁氣質，淡遠為尚，表達一種對秋季節清朗之頌讚與似可把捉之賞玩。上述幾點對中唐以後，尤其是宋代文學秋好節的描述，影響深遠。

本書最後兩篇著重文學與社會的考察，不同社會背景會導致不同的文章寫作。這兩篇論文即由此角度出發，地理位移臺灣，分析清治臺灣械鬥環境下的官方厲祭文和民間義學碑記。本書第六篇〈臺灣清治時期祀典厲祭──姚瑩「噶瑪蘭厲壇祭文」〉，原刊載於 2016 年4 月《銘傳大學 2016 年「中國文學之學理與應用」國際研討會論文集》，頁 139-161。所謂「厲」是孤魂野鬼，「厲祭」是對厲的撫慰和禳除，其傳統起源自原始宗教中的亡靈崇拜。根據《禮記・祭法》規制：古天子立七祀，祀泰厲；諸侯祀立五祀，祀公厲；大夫立三祀，祀族厲；士與庶人無[28]。此時厲祭屬於國家祀典，具有嚴格的等級性，只能由陽世間相應身份者進行祭祀。《禮記》以下，歷代各朝並未謹慎遵循古制，祀典厲祭逐漸廢弛，反而因禮下庶民與禮俗互動的關係，依附民間俗信而大流行。逮及明代，太祖朱元璋下詔，令天下設厲壇祭祀「無祀鬼神」，京都曰泰厲，王國曰國厲，府州

---

[28]　《禮記・祭法》：「王為群姓立七祀：曰司命、曰中霤、曰國門、曰國行、曰泰厲、曰戶、曰竈；王自為立七祀。諸侯為國立五祀：曰司命、曰中霤、曰國門、曰國行、曰公厲。大夫立三祀：曰族厲、曰門、曰行。庶士庶人一祀，或立戶，或立竈。」十三經注疏本《禮記》，臺北：藝文印書館，不著出版年，頁 801。

曰郡厲，縣曰邑厲，里社曰鄉厲[29]。厲祭才又重返國家祀典，此時所祀對象與《禮記》大不同，只有地域的不同，絕無身分差別。

清代承襲明制，清領臺灣，祀典厲祭便隨著政權與仕宦進入。道光元年（1821）桐城派姚鼐的門下四傑之一姚瑩，來臺出任噶瑪蘭通判，以地方官欽奉聖旨與禮部箚付主持秋祠厲，創作〈噶瑪蘭厲壇祭文〉。祭文主體以駢文書之，後面附記改以散文，這篇厲壇祭文，形式工整而氣勢清剛，辭韻鏗鏘而文理厚實，深富感人力量。「噶瑪蘭」（kacalan）即今宜蘭，未入清版圖以前，屬於界外番地，其上原住民分高山泰雅族（Aiaya）與平埔噶瑪蘭族（kacalan）兩系，以平埔三十六社為主，各立頭目，不相統屬，是臺灣最晚隸籍清版圖的境域。乾隆中葉起，臺灣西部開發已飽和，嘉慶年間吳沙募三籍流民大規模武裝遷徙，噶瑪蘭人驚怖恐慌，傾全族火拼，而閩省海盜蔡牽、朱濆亦覬覦其地肥沃，不斷騷擾，造成各路人馬大量傷亡。因應噶瑪蘭的開發歷史，姚瑩厲祭的對象自有其「非常性」，與一般厲祭迥異，因此身為主祭的守土官，他自撰祭文，朗讀祭文，除採用漢語，還安排諳噶瑪蘭語者直接口譯，疾聲呼籲族群和諧。本文的重點即：梳理中國厲祭的沿革、說明姚瑩來臺入蘭的始末，以及論述〈噶瑪蘭厲壇祭文〉的特殊內涵與意義。

---

29 參見《明史・禮志》四。臺北：鼎文書局，1979 年，頁 350。

　　本書第七篇〈「義學」與「大觀義學碑記」初探〉，原刊載於 2015 年 5 月《銘傳大學 2015 年「中國文學之學理與應用」國際研討會論文集》，頁 425-448。義學是專為民間孤寒子弟設立的免費學校，濫觴自上古，起源於宋代的族塾義學，元、明趨向官學化，清代大盛，為地方蒙學教育之一種。清治臺灣的義學有下列數種：（1）官費設立、（2）地方行政長官義捐、（3）地方政府主倡籌集民間義捐、（4）純粹民間人士義捐。落座於新北市板橋區的大觀義學屬於純粹民捐，興建的原因源自械鬥。

　　清咸豐到同治年間，大臺北爆發大械鬥，板橋林本源家族被公推為漳州人領袖，在板橋築城，與泉州人互殺，這場戰爭綿延數年，輾轉各地，死傷極其悽慘，林維讓、林維源兄弟痛定思痛，把妹妹嫁予泉州舉人莊正，由莊正倡議，林家倡貲，興辦義學，所收學生不論漳泉各籍皆教化之，事件始末載於莊正撰書的〈大觀義學碑記〉。

　　本文的寫作，首先概述義學流變，繼而雜揉田野調查，運用板橋現存的莊正墨寶文物，考索碑記撰寫人莊正的在板橋時間，同時敘述大觀義學成立的械鬥背景，最後詮釋分類械鬥的專門術語「氣類」，推究氣類與風俗教化之間的聯繫，藉以瞭解臺灣清治時期義學教育的功能，進而觀看地方文化的變遷軌跡。

第一篇　莊子文學理論舉隅

一、前　言

　　中國思想在先秦諸子的縱橫捭闔裡開啟了光輝燦爛的史頁，中國文學也在這相同的領域拓展里程，所以章學誠《文史通義》說：「周衰文弊，六藝道息，而諸子爭鳴，蓋至戰國而文章之變盡，至戰國而著述之事專，至戰國而後世之文體備。……知文體備於戰國，而始可與論後世之文。[1]」諸子的文學表現，一如其哲學思想，各具體貌，別有姿態，他們渾身解數地一聲聲喊出了哲人的智慧，一筆筆刻勒下文藝的奇葩，而後期所有的學術討論、文學藝術，就自然而然從這裡吸取精髓，去做承繼與結果。本來，諸子並非有意於文學表現，因此，作品形式、寫作技巧等很少被付諸實際論敘；然而今日我們欲瞭解「文學理論」與「文學批評」，追本溯源，卻不期地回顧諸子了。

　　儒家哲學與道家哲學，分出南北，統領支配整個歷

1　章學誠著、葉瑛校注《文史通義校注·詩教上篇》。北京：中華書局，1985年，頁60。

史思潮的大局，孔子對文學的闡述，比較起老莊，明顯
化得多了，他說詩可以「**興觀群怨**」，「**邇之事父，遠
之事君**」；又說「**言以足志，文以足言，不言誰知其志，
言之無文，行而不遠。**[2]」；那種尚文的意識流露無遺。
當漢武帝罷黜百家，獨尊儒術，孔門的尚文尚用即成了
文學的圭臬，尤其在經師用力修飾之下，諷諫說、載道
說根株於下，榮葉於上，文學教化相結合的道統論，一
代接著一代，一直處於領導地位。然而在文學創作方面，
不可諱言，道家所開闢出來的理境，對歷代文學的影響，
實遠在儒家之上，中國文學如果沒有道家的滋潤，不知
要減去多少活活潑潑的生機、悠遠跳脫的空靈，其間，
莊周的成就，又非語約的老子可以望其項背。

　　正如前述，《莊子》一書作為哲理呈現，實乃漆園
的寫作動機，因此，無字無句不是精闢入裡，卻也一字
一句皆非文學說明；今日，我們將莊周的哲學導入文學
理論的範疇，做種種闡發，真要如徐復觀所自嘲的：「**把
活句當作死句去理會**[3]」，難免又是糟粕之說了。雖然，

2　《論語‧陽貨篇》：「詩可以興，可以觀，可以群，可以怨，邇之
　　事父，遠之事君，多識草木鳥獸之名。」朱熹《四書集註》，臺南：
　　大孚書局，1991 年，頁 121。《左傳》襄公二十五年：「仲尼曰：
　　『志有之：言以足志，文以足言，不言，誰知其志。言之無文，行
　　而不遠。』」十三經注疏本《左傳》，臺北：藝文印書館，未著出
　　版年，頁 623。
3　徐復觀《中國藝術精神》第二章、中國藝術精神主體之呈現：「老
　　子乃至莊子，在他們思想起步的地方，根本沒有藝術的意欲，更不
　　曾以某種具體藝術作為他們追求的對象。因此，他們追求所達到的
　　最高境界的『道』，假使起老莊於九泉，驟然聽到我說的『即是今

莊子原如廬山之峰，任憑左觀右眺，皆能各得其彷彿，他不予人以「必然」，一切風流卻盡藏茲中，因此林西仲論其文曰：「**須知有天地以來，止有此一種至理，有天地以來，止有此一種至文。絕不許前人開發一字，後人摹倣一字。至其文中之理，理中之文，知其解者，旦暮遇之也。**[4]」林西仲可以算是遇之矣，中國歷史透過莊子去瞭解文學、說明文學、創作文學者不乏其人，他們也都是知其解者了。但在作這方面的說明時，卻不得不重申一下：莊子原無意於文學理論、文學技巧的發明。職是之故，本末倒置，錯把文學理論、文學技巧去範圍莊子，是沒有必要的。

何以莊子在無意於文學創作之下，能產生如此偉大的文學作品，佔有文學之首席，而敲出振撼千古的感動力？原來，哲學與文學本有其共通之處，哲人們的思考來自宇宙萬物的引發，他們燃燒自己，企圖在瞬息萬化中找出「真理」，找出「永恆」，詩人、文學家又何嘗不是如此呢？梁宗岱《談詩》裡說：「**都是要直接訴諸於我們整體：靈與肉，心靈與官能，內在世界與外在世界，理想與現實；它不獨要使我們得到美感的愉悅，並且要指引我們去參悟宇宙和人生的奧義；而所謂參悟，又不獨間接解釋給我們的理智而已，並且要直接訴諸我**

日所謂藝術精神」，必笑我把他們的『活句』當作『死句』去理會。」臺北：臺灣學生書局，1966 年，頁 50。
4 林雲銘《增註莊子因》。臺北：廣文，1968 年。

們底感覺和想像，使我們全人格都受它的感化和陶鎔。[5]」
文學的生命取諸宇宙生命，文學家所力求把捉的也就是
哲學家所尋的永恆和亙古不變的真理。因此，凡根植於
哲學的文學，其內涵便更深入、更透澈，包孕思想的文
藝、作者的情感，才有最合理的寄存、最高度的提昇。
那麼，莊子之所以成為哲學界和文學界的先驅，也就不
言而喻了。

二、莊子文學的現代美學基礎

莊子哲學被轉換為文學理論與文學批評，已是眾所
皆知之事實，可惜，古來學者承繼莊子「呈現而非剖析」
的慣例，都只做簡單扼要、境界式的說明，罕將何以如
此之端緒，抽絲剝繭地覓出，於是談論起莊子的文學理
論，仍不免予人「霧裡看花，終隔一層」的錯覺。因此，
本文擬就現代文藝美學的觀點，嘗試把莊子與其不期而
遇之妙處，加以粗淺解說，肯定一下它在文學理論的園
地獨樹旗幟之可能性，當然，孟浪與不成熟，不敢覆瓿，
只求姑妄言之，姑妄聽之耳。

（一）鼓盆而歌與表現距離

「情」是文學創作不可或缺的要素，如果缺乏情所

---

5 引自張肇祺〈文學與哲學〉二、詩人、或文字家的視野。《哲學與
　文化》，臺北：哲學與文化月刊社，第四卷第十一期，1977 年，
　頁 807。

鼓舞的一份狂熱，創作便無由產生，所以柏拉圖說：「無論是誰，如果沒有這種詩人的狂熱，而去敲詩神的門，他儘管有極高明的藝術手腕，詩神也不會讓他登堂入室。[6]」然而莊子卻對惠施「人故無情乎？」的質詢，堅定的回答「然」，他認為擁有一張人的形骸，同時具備一副人的感情，是人類所以只是平庸凡人的主因，眇乎小哉，人的累贅都在這裡泛濫了，因此，他要脫卻感情的羈絆，純粹做一個「無情之人[7]」。〈至樂篇〉記載著：「莊子妻死，惠子弔之，莊子則方箕踞鼓盆而歌。惠子曰：『與人居，長子，老身死，不哭亦足矣，又鼓盆而歌，不亦甚乎？』[8]」莊子委實已經渾然忘情而無情。那麼，把它引做文學的闡述，實在了無關連，然而如果將莊子下面一段話，細加咀嚼，卻可以豁然貫通到：所謂無情方是大情，唯獨莊子這一位大情之人，才有如此之無情。他回答惠施說：

不然，是其始死也，我獨何能無概然？察其始而本無生，非徒無生也，而本無形，非徒無形也，

---

6 朱光潛《文藝心理學》第十三章：藝術的創造（一）想像與靈感，引柏拉圖《斐竺臘司》。臺北：臺灣開明書店，1969 年，頁 206。

7 《莊子・德充符》：「惠子謂莊子曰：『人故无情乎？』莊子曰：『然』。惠子曰：『人而无情，何以謂之人？』莊子曰：『道與之貌，天與之形，惡得不謂之人？』惠子曰：『既謂之人，惡得无情？』莊子曰：『是非吾所謂无情也，吾所謂无情者，言人之不以好惡內傷其身，常因自然而不益生也。』」郭慶藩《莊子集釋》，臺北：河洛圖書出版社，1974 年，頁 220-221。

8 《莊子・至樂篇》。同註 7，頁 614。

> 而本無氣，雜乎芒芴之間，變而有氣，氣變而有
> 形，形變而有生，今又變而之死，是相與為春夏
> 秋冬四時行也，人且偃然寢於巨室，而我噭噭然
> 隨而哭之，自以為不通乎命，故止也。[9]

　　拿著一副人的感情，就人的拘限觀看形骸之有無存
虧，實不能免乎生樂死悲，而就全體宇宙的大化流形言，
死不過一種聚與散的自然回歸，回歸並非終點，而是另
一個開始，儻深知如此，敲著盆歌頌造化的偉大罷！所
以惠子說「既謂之人，惡得无情？」，便非莊子「不以
好惡內傷其身，常因自然而不益生」的情了。妻始死時，
莊子不能無慨然，這代表著：人類那副人的情感在作用
著。如果一任其奔洴，勢必瀉而不返，沈溺自扼；唯獨
智慧者能夠在奔洴中收煞，把自己安放在情感與情感的
距離裡，去接受理智的澄清。因為，從「何能獨無慨然？」
的第一秒，到落入悼亡痛哭的庸者，生者的感情是一個
不斷的連續，纏綿串組，密集壓縮，此時此地，唯有掄
起一把慧劍，斬斷它的連續，造出它的距離，一切才能
清醒，才有迴旋；就莊子對妻言，距離使莊周之妻從親
屬的聯繫裡「孤立」而出，孤立後的妻方能為莊周納入
物種，去與芒芴四時相與變化；就莊子自身言，距離又
使他從紛雜混淆、沈溺自扼的情感之罟「超脫」，因為

---

9 《莊子·至樂篇》。同註 7，頁 614-615。

感情的作用在用力拉著莊子面對低層的現實界，超脫則去除所有現實所造成的魔障，讓他與原始本真更接近；由此可見，「距離」如何造就一位哲人。文學創作也類同於此，一個文學家儘管有滿懷排山倒海之情，卻不能錙銖不漏全盤表現在作品裡，為什麼呢？因為感受和表現是有距離的。將自己最切身的情感抒寫出來，固然作品不致流於空疏，但感受最深刻之時，卻並不全等於創作之時，所以朱光潛說：

> 藝術所用的情感並不是生糙的而是經過反省的。蔡琰在丟開親生子回國時絕寫不出〈悲憤詩〉，杜甫在「入門聞號咷，幼子飢已卒」時，絕寫不出〈奉先詠懷詩〉。〈悲憤詩〉和〈奉先詠懷詩〉都是「痛定思痛」的結果。藝術家在寫切身的情感時，都不能同時在這種情感中過活，必定把它加以客觀化，必定由站在主位的嘗受者退為站在客位的觀賞者。一般人不能把切身的經驗放在一種距離以外去看，所以情感儘管深刻，經驗儘管豐富，終於不能創造藝術。[10]

法國心理學家德臘庫瓦在《藝術心理學》也說：

---

10 朱光潛《談美》第二篇：當局者迷，旁觀者清・藝術和實際人生的距離，臺北：新潮社文化出版，1991 年，頁 32。

感受和表現完全是兩件事。純粹的情感，剛從實
際生活出爐的赤熱的情感，在表現於符號、語言、
聲音或形相之先，都須經過一番返照。越魯維頁
以為藝術家須先站在客位來觀照自己，然後纔可
以把自己描摹出來，表現出來，這是很精當的話。
藝術家如果要描寫自己切身的情感，須先把它外
射出來，他須變成一個自己的模倣者。[11]

　　換言之，一定要在自己和情感之間開闢一段適當距
離，因著這距離才能使主觀的感受和旁觀的欣賞有換位
之機，但是莫錯以為距離使作者與物隔絕，上面已說明
孤立與超脫在莊子哲學中的作用，乃在於擺脫感情把人
拉向現實界，文學的距離，也在造成孤立與超脫，孤立
就物言，超脫就作者言，它能消極地讓吾人拋開物的實際
作用，積極地使物的形相更清晰，俾進行更刻意的觀賞。

（二）削木為鐻與純粹直覺

　　上文說到距離造成孤立與超脫，讓吾人拋開物的實
際作用，使物的形象更清晰，這句話什麼意思呢？原來，
人類的知，有直覺、知覺、概念三種；當外物出現眼簾，
像照相一般只留下此物本身的形相，喚不起任何由經驗
得來的聯想，這是原始的知，稱為直覺；設若經由此物

11　朱光潛《文藝心理學》第二章：美感經驗的分析（二）心理的距
　　離。同註 6，頁 23。

而引起與該物有關的聯想，便叫做知覺；如果超越此物，產生另一些抽象思考即為概念。知覺與概念最大的差別是：知覺的階段，由物產生的意義仍附著於該物的形相上，概念則完全可以捨棄、割離於既有物的形相外；然而不論附著也好，割離也好，它們都是「已經獲得經驗」的堆積作用，這些都是現實實用界的產物，我們姑且將它分為兩大類：知識與欲望。因此，當文學家面對著外在景物時，社會價值、實有經驗難免要闖入景物形相與作者之間，作某些干擾，甚至帶著壓倒性的姿態，取代該景物的形相。所以文學創作實有賴於作者從現實實用觀念中獲得解脫，換言之，把物從層層團團的實用包圍裡渾圓透剔地剝取出來，對它做「純粹直覺」的觀賞。那麼，排除與淨化人類的心，便成為文學創作的最基本工夫。朱光潛《談美》一書中說：

> 木商由古松而想到架屋製器賺錢等等，植物學家由古松而想到根莖花葉日光水分等等，他們的意識都不能停止在古松本身上面，不過把古松當作一塊踏腳石，由它跳到和它有關係的種種事物上面去。所以在實用的態度中和科學的態度中，所得到的事物的意象都不是獨立絕緣的，觀者的注意力都不是專注在所觀事物本身上面的。注意力的集中、意象的孤立絕緣，便是美感的態度的最

大特點。[12]

德國心理學家閔斯特堡於《藝術教育原理》有很好的說明：

> 如果你想知道事物本身，祇有一個方法，你必須把那件事物和其他一切事物分開，使你的意識完全為這一個單獨的感覺所佔住，不留絲毫餘地讓其他事物可以同時站在他的旁邊。如果你能做到這步，結果是無可疑的：就事物說，那是完全孤立；就自我說，那是完全安息在該事物上面，這就是對於該事物完全心滿意足，總之，就是美的欣賞。[13]

如此，一個文學家最大的敵人，即為既有經驗：知識與欲望。那裡還有比忘去知識，排泄欲望更重要的事呢？《莊子‧達生篇》中梓慶削木為鐻，製造得唯妙唯肖，使魯侯驚猶鬼神，便是採用這種方式，不斷地作心的淨化。梓慶自己說：

---

12 朱光潛《談美》第一篇：我們對於一棵古松的三種態度；實用的、科學的、美感的。同註 10，頁 17。
13 朱光潛《文藝心理學》第一章：美感經驗的分析（一）形相的直覺。同註 6，頁 10。

臣將為鐻，未嘗敢以耗氣也，必齊以靜心。齊三
日，而不敢懷慶賞爵祿；齊五日，不敢懷非譽巧拙；
齊七日，輒然忘吾有四枝形體也。當是時也，無公
朝，其巧專而外骨消。然後入山林，觀天性，形
軀至矣，然後成見鐻，然後加手焉，不然則已。[14]

「齊以靜心」即是「心齋」，「忘吾有四枝形體」
即是「坐忘」，心齋、坐忘本來就是莊子得道必由的途
徑。天地宇宙本為一個真，偏偏每個人執著自己的是非，
去是其所是，非其所非，道如何不被掩蓋產生真偽呢？
紛亂如何能避免？這些都起因於吾人之「成心」，而成
心的鑄成則是既有的外在世俗之知在攪動我們的欲望，
塑造訛謬的主觀。因此，要得道，要合參宇宙萬物的真，
就須日損其欲，捨棄俗知，損之又損，棄而又棄了。何
謂心齋、坐忘？〈大宗師〉曰：

顏回曰：「回益矣。」仲尼曰：「何謂也？」曰：
「回忘仁義矣。」曰：「可矣，猶未也。」他日，
復見，曰：「回益矣。」曰：「何謂也？」曰：
「回坐忘矣。」仲尼蹴然曰：「何謂坐忘？」顏
回曰：「墮肢體，黜聰明，離形去知，同於大通，
此謂坐忘。」[15]

14　《莊子·達生篇》。同註 7，頁 658-659。
15　《莊子·大宗師》。同註 7，頁 282-284。

〈人間世〉曰：

> 回曰：「敢問心齋？」仲尼曰：「一若志，無聽
> 之以耳，而聽之以心，無聽之以心，而聽之以氣，
> 聽止乎耳，心止於符，氣也者，虛而待物者也，
> 唯道集虛，虛者，心齋也。」[16]

　　仁義禮智乃至於自我形骸，皆是道的腳鐐手銬，欲
同於大通，而不破除這些障礙，如何可行？就心齋來說，
莊子無異在告訴吾人：用感官形器去接觸，乃下乘之法，
因為感官形器往往反變成交感過程的隔閡，即使用心也
不行，心已為既有經驗，訓練得成為接納符號的工具，
這些都有所摻雜而不純粹，唯獨用虛氣去觀點，始能得
道，為什麼呢？因為道的本身就是虛，他的作用就發源
於氣。換言之，文學家面對外在景物，欲捕捉該景物精
純之至真至善至美，就必須付出等量的精純，讓我的心
如同一面瀏亮的明鏡，去放射最純之直覺。然而莊子視
美學家更高深奧妙許多，美學家雖然已拋開現實實用的
累贅，卻不能完全去掉「覺」的作用，莊子則連「覺」
都忘，純任虛，純任氣。

16　《莊子・人間世》。同註 7，頁 147。

（三）道在屎溺與移情作用

在莊子的宇宙觀裡，萬物生生的本源是一個抽象存在的道，它有情有信，無為無形，生長在太極之先、六極之下，未始有物、未始有始之時[17]，為一超乎時間與空間的存在者，只是特不得其朕而已。雖然，道究竟何在呢？〈知北遊〉曰：

> 東郭子問於莊子曰：「所謂道，惡乎在？」莊子曰：「无所不在。」東郭子曰：「期而後可。」莊子曰：「在螻蟻。」曰：「何其下邪？」曰：「在稊稗。」曰：「何其愈下邪？」曰：「在瓦甓。」曰：「何其愈甚邪？」曰：「在屎溺。」東郭子不應。莊子曰：「夫子之問也，固不及質，正獲之問於監市履狶也，每下愈況，汝唯莫必，无乎逃物。」[18]

原來，道雖是個物物者，而物物者的本身卻是與物無際，而寄存於有際的庶物中[19]，簡言之，道是遍在的，

---

17 《莊子·大宗師》：「夫道，有情有信，无為无形，可傳而不可受，可得而不可見，自本自根，未有天地，自古以固存，神鬼神帝，生天生地，在太極之先而不為高，在六極之下而不為深，先天地生而不為久，長於上古而不為老。」同註 7，頁 246-247。
18 《莊子·知北遊》。同註 7，頁 749-750。
19 《莊子·知北遊》：「物物者與物无際，而物有際者，所謂物際

它分散在一切物裡，不論該物的高低貴賤、壽夭貧富。換個立場觀，萬物的生長都是「**通天下之一氣耳**」的變化，都是肅肅至陰、赫赫至陽的交通成和罷了！聚則生，散則死，臭腐化為神奇，神奇復化為臭腐，用不同形體相禪；如果把這些分散的庶物結合起來，道便完完全全顯現出來了。因此求道離開物，乃欲之南越而北行，背道驅馳，終無所得，但，偏執著物去求道，卻又落入所蔽，好比瞎子摸象，莫能窺其全貌，因為道建立在可分與不可分之上，所謂「道通為一」者是也，所以向下看它是散，向上看則為全、為一，它是投入於萬物，又出乎於萬物。職是之故，當其為蝴蝶，莊周可以變成蝴蝶，當其覺醒，莊周仍然可以是莊周[20]。何故？因為莊周的生命就是蝴蝶的生命，蝴蝶的生命就是莊周的生命，乍觀之下，是兩個截然相異的形體，然而破除這累贅的形骸，二者都是道體的產物，那麼又有何差別呢？不僅蝴蝶與莊周如此，天下萬物莫不如是，那麼，物無彼我，

者也，不際之際，際之不際者也。」同註 7，頁 752。又曰：「人之生，氣之聚也，聚則為生，散則為死。若死生為徒，吾又何患？故萬物一也，是其所美者為神奇，其所惡者為臭腐，臭腐復化為神奇，神奇復化為臭腐，故曰：『通天下一氣耳。』聖人故貴一。」同註 7，頁 733。《莊子・田子方》：「至陰肅肅，至陽赫赫，肅肅出乎天，赫赫發乎地，兩者交通成和而物生焉，或為之紀而莫見其形。」同註 7，頁 712。

20 《莊子・齊物論》：「昔者莊周夢為胡蝶，栩栩然胡蝶也，自喻適志與，不知周也。俄然覺，則蘧蘧然周也，不知周之夢為胡蝶與，胡蝶之夢為周與？周與胡蝶則必有分矣，此之謂物化。」同註 7，頁 112。

渾然一體了，就文學創作言，史邦卿說：「**此情老去須休，春風多事，便老去越難回避。**」「**臨斷岸新綠生時，是落紅帶愁流處。**[21]」其實風的形成只是空氣的流動，那管得著人間之事呢？花謝當落是物理常態，豈能含愁帶怨呢？然而在文學家的筆下卻栩栩然，都具備了與人類相同的生機和情感。不僅中國文學如此，古今中外莫不皆然，泰戈爾在其詩集中寫道：「**使我做你的詩人，哦，夜，覆蓋著夜，……把我放在你沒有輪子的戰車上，從世界到世界，無聲的跑著……。**[22]」哥德在《浮士德》的開場便說：「**太陽繞著古道鳴，在眾星裡競行，自創世，他的路徑已前定，一聲雷響，結束行程。**[23]」這即為文學創作「宇宙人情化、生命化」的表徵，為什麼宇宙可以人情化、生命化呢？就理智觀點論，人是人，物是物，人與物似乎必然存在於兩個不同世界，然而人的情感卻具有「外射作用」，文學家常把自己內在的情感外射於物上，物與人便產生迴流交感，我的生命寄託於

21　史邦卿《梅溪詞·祝英台近》：「柳枝愁，桃葉恨，前事怕重記；紅藥開時，新夢又漩渙；此情老去須休，春風多事，便老去越難回避。阻幽會；應念偷蘭酴釀，柔條暗縈繫；節物移人，春暮更憔悴；可堪竹院題詩，蘇階聽雨，寸心外安愁無地。」又〈綺羅香·春雨〉：「做冷欺花，將煙困柳，千里偷催暮；盡日冥迷，愁裡欲飛還住；驚粉重蝶宿西園，喜泥潤燕歸南浦，最妨他佳約風流，鈿車不到杜陵路。沈沈江上望極，還被春潮晚急，難尋官渡；隱約遙峰，和淚謝眉嫵；臨斷岸新綠生時，是落紅帶愁流處，記得當日門掩梨花，剪燈深夜語。」臺北：臺灣商務出版，1983年。
22　泰戈爾《泰戈爾的詩·《採果集》》。臺北：海鴿文化，2005年，頁162。
23　歌德《浮士德·天上序曲》。臺北：桂冠圖書，2000年，頁13。

物，使物也產生了生命，再由物反射回轉予我，如此，物我交融，縮成一體，此即為「移情作用」，波德萊爾說：

> 你聚精會神地觀賞外物，便渾忘自己存在，不久你就和外物混成一體了。你注視一棵身材停勻的樹在微風中盪漾搖曳，不過頃刻，在詩人心中只是一個很自然的比喻，在你心中就變成一件事實，你開始把你的情感欲望和哀愁一齊假借給樹，它的盪漾搖曳也就變成你的盪漾搖曳，你自己也就變成一棵樹了。同理，你看到在蔚藍天空中迴旋的飛鳥，你覺得它表現超凡脫俗，一個終古不磨的希望，你自己就變成一個飛鳥了。[24]

　　移情作用在文學創作中為極重要的一環。因此，此說的創始人立普司便被推為美學的達爾文。「移情作用」這個詞的原義是：感到裡面去。亦即說：把我的感情移注到物裡，去分享物的生命[25]。莊子曾與惠施出遊於濠上，莊子曰：「儵魚出游從容，是魚樂也。[26]」莊子即

---

24 朱光潛《文藝心理學》第三章：美感經驗的分析（三）物我同一（移情作用）。同註 6，頁 40-41。

25 朱光潛《文藝心理學》第三章：美感經驗的分析（三）物我同一（移情作用）。同註 6，頁 40-41。

26 《莊子・秋水篇》：「莊子與惠子遊於濠梁之上，莊子曰：『儵魚出游從容，是魚之樂。』惠子曰：『子非魚，安知魚之樂？』莊子曰：『子非我，安知我不知魚之樂？』惠子曰：『我非子，固不知子矣，子固非魚也，子之不知魚之樂，全矣。』莊子曰：『請循其本，子曰汝安知魚樂云者，既已知吾知之而問我，我知之濠上也。』」同註 7，頁 606-607。

是用自己的快樂去外射魚，使魚也快樂起來，又使自己感覺到魚的快樂，莊子的鯈魚之樂，固然有前述哲學體系做它的基礎，同時也是一種文學家移情作用的自然流露。為什麼呢？移情作用與漆園哲學的道體遍在，都有一個共同的特質：物我不分。當然，移情作用比較起道體遍在則渺小許多，那是極易明白，不必贅敘。

三、莊子哲學所含蘊的文學創作論

（一）純任自然

「自然」，是道家哲學的精華，亦是莊子文學的特色，是以由此發展出來的文學理論便首重「自然」二字，認為文學的創作，非勉強可得，一切在「妙造自然」而已。〈養生主〉載庖丁為文惠君解牛，手所觸，足所履，膝所踦，砉然嚮然，奏著刀在筋骨之間悠遊，好比音樂家演奏堯舜樂章一般，何以然哉？庖丁自己說：

> 始臣解牛之時，所見無非全牛者；三年之後，未嘗見全牛也；方今之時，臣以神遇而不以目視，官知止而神欲行。依乎天理，批大郤，導大窾，因其固然。技經肯綮之未嘗，而況大軱乎？良庖歲更刀，割也；族庖月更刀，折也；今臣之刀十九年矣，所解數千牛矣，而刀刃若新發硎。彼節者有間，而刀刃者無厚，以無厚入有間，恢恢乎

> 其於遊刃必有餘地矣，是以十九年而刀刃若新發
> 於硎。[27]

　　這一段文字標出了「神」，要人們唾棄形體之養，去養精神的精純，因為形體有消虧，精神無止境，然而精神是一抽象不可見者，養神之法唯在「神遇」，不能以固定方式去私相授受，而且其可遇不可求，既來欲行則無往不入，泉湧不止。為什麼呢？因為「神」須「任自然」，非人力所能左右。〈天道篇〉中桓公讀書堂上，輪扁譏其拾古人糟粕，桓公大怒，要他有說則可，無說則死，輪扁的道理正與此同，他說：

> 臣也以臣之事觀之。斲輪，徐則甘而不固，疾則
> 苦而不入，不徐不疾，得之於手而應於心，口不
> 能言，有數存焉於其間。臣不能以喻臣之子，臣
> 之子亦不能受之於臣，是以行年七十而老斲輪。[28]

　　可見修道與得道，貴在天機妙悟，雖然也數存於其間，但要不疾不徐，得心應手，卻是口所不能言傳者，既然不能喻，非可受，那麼，唯有「純任自然」。文學創作也是如此，創作的妙道與靈思皆不可把捉，雖說似有章法條理可循，但硬循著章法條理，泰半的作者難免

27　《莊子·養生主》。同註 7，頁 119。
28　《莊子·天道篇》。同註 7，頁 491。

落入陳腔爛調的窠臼中，那談得上出新意、創新局呢？而文學貴在「收百世之闕文，採千載之遺韻」，要「謝朝華於已披，啟夕秀於未振[29]」，發人之所未發，言人之所未言，這便仰仗「神」了，這並非純靠「學養」所能獲致。淺顯地說：是仰仗作者「天賦的文學才能」，自然得之，無以假借。這種文學創作天才說，在建安時代便被曹丕標舉出來，《典論・論文》云：

> 文以氣為主，氣之清濁有體，不可力強而致。譬諸音樂，曲度雖均，節奏同檢，至於引氣不齊，巧拙有素，雖在父兄，不能以遺子弟。[30]

毫無疑義，曹丕這種鋒銳新穎的論點是在莊子學說薰陶下有感而發的。自是，莊子純任自然的創作理論，便成為文學理論家樂道之法則，如宋蘇東坡論文的「行於所當行，止於所不可不止。[31]」王世貞所謂：「非琢磨可到，要在專習，凝領之久，神與境會，忽然而來，

---

29 《文選》卷十七陸機〈文賦〉。梁蕭統《文選》，臺北：藝文印書館，1967 年，頁 246。

30 曹丕《典論・論文》。梁蕭統《文選》卷五十二，臺北：藝文印書館，1967 年，頁 734。

31 蘇軾〈答謝民師書〉；「所示書教及詩賦雜文，觀之熟矣。大略如行雲流水，初無定質，但常行於所當行，常止於所不可不止，文理自然，姿態橫生。」王更生《蘇軾散文研讀・答謝民師書》，臺北：文史哲出版社，2001 年，頁 221。

渾然而就，無歧級可尋，無色聲可指。[32]」鍾惺所謂：
「如訪者之幾于一逢，求者之幸于一至。[33]」嚴羽《滄
浪詩話》所謂：「詩有別才，非關學也；詩有別趣，非
關理也。此得於先天者，才性也。[34]」趙翼《甌北詩話》
評李青蓮所云：「詩之不可及處，在乎神識超邁，飄然
而來，忽然而去，不屑屑於雕章琢句，亦不勞勞於鏤心
刻骨，自有天馬行空，不可羈勒之勢。[35]」他們都或多
或少帶著莊學色彩以及出乎莊學轉化的跡象，此皆足以
證明莊子對文學影響之鉅。

（二）味外之味

　　唐司空表聖《詩品》標出「含蓄」一目，曰：「不
著一字，盡得風流。[36]」嚴羽也有「不涉理路，不落言
詮者，上也[37]」的論調，這些都已成為文學理論及文學

32　王世貞著，陸潔棟、周明初批註《藝苑卮言》卷一：「西京、建
　　安，似非琢磨可到，要在專習凝領之久，神與境會，忽然而來，
　　渾然而就。無歧級可尋，無色聲可指。」南京：江蘇古籍出版社，
　　2009 年，頁 11。
33　鍾惺《詩歸・序》：「真詩者，精神所為也，察其幽情單緒，孤
　　行靜寄于喧雜之中，而乃以其虛懷定力，獨往冥游於寥廓之外。
　　如訪者之幾于一逢，求者之幸于一至。」鍾惺、譚元春選評，張
　　國光、張業茂、曾大興點校，武漢：湖北人民出版社，1985 年，
　　頁 3。
34　嚴羽《滄浪詩話・詩辯》。收入何文煥《歷代詩話》，臺北：藝
　　文印書館，1974 年，頁 443。
35　趙翼《甌北詩話》。北京：人民文學出版社，2005 年，頁 30。
36　祖保泉《司空圖詩品注釋及釋文》。臺北：新文豐出版，1980 年，
　　頁 42。
37　嚴羽《滄浪詩話・詩辯》。同註 34，頁 30。

批評界的慣用語，其來源即本諸莊子的「言無言[38]」。
何謂言無言？莊子之意：不言者上乘，既言者下乘；蓋
妙道在神遇，不在稱說，但不言他人何以知之？故不得
已強為之說，是所說皆姑妄說耳，聽者取其言外之意，
則棄其言可也。換言之，語言文字都只不過是引出意的
媒介，當任務已達成，便可拋掉，所以莊子把語言文字
比筌蹄，曰：

> 筌者所以在魚，得魚而忘筌；蹄者所以在兔，得
> 兔而忘蹄；言者所以在意，得意而忘言。[39]

筌的作用在捕魚，蹄的作用在捉兔，言的作用在達
意，它們都是工具而已，但世俗之人每每抱著工具，不
去追求意義，好比水中撈月、守株待兔，真是不可與之
言呀！為什麼呢？因為「即器求道」雖是至理，但道實
非器，朱子《四書集注》有句話，適與此不謀而合，他
說：「學者不可厭末而求本，亦非謂本即末，但學其末，
本在是矣。[40]」故莊子又曰：

38　《莊子·寓言篇》：「不言則齊，齊與言不齊，言與齊不齊也，
　　故曰無言。言無言，終身言，未嘗不言；終身不言，未嘗不言。」
　　同註 7，頁 946。
39　《莊子·外物篇》。同註 7，頁 944。
40　《論語·子張篇》：「子游曰：『子夏之門人小子，當洒掃應對
　　進退，則可矣，抑末也，本之則無，如之何？』子夏聞之曰：『噫！
　　言游過矣。君子之道，孰先傳焉，孰後倦焉？譬諸草木，區以別
　　矣。君子之道，焉可誣也，有始有卒者，其惟聖人乎！』」朱熹
　　集傳：「學者當循序而漸進，不可厭末而求本。蓋與第一條之意，
　　實相表裏，非謂末即是本，但學其末而本便在此也。」朱熹《四
　　書集注》，同註 2，頁 133。

世之所貴道者書也，書不過語，語有貴也。語之
所貴者意也，意有所隨。意之所隨者，不可以言
傳也，而世因貴言傳書。世雖貴之，我猶不足貴
也，為其貴非其貴也。[41]

王弼便將此理移入《易經》，去解釋聖人之書，其
《周易略例》有極好的說明：

夫象者，出意者也；言者，明象者也。盡意莫若
象，盡象莫若言。言生於象，故可尋言以觀象；
象生於意，故可尋象以觀意。意以象盡，象以言
著；故言者所以明象，得象而忘言；象者所以存
意，得意而忘象。……存言者，非得象者也；存
象者，非得意者也。象生於意而存象焉，則所存
者乃非其象也；言生於象而存言焉，則所存者乃
非其言也。然則忘象者，乃得意者也；忘言者，
乃得象者也。[42]

《易》的道理假借自然現象以表現，自然現象復用
言辭以闡述，那麼欲得象須透過言辭，欲得理須透過象；

---

41 《莊子·天道篇》。同註 7，頁 488。
42 王弼《周易略例·明象篇》。王弼撰、邢璹注《周易略例》，嚴
靈峰無求備齋諸子文庫。

雖然，儘在言辭裡探求現象，所得之象必非真象，儘在現象裡摶搚道理，所得之理絕非真理。因此要忘言得象，忘象得意，因為：「大義類者，抽象之簡理；馬牛者，具體之繁象。具體之繁象生于抽象之義類，知其義類，何必拘于牛馬？[43]」那麼，文學也不能拘囿於文字章法結構，而是要出乎文字章法結構之外，追求更高一層的理境，此即所謂「味外之味」了。嚴羽提倡興趣，其《滄浪詩話‧詩辯》云：「盛唐諸公，唯在興趣。羚羊掛角，無迹可求。故其妙處，透徹玲瓏，不可湊拍。如空中之音、相中之色、水中之月、鏡中之象，言有盡而意無窮。[44]」阮亭與王士禎標榜神韻，王士禎的《唐賢三昧集》附有王氏之徒王立極的後〈序〉，〈序〉中云：「大要得其神而遺其形，留其韻而忘其跡，非聲色臭味之可尋，語言文字之可求也。[45]」民初王國維拈境界二字，自謂在嚴王之表，其言曰：

> 嚴滄浪《詩話》謂：「盛唐諸公，唯在興趣。羚羊挂角，無迹可求。故其妙處，透澈玲瓏，不可湊拍。如空中之音、相中之色、水中之影、鏡中之象，言有盡而意無窮。」余謂：北宋以前之詞，亦復如是。然滄浪所謂興趣，阮亭所謂神韻，猶

---

43 王弼《周易略例‧明象篇》。同註 42。

44 嚴羽《滄浪詩話‧詩辯》。同註 34，頁 30。

45 王士禎《唐賢三昧集》。臺北：商務印書館，1983 年。

　　　　不過道其面目，不若鄙人拈出「境界」二字，為
　　　　探其本也。[46]

　　王氏又謂：「詞之雅鄭，在神不在貌。[47]」其實興
趣說、神韻說，乃至王國維的境界說，內容雖小大差異，
都是莊子「言無言」下一脈相承的產物，朱東潤在〈王士
禛詩論述略〉一文中所點出的「在筆墨之外」者便是也。

（三）技巧潛藏

　　上述「言無言」及「文字糟粕」說，用於創作理論
固然極為巧妙，用於實際寫作的技巧方面，則又另有其
契機，文字的作用既然是達意的手段，終極目的在求味
外之恉、自然神妙，那麼，一切修辭雕琢等技巧經營，
便非一個成功文學家所應專意致力之所在了，但，這也
並非意味著文學家可以不懂得寫作技巧。庖丁解牛的記
載中，庖丁所以能以神遇不以目視，做到官知止而神欲
行，是在所見無非全牛之後的第三年；就算梓慶削木為
鐻，仍須齋七日，不斷地一層層忘卻慶賞爵祿、非譽巧
拙，乃至四肢形體，然後入幽林、觀天性，然後成見鐻，
最後始加手焉；其他心齋、坐忘，在在皆透露出「道」
是循序漸進修為而來的消息；〈大宗師〉南伯子葵問女
偊何以年已老大還能色若孺子，女偊的攖寧境界，也正

---

46 王國維《人間詞話》九，揚州：廣陵書社，2004 年，頁 10。
47 王國維《人間詞話》三十二，同註 46，頁 42。

如此：

> 吾猶守而告之，參日而後能外天下；已外天下矣，
> 吾又守之，七日而後能外物；已外物矣，吾又守
> 之，九日而後能外生；已外生矣，而後能朝徹；
> 朝徹而後能見獨；見獨而後能無古今，無古今而
> 後能入於不死不生。殺生者不死，生生者不生。
> 其為物也，無不將也，無不迎也，無不毀也，無不
> 成也，其名為攖寧。攖寧也者，攖而後成者也。[48]

可見修為達於神凝，至於至人、真人、神人的階段，
一切修為便一掃而空，便像藐姑射山的神人，晶瑩淖約，
婉如處子[49]，這實是反璞歸真。文學寫作適同於此，文
學家固然要以自然流露為表現的登峰造極，但登逢造極
仍須一步一履往上攀援，是以寫作技巧的經營以及學養
工夫的貯藏，或許會變成直接觀照時的阻礙，卻不能不
具備，況且上乘的作者仍然可以將這些工作做在事先，
成為寫作的預備，方其真正提筆搦翰之時，則運斧斤於
天工，完全不見鑿斫之痕；這種工夫近代學者稱之為「二
度和諧的鍛鍊」，何謂二度和諧呢？就是在原來生糙渾

---

48 《莊子·大宗師》。同註 7，頁 252-253。
49 《莊子·逍遙遊》：「藐姑射之山，有神人居焉，肌膚若冰雪，
   淖約若處子。不食五穀，吸風飲露。乘雲氣，御飛龍，而遊乎四
   海之外。其神凝，使物不疵癘而年穀熟。」同註 7，頁 28。

沌的初度和諧中，經過鍛鍊與洗滌，超昇於透徹玲瓏、恬靜圓通的第二度和諧之歷程；表面觀，似乎沒有多大變動，實際卻早已脫胎換骨、判若雲泥了。許印芳《詩法萃編》錄司空圖〈與李生論詩書〉並評論道：

> 唐人中王孟韋柳四家，詩格相近，其詩皆從苦吟而得。人但見其澄澹精緻，而不知其幾經陶洗而後得澄澹，幾經鎔鍊而得其精緻。[50]

張汝瑚稱王世貞：

> 先先少時，才情意氣，皆足以絕世，為于鱗（李攀龍）七子輩，撈籠推輓，門戶既立，聲價復重，譬乘風破浪，已及中流，不能復返。迨乎晚年，閱盡天地間盛衰禍福之倚伏，江河陵谷之遷流，與夫國事政體之真是非，才品文章之真脈絡，而慨然悟水落石出之旨，於紛濃繁盛之時，故其詩若文，盡脫去牙角繩縛，而以怡淡自然為宗。[51]

　　許張二人的說法，正是二度和諧鍛鍊的最佳注腳。陶淵明的詩，可以算得上中國詩史上沖淡深粹，最最出

---

50 許印芳《詩法萃編》，臺北：新文豐，1989 年。
51 張汝瑚〈王弇州傳〉。引自郭紹虞《中國文學批評史》四、近古期・五七、後七子派的詩論。臺北：明倫出版，1970 年，頁 316。

乎自然者，技巧自不在其經營之中，然而元遺山仍慧眼
獨具，洞瞻其「豪華落盡見真淳[52]」。所以袁枚主張：
「詩宜樸不宜巧，然必須大巧之樸；詩宜澹不宜濃，然
必須濃後之澹。[53]」其《詩話補遺》卷一曰：

> 凡多讀書為詩家最要事，所以必須胸有萬卷者，
> 欲其助我神氣耳。其隸事不隸事，作詩者不自知，
> 讀詩者亦不知，方可謂之真詩，若有心矜炫淹博，
> 便落下乘。[54]

　　此即是「入乎其內」，又能「出乎其外」，一切學
養技巧到此，唯須「如水中著鹽，但知其味，不見鹽質
[55]」，縱若有他山便便書史，在吟詠之際，如何可不棄
捐隱藏呢！[56]

（四）虛構手法

　　文學本貴乎想像，句句是真，字字皆實，固然可以

52　元遺山《論詩》三十首之四：「一語天然萬古新，豪華落盡見真
　　淳；南窗白日羲皇上，未害淵明是晉人。」施國祈注《元遺山詩
　　集箋註》卷十一〈論詩絕句〉。山西：山西古籍出版社，2005 年。
53　袁枚《隨園詩話》卷五。臺北：廣文書局，1971 年，卷五頁 5。
54　袁枚《隨園詩話補遺》卷一。同註 53，頁 1。
55　袁枚《隨園詩話》卷七：「用典如水中著鹽，但知鹽味，不見鹽
　　質。」同註 53，卷七頁 15。
56　張晉《傚元遺山論詩絕句六十首·查慎行》：「他山書史腹便便，
　　每到吟詩盡棄捐。一味白描神活現，畫中誰似李龍眠。」臺北：
　　新文豐，1989 年。

號稱本色，卻嫌板滯，味同咀臘；由想像而來者則文章可以虛構，這種手法在中國文學界早已流行普遍，屈原的作品百分之九十九憑空摹出，上天入地，無所不至，他可以命令羲和和豐隆替他駕車，來往於崦嵫、咸山，讓蹇修為媒，追求宓妃、姚女，這些虛構情節、假想人物，都在文學家的生花妙筆下有了真實生命和意識行為，像〈漁父〉一篇假託漁父問答，〈卜居〉一篇假託鄭詹尹占卜，更留予後人摹仿的範本，洪興祖《楚辭補注》云：「〈卜居〉〈漁父〉皆假借問答，以寄意耳。[57]」洪邁《容齋隨筆‧容齋五筆》云：「自屈原詞賦假為漁父問答之後，後人作者悉相規仿；司馬相如〈子虛〉、〈上林賦〉以子虛、烏有先生、亡是公；揚子云〈長楊賦〉以翰林主人、子墨客卿；班孟堅〈兩都賦〉以西都賓、東郭主人；張平子〈西都賦〉以憑虛公子、安處先生，左太沖〈三都賦〉以西蜀公子、東吳王孫、魏國先生，皆改名換字，蹈襲一律，無復超然新意，稍出法度規矩也。[58]」兩漢賦家雖蹈襲屈原，但虛擬手法卻也使它們從附庸而蔚為大國，造成辭賦的新氣象，唯獨以上作者，都不曾明白地說明自己正在虛構，好像說謊者怕給人拆穿底細般。《莊子》一書更以想像虛構為擅場，內篇之首〈逍遙遊〉裡的北冥之魚，千變萬化，

57　洪興祖《楚辭補注》卷七〈漁父章句〉。臺北：藝文印書館，1973年，頁295。

58　洪邁《容齋隨筆‧容齋五筆》卷七。臺北：商務書局印書館。

忽而為鵬，忽而為鯤，可以摶扶搖而上九萬里，乘著六
月海上的暴風，怒起一飛，前往南冥[59]；〈至樂篇〉裡
空髑髏可以與生人娓娓交談[60]；甚至孔老夫子也被拉入
文中，披上道家的外衣，說了許多莊周的話；莊子更臉
不紅氣不喘，從從容容地寫了一篇〈寓言篇〉，一清二
楚告訴世人，他在虛構文章。〈寓言篇〉云：

> 寓言十九，重言十七，巵言日出，和以天倪。寓
> 言十九，藉外論之，親父不為子媒，親父譽之，
> 不若非其父者也。非吾罪也，與己同則應，不與
> 己同則反，同於己為是之，異於己為非之。重言
> 十七，所以已言也，是為耆艾，年先矣而無經緯
> 本末以期年者者，是非先也，人而無以先人，無
> 人道也，人而無人道，是之謂陳人。巵言日出，
> 和以天倪，因以曼衍，所以窮年。[61]

〈天下篇〉也說：

---

59 《莊子·逍遙遊》：「北冥有魚，其名為鯤。鯤之大，不知其幾千
里也。化而為鳥，其名為鵬。鵬之背，不知其幾千里也；怒而飛，
其翼若垂天之雲。是鳥也，海運則將徙於南冥。南冥者，天池也。
齊諧者，志怪者也。諧之言曰：『鵬之徙於南冥也，水擊三千里，
摶扶搖而上者九萬里，去以六月息者也。』」同註7，頁2-4。

60 《莊子·至樂篇》：「莊子之楚，見空髑髏，髐然有形，撽以馬捶，
因而問之曰：……於是語卒，援髑髏，枕而臥。夜半，髑髏見夢
曰：『子之談者似辯士視子所言，皆生人之累也，死則無此矣。子
欲聞死之說乎？』莊子曰：『然。』……。」同註7，頁617-619。

61 《莊子·寓言篇》。同註7，頁947-949。

> 莊周聞其風而說之，以謬悠之說，荒唐之言，無
> 端崖之辭，時恣縱而不儻，不以觭見之也。以天
> 下為沈濁，不可與莊語，以卮言為曼衍，以重言
> 為真，以寓言為廣。獨與天地精神往來而不敖倪
> 於萬物，不譴是非，以與世俗處，其書雖瑰瑋而
> 連犿無傷也，其辭雖參差而諔詭可觀。[62]

林西仲對寓言、重言、卮言有很好的解釋：

> 寓言者，本無此人此事，從空蕎撰出來。重言者，
> 本非古人之事與言，而以其事與言屬之。卮言者，
> 隨口而出，不論是非也。作者本如鏡花水月，種
> 種幻相，若認為典實，加以褒譏，何嘗說夢。[63]

　　莊子可以說把世人調侃盡了，也把寓言虛構的手法
把弄得出神入化了，因此劉大杰禁不住贊歎道：「他才
華傑出，想像豐富，具有驅使語言的高度表達能力，造
句修詞，瑰奇曲折，如行雲流水一般，創造一種種特有
的文體，富於浪漫主義的象徵。他的文章也採用各種辯
論的方法，然無不雄奇奔放，峰巒疊起，汪洋恣肆，機
趣橫生。他能不顧一切規矩，使用豐富的語彙，倒裝重

62　《莊子・天下篇》。同註 7，頁 1098-1099。
63　林雲銘《增註莊子因》。臺北：廣文，1968 年。

疊的句法，巧妙的寓言，恰當的譬喻，使他的文章，顯得格外靈活，格外有獨創性。[64]」這位王公大人不能器之的莊子，可以推為虛構手法的鼻祖了。

四、結　語

總而言之，吾人若要在中國歷史上，尋出第二個人，能與莊子並駕齊驅，實在難乎其難，所以錢賓四誇他是一厄盡日汩汩地流也流不盡的水[65]。不錯，《莊子》一書確是取之不盡、用之不竭的靈泉，古來多少文人、哲人，從這裡汲取智慧，以啟迪自我的頭腦，昇華自我的情操。雖然莊子文學中所包含大量自然主義的文學理論，在標榜儒學主宗經尊孔的漢朝，似乎很黯淡，但它的血液流在底層的脈管裡，潺潺湲湲地流著，揚雄極推崇聖教，舉凡不道仲尼者，皆被他擠出正統文學的門牆外，譏之為書肆說鈴[66]，但他仍按耐不住去請教司馬相

---

64 劉大杰《中國文學發展史》第三章：詩的衰落與散文的勃興。臺北：華正書局，2002 年，頁 66。

65 錢穆《莊老通辨》上卷：「莊周的心情，初看像悲觀，其實是樂天的。初看像淡漠，其實是懇切的。初看像荒唐，其實是平實的。初看像恣縱，其實是單純的。他只有這些話，像一隻厄子裏流水般，汩汩地盡日流。只為這厄子裏水盛得滿，盡日汩汩地流也流不完。其實總還是那水，你喝一口是水，喝十口百口還是水。」臺北：東大出版，1991 年，頁 10。

66 揚雄《法言·吾子》：「好書而不要諸仲尼，書肆也；好說而不要諸仲尼，說鈴也。」揚雄撰、朱榮智校注《新編法言·吾子卷第二》，臺北：臺灣古籍出版，2000 年，頁 83。

如的「賦心」，贊美他為「賦神」，不似從人間來[67]，
這皆足以證明莊子文學的潛在力量正在對儒家傳統的文
學理論，做一種解放工作，這股暗潮，終於匯成洪流，
在儒家哲學崩潰瓦解，不足以維繫人心的魏晉時代，隨
著道家思想的勃興，全面的瀰漫整個文學界，於是文學
才得以逐漸脫離教化的束縛，慢慢找回真正的定義，而
針對純文學而發的文學理論也相繼出現，陸機〈文賦〉、
葛洪《抱朴子》等，都是很好的代表。可以說，沒有莊
子，文學只好永遠蜷屈於教化的大帽下昏睡著，文學家
的真性靈便唯任它活生生埋葬斷送，今日，我們能在花
團錦簇的文學園地裡獲得陶養，豈能不歌頌莊子的偉大
呢？

---

67 葛洪《西京雜記》卷三：「司馬長卿賦，時人皆稱典而麗，雖詩
人之作，不能加也。揚子雲曰：『長卿賦不似從人間來，其神化
所至邪？』」葛洪撰、周天游校注《西京雜記》，西安：三泰出
版，2006 年，頁 153。又卷二：「相如曰：『賦家之心，苞括宇
宙，總覽人物，斯乃得之於內，不可得而傳。』」同上，頁 93。

第二篇　陸機〈文賦〉創作論初探

一、前　言

　　陸機，字士衡，晉吳郡（今江蘇吳縣）人。出身江南世族，祖父陸遜為三國時東吳名將，因敗關羽之功，封賜「華亭侯」，官至丞相；父親陸抗，孫策外孫，亦吳國名將，官至大司馬。《晉書・陸機傳》說陸機：「**身長七尺，其聲如雷，少有異才，文章冠世，伏膺儒學，非禮不動。**[1]」陸抗死後，陸機領父兵為牙門將。二十歲時，吳國滅亡，他退居舊里，勤學讀書十載。晉武帝太康末年，與弟陸雲同入洛陽，大為當時文壇領袖張華所賞識[2]，文才傾動一時，世稱「二陸」，後又出入賈謐門下，為「文章二十四友」[3]。晉惠帝永熙元年（290）太

1　《晉書・陸機傳》卷五十四列傳二十四，臺北：鼎文書局，1980年，頁1467。
2　《晉書・陸機傳》：「太康末，與弟雲俱入洛，造司空張華，華素重其名如舊相識，曰：『伐吳之役，利獲二俊。』」同註1，頁1473。
3　《晉書・賈充傳》附賈謐：「謐好學，有才思。……開閣延賓，海內輻湊，貴游豪戚及浮競之徒，莫不盡禮事之。或著文章稱美謐，以方賈誼。渤海石崇、歐陽建，滎陽潘岳，吳國陸機、陸雲，蘭陵繆徵，京兆杜斌、摯虞，琅邪諸葛詮，弘農王粹，襄城杜育，南陽鄒捷，齊國左思，清河崔基，沛國劉瓌，汝南和郁、周恢，安平牽

傅楊駿辟陸機為祭酒;賈后誅楊俊,遷太子洗馬;元康
四年(294),吳王司馬晏出鎮淮南,陸機與弟同拜郎中
令。永寧二年(302),成都王司馬穎以他參大將軍軍事,
表為「平原內史」;八月,成都王與河間王司馬顒起兵
討伐長沙王司馬乂,再拜為後將軍、河北大督都,輔佐
出征,結果大敗於鹿苑,宦人孟玖等讒言構陷,遂為司
馬穎所殺,夷三族,得年四十三歲。

　陸機是「太康文學」之領袖,天才秀逸,辭藻宏麗,
詩文辭賦兼擅,《晉書》本傳言:「所著文章凡三百餘
篇,並行於世。[4]」今各本所收不滿二百[5]。《隋書‧經
籍志》記載:「晉平原內史《陸機集》十四卷。」注:
「梁四十七卷,錄一卷,亡。[6]」可見陸機作品散佚極多。
今日流傳的陸機集,以明陸元大翻宋本《陸士衡文集》
為最早,其他像:明張溥《漢魏六朝百三家集》有《陸
平原集》、明汪士賢《漢魏諸名家集》有《晉二俊集》。
清錢培名《小萬卷樓叢書》的《陸士衡文集》十卷,附
《札記》一卷,號稱首善。鍾嶸《詩品‧總序》曰:「太

秀,潁川陳眕,太原郭彰,高陽許猛,彭城劉訥,中山劉輿、劉琨
皆傅附會於諡,號曰二十四友,其餘不得預。」《晉書》卷四十列
傳十,同註 1,頁 1173。
4　《晉書‧陸機傳》。同註 1,頁 1481。
5　錢培名《小萬卷樓叢書》只有一百七十四篇,若合算逸文及殘篇,
就是二百多篇,參見金良美《陸機〈文賦〉研究》,臺北:國立臺
灣師範大學國文研究所碩士論文,1991 年。
6　《隋書》卷三十五‧志第三十〈經籍志〉(四)集。臺北:鼎文出
版,1980 年,頁 1063。

康中，三張（張載、張協、張亢）、二陸（陸機、陸雲）、兩潘（潘岳、潘尼）、一左（左思），勃爾復興，踵武前王，風流未沫，亦文章之中興。[7]」晉武帝滅蜀，受魏禪，改元泰始（265～270），十六年滅吳，改元太康（280～290），於是百年紛亂歸於統一，社會生活呈現安定景象，時會所趨，文學興盛，偏重修鍊辭藻、講究對偶，初步形成了華麗風氣與形式主義，嚴羽《滄浪詩話》概括為「太康體[8]」，這是兩晉文學的最繁榮時期，影響及於南北朝，而陸機即為諸文人的代表。

　　現存陸機賦約計三十九篇[9]，除〈文賦〉是長篇鉅製外，餘多為短賦。〈文賦〉是中國最早的賦體文學論，繼曹丕《典論·論文》之後一篇重要的文學理論批評專著，文中對於文學創作的想像、靈感、技巧等純粹文學理論等問題作了系統闡述，對於各體文章的不同體裁、風格以及文學的本質、功用等都作了具體說明，建立抽象法則和形象理論。其中「創作論」更是〈文賦〉的重點，關於創作的複雜進程、各種曲折微妙的情況，陸機都給予了縱深角度的考察，從這裡我們可以全方位探索

---

7 鍾嶸《詩品》。收入清何文煥《歷代詩話》，臺北：藝文印書館，1974 年，頁 7。

8 嚴羽《滄浪詩話·詩體》：「以時而論，則有太康體。」下注：「晉年號，左思、潘岳、三張、二陸諸公之詩。」收入清何文煥《歷代詩話》，同註 7，頁 444。

9 陸元大翻宋本《陸士衡集》有二十五篇，張溥《陸平原集》有二十八篇，嚴可均《全上古三代秦漢六朝文》有三十篇，金濤聲點校《陸機集》有三十六篇，何沛雄《現存陸機賦考》有三十九篇。

他的全部文學觀與美學思想，職是在篇幅與能力有限的條件之下，本文選擇「創作論」嘗試解讀與研究。

二、〈文賦〉寫作年代

關於〈文賦〉的寫作時間，歷來有不同的看法，多數學者主張二說：（1）太康元年（280），陸機二十歲時所作。（2）永康元年（300），陸機四十歲時所作。本文參閱史料及學者論證，認為第二說似乎較符合事實。按第一說主要根據杜甫〈醉歌行〉，杜詩曰：「**陸機二十作文賦，汝更小年能綴文。**[10]」學者多據此判定〈文賦〉是陸機早年的作品，例如姜亮夫《陸平原年譜》即說：「**甫詩謹嚴，必非虛構。**[11]」不過杜甫詩句嫌於薄弱，值得懷疑。金良美《陸機〈文賦〉研究》即提出三點理由加以否定，其內容約為：（1）杜甫詩中的說法到現在尚未找到確鑿史料作依據。（2）陸機十五歲已經做牙門將軍，吳國國勢接近危機時，正過著戎馬倥傯的生活；二十歲吳亡，陸晏、陸景戰死，陸機也被俘到洛

---

10 杜甫〈醉歌行〉：「陸機二十作文賦，汝更小年能綴文。總角草書又神速，世上兒子徒紛紛。驊騮作駒已汗血，鷙鳥舉翮連青雲。詞源倒流三峽水，筆陣獨掃千人軍。只今年才十六七，射策君門期第一。舊穿楊葉真自知，暫躓霜蹄未爲失。偶然擢秀非難取，會是排風有毛質。汝身已見唾成珠，汝伯何由發如漆。春光澹沱秦東亭，渚蒲牙白水荇青。風吹客衣日杲杲，樹攪離思花冥冥。酒盡沙頭雙玉瓶，衆賓皆醉我獨醒。乃知貧賤別更苦，吞聲躑躅涕淚零。」《全唐詩》（四），臺北：明倫書局，1971 年，頁 2257。
11 姜亮夫《陸平原年譜》。收入姜亮夫著，沈善洪、胡廷武主編《姜亮夫全集》。昆明：雲南人民出版社，2002 年。

陽，患難重重，寫出一篇高成就的理性文章，實在不容
易。（3）豐富的創作實踐累積和對前人創作經驗的總結，
是〈文賦〉寫作之前提，考察陸機二十歲的創作，大部
分以擬摹為主，沒有宏深的宗旨，還不及成一家之言的
階段[12]。總之，在這樣情況下，寫作〈文賦〉是令人難
以相信的事情。

　　第二說、主要論據有：臧榮緒《晉書》及陸雲〈與
兄平原書〉。李善《文選》注引臧榮緒《晉書》：

> 機少襲領父兵，為牙門將軍，年二十而吳滅，退
> 臨舊里，與弟雲勤學，積十一年。譽流京華，聲
> 溢四表，被徵為太子洗馬，與弟雲俱入洛。司徒
> 張華，素重其名，相見如舊相識，以文呈華，天
> 才綺練，當時獨絕。新聲妙句，係蹤張、蔡。機
> 妙解情理，心識文體，故作〈文賦〉。[13]

　　依照文章敘述的先後次序看，〈文賦〉寫作當在入
洛以後。至於陸雲〈與兄平原書〉，則把〈文賦〉與〈述
思賦〉、〈詠德賦〉、〈扇賦〉、〈感逝賦〉、〈漏賦〉
等編列一起，說「兄頓作爾多文」，則諸文寫作年代理

---

12 參見金良美《陸機〈文賦〉研究》第二章第一節。臺北：國立臺
　　灣師範大學國文研究所碩士論文，1991 年。
13 《文選》卷十七陸機〈文賦并序〉「陸士衡」下引。梁蕭統《文
　　選》，臺灣：藝文印書館，1967 年，頁 245。

應相近，〈與兄平原書〉曰：

> 雲再拜，省諸賦皆有高言絕典，不可復言。頃有
> 事復大不快，凡得再三視耳。其未精，倉卒未能
> 為之次第。省〈述思賦〉，流深情至言，實為清
> 妙，恐故復未得為兄賦之最。兄文自為雄，非累
> 日精拔，卒不可得言。〈文賦〉甚有辭，綺語頗
> 多，文適多體，便欲不清，不審兄呼爾不。〈詠
> 德頌〉其復盡美，省之惻然。〈扇賦〉腹中愈首
> 尾，發頭一而不快。言烏雲龍見，如有不體。〈感
> 逝賦〉愈前，恐故當不小，然一至不復減。〈漏
> 賦〉可謂清工。兄頓作爾多文，而新奇乃爾，真
> 令人怖。不當復道作文。謹啟。[14]

〈述思賦〉為懷念陸雲所寫，作於永寧二年（302），
那年陸雲由中書侍郎轉任大將軍右司馬，前去鄴都，陸
機仍留洛陽，兄弟別居，故作賦念弟。〈詠德頌〉即〈詠
德賦〉，是張華死後、哀傷頌揚張華，而張華死於永康
元年（300），陸機四十歲[15]。〈感逝賦〉當為〈歎逝賦〉，

---

14 《陸清河集》〈與兄平原書〉。明張溥《漢魏六朝百三家集》（三），
　　臺北：新興書局，1976 年，頁 1582。
15 《晉書‧張華傳》：「陸機兄弟，志高氣爽，自以吳之名家，初
　　入洛，不推中國人士，見華一面如舊，欽華德範，如師資之禮焉，
　　華誅後，作誄，又為〈詠德賦〉以悼之。」《晉書》卷三十六列
　　傳六，同註 1，頁 1077。

悼念亡故的親友而作，〈歎逝賦序〉曰：「**余年方四十，而懿親戚屬，亡多存寡。**[16]」明言寫作於四十歲。依此推論，則〈與兄平原書〉所討論的諸篇賦作悉近此年，例如陳世驤、陸侃如等人皆主此說[17]。黃保真、成復旺、蔡鍾翔著《中國文學理論史‧先秦兩漢南北朝時期》也說：「**〈文賦〉大概是他晚期的作品，杜甫詩中『陸機二十作文賦』之說未必可靠。據陸雲〈與兄平原書〉，〈文賦〉與〈嘆逝賦〉作於同時，而〈嘆逝賦序〉明言此賦作時『年方四十』。**[18]」

三、〈文賦〉的創作動機與目的

賦的結構章法，可分為直、中、尾三部，其構篇形式有：模擬楚辭形式和典型漢賦形式之別。模擬楚辭的構篇形式，起始有「序」說明作賦之緣起及要旨，序後中間部分的辭文，是賦的本部，尾段結束有「亂」，以概述全篇大意。典型漢賦構篇，起始、結尾無「序」、「亂」，而在賦本身自成：始、中、終三部分，首尾用

16 《陸平原集‧歎逝賦》：「余年方四十，而懿親戚屬，亡多存寡，暱交密友，亦不半在，或所曾共遊一塗，同宴一室，十年之內，索然已盡。以是思哀可知矣，乃為賦。」明張溥《漢魏六朝百三家集》（三），同註 14，頁 1488。
17 參見〈關於文賦疑年的四封討論信〉，《民主評論》第九卷第十三期。
18 黃保真、成復旺、蔡鍾翔著《中國文學理論史‧先秦兩漢魏晉南北朝時期》，第二編第一章第二節。臺北：洪葉文化出版，1993年，頁 226。

散文體，中間用韻文體，自然區分[19]。〈文賦〉與典型漢賦形式相近，首尾部份以議論為主，中間用駢四儷六鋪陳。開頭第一段為「序文」，以散文敘明作賦的動機和目的，曰：

> 余每觀才士之所作，竊有以得其用心。夫其放言遣辭，良多變矣。妍蚩好惡，可得而言。每自屬文，尤見其情。恒患意不稱物，文不逮意，蓋非知之難，能之難也。故作〈文賦〉以述先士之盛藻，因論作文之利害所由，他日殆可謂曲盡其妙。至於操斧伐柯，雖取則不遠，若夫隨手之變，良難以辭逮。蓋所能言者，具於此云爾。[20]

本序文又可細分三小段，從「余每觀才士之所作」至「非知之難，能之難也」，為第一小段，敘述撰寫〈文賦〉的動機。第二小段從「故作〈文賦〉」至「他日殆可謂曲盡其妙」，敘述撰寫〈文賦〉的目的。末小段，從「至於操斧伐柯」至「具於此云爾」，敘述撰〈文賦〉時的感慨。

陸機寫作〈文賦〉的動機根據，來自二方面：間接經驗與直接經驗。「間接經驗」，指對於他人創作的用心體會，即文中所謂「余每觀才士之所作，竊有得其用

---

19 參見張正體、張婷婷《賦學》。臺北：臺灣學生出版，1982 年。
20 《文選》卷十七陸機〈文賦〉。同註 13，頁 245。

心」，這是陸機在研讀前人作品時，對前人如何「**放言遣辭**」以及他們作品的「**妍蚩好惡**」的深刻認識。「直接經驗」，指親身從事創作的經驗，即文中所謂「**每自屬文，尤見其情。**」這是陸機自己在長期的創作實踐中，積累的豐富經驗，使他深切體會到創作的甘苦。陸機便是在全面總結以上兩種經驗教訓的基礎上，進行文學創作研究。這種方法不僅較科學而且十分重要，因為沒有自己的實際經驗，很難深切體會別人的用心；但拘守自己的實踐經驗，又未免陷溺狹隘。

至於〈文賦〉的創作目的，陸機說：「**故作〈文賦〉以述先士之盛藻，因論作文之利害所由。**」通過分析前輩作家優秀的作品，達到探討創作上利害得失的原因，如此才能委曲詳盡地講明作文之奧妙。所以，探討「**作文之利害所由**」，即其最主要的寫作目的。而在總結直接、間接經驗中，陸機認識到「**作文之利害所由**」的關鍵，是要解決「**意不稱物，文不逮意**」的問題。「**意不稱物**」謂：作者的思想認識和創作構思不能完全符合描寫對象的真實；「**文不逮意**」謂：寫出來文章不能確切地表達構思時的意念。簡單地說，也就是文學創作的重心在於解決：文學創作中「物」、「意」、「文」三者之間的關係；從「言」來講，是要求完美地表達「意」；從「意」來講，則要求準確地反映「物」。

何謂「物」、「意」、「文」呢？「物」是指客觀世界的種種事物，為創作的客體；「意」是指作家對客

觀事物的認識和藝術構思，為創作的主體；「文」是指
作品賴以反映客觀事物的語言文字，為創作的媒介。創
作是一個複雜的、艱苦的過程，在創作中，外物（客體）
與內思（主體），必須發生交感，文學創作才有可能，
而這個交感的結果又務必透過語言文字，始得以表現、
完成。職是之故，文學創作是：客觀的外界事物、主體
的認識活動，和媒介的語言技巧，三者緊密結合的統一
體；在連環相扣的體系裡，每一個角色都要恪盡職守，
不容錯失分毫。王運熙、顧易生《中國文學批評史》說：

> 所謂意稱物，是指作者思想活動中認識、構思、
> 組織等等，是否符合外界事物的真實。所謂文逮
> 意，是指作者能否運用優美恰當的語言，表達出
> 所認識、所構思的具體內容。意能否稱物、文能
> 否逮意，是一個非常重要的問題，他寫這篇文章，
> 主要是討論這一個問題。[21]

　　陸機認為這是寫好文學作品的關鍵，圍繞著這個中
心，他在〈文賦〉的「正文」中討論了有關文學創作的
各種問題。

21　王運熙、顧易生著《中國文學批評史》第二編第一章第二節。臺
　　北：五南圖書出版公司，1993 年，頁 101。

四、創作的準備階段

　　創作準備，主要描寫於正文的第一段，包括：（1）對客觀事物的深切感受，觀察萬物，引起感興。（2）對前人優秀作品的學習繼承；這又可以從兩條路線展開探討：一方面學習經典，陶冶情志；一方面閱讀古文，借鑒前人。這些都是進行創作的前提條件，既相互區別，又相互聯系。〈文賦〉曰：

> 佇中區以玄覽，頤情志於典墳。遵四時以嘆逝，瞻萬物而思紛；悲落葉於勁秋，喜柔條於芳春。心懍懍以懷霜，志眇眇而臨雲。詠世德之駿烈，誦先人清芬；遊文章之林府，嘉麗藻之彬彬。既投篇而援筆，聊宣之乎斯文。[22]

　　「佇中區以玄覽」與「頤情志於典墳」乃本段的總綱。前者為生活之準備，藉對外物的觀察和感動，以培養全面性「感受力」，並激起「創作衝動」。所謂「佇中區以玄覽」，佇，久立；中區，天地宇宙之中；玄覽，深刻觀察；意謂：久立於天地宇宙之間，深察萬物的變化。所以〈文賦〉接著說：「遵四時以嘆逝，瞻萬物而思紛；悲落葉於勁秋，喜柔條於芳春。」隨著四季的交

22　《文選》卷十七陸機〈文賦〉。同註13，頁245。

替，感歎光陰易逝，面對萬物的變化，引起思緒紛紜；看到樹葉在蕭瑟秋風中飄落而悲傷，看到柳條在芳春裡萌發嫩枝而喜悅。這是「情因物感」、「辭以情發」。其間四時、萬物、落葉於勁秋、柔條於芳春，皆是外在之「物」，嘆逝、思紛、悲、喜，乃因物而得的「感」。對四季萬物的遷流，春溫秋肅的變化，無不深入細致地觀察，而且深有感受，從而開啟文思的泉源。這是中國秦漢時代就已形成的文學思想和創作路線。陸機〈文賦〉繼承和發揚了這一優良傳統。而這個創作不可或缺的準備，正是使「意稱物」的先決要素。

「**頤情志於典墳**」是創作前的第二工夫，屬於學養之準備。頤，養；情志，性情志趣；典墳，三墳、五典，《左傳》昭公十二年：「**是能讀三墳、五典、八索、九丘。**」杜預注：「**皆古書名。**」孔穎達疏：「**孔安國《尚書·序》云：伏羲、神農、黃帝之書，謂之三墳，言大道也。少昊、顓頊、高辛、唐、虞之書，謂之五典，言常道。**[23]」此泛指古代著述。整句的意思：在古代著述中涵養自己的性情和志趣。要達到這個工作，如上文所述：一方面學習經典，陶冶情志；一方面閱讀古文，借鑒前人。職是之故，〈文賦〉曰：「**詠世德之駿烈，誦先人清芬；遊文章之林府，嘉麗藻之彬彬。**」前二句是說：詠歎世代功德的光輝偉大，吟誦前賢品格的清香芬

芳；這是指認真鑽研古籍遺產，掌握豐富的知識，從中吸取思想營養。後二句是說：瀏覽浩如煙海的文章，贊美情文並茂的作品；這是借鑒前人的寫作技巧，獲得大量的語言材料，從中吸取文辭營養。能做到如此，就能為「文逮意」打下紮實之基礎。

　　這一段文章，還有幾點爭議的地方。首先，某些學者認為，陸機把外在「客體之物」與「交感之情」側重於：勁秋悲落葉、芳春喜柔條等自然景物，沒有具體接觸更為廣闊的現實生活，這不僅使其理論顯出限制，而其創作內容也必因此而流於貧乏。鄭在瀛《六朝文論講疏》就說：「陸機所指的『物』，主要是自然景物，而不是廣闊的現實社會生活，因此有很大的局限性。[24]」但是也有人恰巧相反，像孟藍天、趙國存、張祖彬編著《中國文論精華》曰：「『萬物』解釋為自然景物，今人亦多沿襲舊說。其實，陸機所說的『萬物』是包括社會事物在內的。[25]」劉大杰《中國文學發展史》也說：「四時歎逝，是由於自然界不同刺激，萬物思紛，是社會事務的感受，都能豐富生活，激發文思。[26]」關於這一點，實事求是，至少從〈文賦〉此處的文句來看，陸機並未明白提出文學與社會的寫實關係。當然，這是與

24　鄭在瀛《六朝文論講疏》。臺北：萬卷樓，1994 年，頁 92。
25　孟藍天、趙國存、張祖彬編著《中國文論精華》，魏晉南北朝〈文賦〉。石家莊市：河北教育出版社，1993 年。
26　劉大杰《中國文學發展史》第八章、魏晉時代的文學理論，臺北：華正書局，2002 年，頁 267。

文學之時代現象有密切連帶，陸機所生長的環境，是形式主義文學興起之時代，詩歌、辭賦、文學理論都朝此一方向發展，當代作品普遍缺少現實生活的反映。陸機也不例外，所以沈德潛批評他：「意欲逞博而胸少慧珠，筆又不足以舉之，遂開出排偶一家。西京以來，空靈矯健之氣不復存矣。降自梁陳，專工隊仗，邊幅復狹，令閱者白日欲臥，未必非士衡為之濫觴也。[27]」雖然言有過激，但也適當指出陸機文學的走向了。唯〈文賦〉說：「心懍懍以懷霜，志眇眇而臨雲。」強調文學家必須擁有高潔的情思，達到「懷霜」、「臨雲」的境界，這種重視作家品德涵養的觀念，適可以稍稍補充上文之不足。

其次，「佇中區以玄覽」一句，「玄覽」語出《老子》：「滌除玄覽。」河上公注：「心居玄冥之處，覽知萬物，故謂之玄覽也。[28]」魏晉時期，儒學衰微，老莊思想勃興，一方面把經書玄學化，一方面把老莊加以解釋和闡揚，因此老莊學說披靡天下，當日名士無不以談玄成名、以推究老莊為重要事業。玄學的盛行，影響到文學。王瑤認定：「陸機〈文賦〉正是魏晉玄學的思想表現於文學上的理論。所以大體上說，陸機〈文賦〉可以代表魏晉人對於文學的一般看法。〈文賦〉首云：『佇中區以玄覽』，又云：『籠天地於形內，挫萬物於

---

27 沈德潛《古詩源》卷七·晉詩。臺北：世界書局，1998 年，頁 99。
28 《音注河上公老子道德經》〈能為〉第十。臺北：廣文書局，1964 年，頁 5。

筆端」，即表示文的作用，完全在於表現天地萬物本體。
[29]」劉若愚也說：「他認為宇宙原理的顯示是文學的主
要功用，且視作家在寫作之前，觀照宇宙的奧祕。[30]」
二氏論點的重心在於主張，〈文賦〉裡面包含一種「玄
學主義」，表示了文學的作用，完全在於表現「天地萬
物的本體」。同理，贊成必有反對，高大威〈關於陸機
文賦的幾個問題〉即呼籲「中區玄覽」應該用文學的意
義來了解，而不必用哲學的意義來闡說，因為陸機畢竟
只是一個文學家而非哲學家。他認為陸機誠然襲用了道
家的術語，然而術語襲用並不相等於觀念襲用，從語意
學、認知意義言，同一句話、不同認知，會有不同內涵，
這在歧義性較大的語句，其意義尤難一致。所以他說：
「所以我們幾乎可以肯定，陸機所謂的『中區玄覽』和
老子的『滌除玄覽』絕不在同一意義層面上，陸機在襲
用此一術語的時候用的是另外一種意思，它不必是很認
真的忠實於老子的原意，而只是拿這四個字作為『深刻
地觀察這一類的廣義的符號使用罷了。』[31]」關於這個
爭論議題，仍有待進一步之研究。

---

29 王瑤《中古文學史論》。臺北：長安出版社，1975 年，頁 90。

30 劉若愚著、杜國清譯《中國文學理論》。臺北：聯經出版，1981
　　年，頁 261。

31 高大威〈關於陸機文賦的幾個問題〉，收於葉慶炳等著《中國古
　　典文學批評論集》。臺北：幼獅出版，1985 年。

五、創作的構思階段

　　當作家有了上述的準備，接著便進入構思階段，無論從外界的「物」到內在的「意」，或者是從內在的「意」到外在的「文」，都離不開作家的構思活動。陸機認為創作構思過程中最重要、最根本的是如何進行「藝術想像」，並在正文第二段加以形象化的論述與描繪，極具理論深度。孟藍天、趙國存、張祖彬編著《中國文論精華》贊美道：「這在中國文學理論史上是有一個巨大貢獻，他第一次揭示出文學藝術內部規律中最為重要的一條規律，就是形象思維。[32]」裴斐《文學原理》也說：「這不僅在中國文論史上，即在世界文論史上也是最早關於藝術創作的比較完備的想像論。它不像西方文論那樣著重分析，而是著重描述，惟其如此才更切合創作實際。[33]」

　　「藝術想像」是一種以過去經驗為依據，從其中抽出部分，經選擇作用後，再構成一種新經驗、新感受的創造作用。它是藝術創造的靈魂，可以這樣說：藝術作品是藝術想像的結晶，沒有藝術想像也就沒有藝術作品。因此，文學創作雖貴在取材於現實，但必得想像力

32　孟藍天、趙國存、張祖彬編著《中國文論精華》，魏晉南北朝〈文賦〉，同註 25。
33　裴斐《文學原理》，第十一章：想像與真實。北京：中央民族學院出版，1990 年，頁 151。

的組織和創作，始能提高藝術的成就。在西方，由於「模仿說」長期在文學理論中佔統治地位，「想像」一直被忽視，這種情況要到十九世紀初浪漫主義潮流興起才產生變化。中國則不同，當中國文論脫離經學而獨立，在對創作規律進行探討時，首先接觸的就是藝術想像。〈文賦〉曰：

> 其始也，皆收視反聽，耽思傍訊，精騖八極，心遊萬仞。其致也，情瞳曨而彌鮮，物昭晰而互進。傾群言之瀝液，漱六藝之芳潤。浮天淵以安流，濯下泉而潛浸。於是沈辭怫悅，若遊魚銜鉤而出重淵之深；浮藻聯翩，若翰鳥纓繳而墜曾雲之峻。收百世之闕文，採千載之遺韻。謝朝華於已披，啟夕秀於未振。觀古今於須臾，撫四海於一瞬。[34]

在這裡，陸機已經具體地反映了藝術想像活動的特徵和力量，他把想像分：發動和成熟，作階段性論述，條理井然。「其始也」至「心遊萬仞」就是說明想像活動發動時候的情況，包含：想像的基本、想像的心理作用、想像的範疇等三子目。想像的基本，始自「收視反聽」，李善《文選》注：「收視反聽，不視聽也。[35]」即：收回視覺、返回聽覺，不視不聽；將視覺、聽覺的

34　《文選》卷十七陸機〈文賦〉。同註 13，頁 245-246。
35　《文選》卷十七陸機〈文賦〉。同註 13，頁 245。

對外活動一概收斂起來，以便集中心力。這是強調文學家必須有虛靜的精神狀態，在構思進行中，不僅要有安靜的客觀環境，而且更需要主觀上有虛靜的內心境界，惟其如此，才能跳脫干擾，專心一致，這樣種種生動的形象方能自然湧入，筆下方能幻出奇詭，這是創作構思時所應該具備的基本前提。以上觀點，學者或稱之為「虛靜說」[36]。像上文「佇中區以玄覽」的「玄覽」也是虛靜；下文談到創作遭遇「岨峿不安」、文思蹇塞的狀況，陸機也主張「罄澄心以凝思」，也正是要求以虛靜來促進感興的產生，從而克服障礙。

　　想像的心理作用，是指「耽思傍訊」，耽思謂深沈地思索；傍訊謂廣泛地尋求。一般學者多將此四字與「收視反聽」合併，歸諸於上述的「虛靜說」，像李善注：「耽思傍訊，靜思而求之。[37]」即是例證。其實，這四字可以更精密分析。根據朱光潛的說法，想像分為：再現想像、創造想像[38]。再現想像，只是回想以往知覺得來的意象，原來的意象如何，回想起來的想像也就如何，沒有什麼創新；這類想像僅複演舊經驗，絕不能產生藝術。文學藝術必須有創造想像，根據已有意象做材料，剪裁、綜合，成為新形式；這種「創造想像」就是「藝

36　參見張少康著《中國古代文學創作論》第一章：論藝術構思。臺北：文史哲出版社，1991年，頁5-19。
37　《文選》卷十七陸機〈文賦〉。同註13，頁245。
38　參見朱光潛《談美》，第十篇、空中樓閣：創造的想像。臺北：新潮社文化出版，1991年，頁99-106。

術想象」，含括三種成分：（1）理智，（2）情感，（3）潛意識。就理智的成分說，創造想像在混整的情境中「選擇」若干意象出來加以新「綜合」，要依據兩種心理作用：一為「分想作用」，把某意象和與它相關的意象分裂開來，把它單獨提出，這是「選擇」所必須；一為「聯想作用」由甲意象而聯想到乙意象，這是「綜合」所必須，文藝上的意象多數起於聯想作用，許多漫不相關的事物經過「擬人」、「變形」、「託物」等意匠經營，都可以發生關係[39]。「耽思旁訊」所說明者即這種集中思維的分想、聯想，尤其是聯想，「傍訊」的「傍」與「旁」通，便是希望引起觸類旁通、旁求博採的聯想作用。

　　「精騖八極，心遊萬仞」，是用形象語言對抽象的想像做範疇描繪。「精」與「心」二字互文，指精神，即：藝術想像。八極，八方：東、西、北、南、東南、東北、西南、西北，《後漢書・明帝紀》注引《淮南子》：「九州之外有八寅，八寅之外有八紘，八紘之外有八極。[40]」古代以八尺或七尺為仞，萬仞是指十分深遠的長度，所以八極、萬仞說的是想像力到達範疇之「廣度」和「深度」。藝術想像可以遊高騖遠，極力馳騁，當想像的翅膀張開，古今中外，天上地下，任意飛翔，打破時間、

39 朱光潛《文藝心理學》，第十三章、藝術的創造（一）想像與靈感。臺北；臺灣開明書店，1969 年，頁 196-212。

40 《後漢書》卷二〈明帝紀〉：「恢弘大道，被之八極。」唐李賢注。臺北：鼎文書局，1979 年，頁 101。

空間的界限，不受拘圍。所謂「**浮天淵以安流，濯下泉而潛浸**」，像是在天河裡安然浮游，在深泉裡洗濯浸潤；即是想像力上升到天、下沉到地的形容。所謂「**觀古今於須臾，撫四海於一瞬**」，片刻之內可以縱觀古今、到達全天下；指想像力可以包納萬有、博覽宇宙。這些句子都是極寫藝術想像無遠弗屆、超越時空的特質，想像是具有無限性和豐富性的。劉勰《文心雕龍・神思篇》說：「**文之思也，其神遠矣**」，既可「**思接千載**」，又可「**視通萬里**」[41]，就是繼承〈文賦〉對藝術想像這一特點的伸發。

「**其致也**」以下，則討論：當想像發揮極至，到了創作契機成熟、文思來臨時候的情況。陸機提出了以下幾個要點：

（1）從想像發動到契機成熟，是要經由醞釀，循序漸進，非一蹴可幾，捕捉的景物形象和攝取的美妙意境，開始是模糊不清，其後才逐步鮮明完善。「**情曈曨而彌鮮，物昭晰而互進**」，便是借太陽為譬喻，摹寫意境與題材經過想像的深思廣求後，原來曖昧恍惚之情有如日之初出，一步一步益加光亮，原來混沌的事物形象亦在初日的光輝照耀之下，次第明朗，交互湧進心中。這兩句話，細賦而具體地說明了文情（情）由隱之顯，景象

---

41 劉勰《文心雕龍・神思篇》：「文之思也，其神遠矣。故寂然凝慮，思接千載；悄焉動容，視通萬里。」范文瀾《文心雕龍註》，臺北：臺灣開明書局，1960 年，卷六頁 1。

（物）由不明而至分明的過程。

　　（2）「**情曈曨而彌鮮，物昭晰而互進**」，也同時說明了「文情」和「物象」之間的關係，為「物化」理論提供討論園地。「物化說」是藝術構思的最高境界，當創作構思隨著想像的深化和成熟，至凝思之極，進入最微妙階段的時候，就必然會達到主體與客體完全和諧統一，藝術家的身心都傾注到描寫對象之中，身不由己把自己變作描寫對象，使主體完全客體化。文學創作到了這層次，便能「物以情合」、「情以物生」，物我合一，水乳交融。

　　（3）情、物、言是藝術想像中的三要素，相互作用，缺一不可。因此想像並非無所依傍的獨立存在，必須借助語言材料才能運動活躍。構思過程中，尤其在進入意境漸形成的時候，便要有貼切的言辭將「情」與「物」穩定下來，然而尋找貼切的言辭談何容易？於是必須「**傾群言之瀝液，漱六藝之芳潤**」，吸取群書的菁華，咀嚼六經的香美，借鑒諸子、經傳、各家文章，由古代的經典和前人的創作，來輔助構思行文。

　　（4）就語言文字表達的景況觀察，伴隨想像的醞釀次序，語言寫作也作了「先難後易」大轉變。「**於是沈辭怫悅，若遊魚銜鉤而出重淵之深；浮藻聯翩，若翰鳥纓繳而墜曾雲之峻**」，原本難言的文辭、抑鬱不暢的筆墨，痛苦得彷彿把銜勾的魚自深淵中釣出，一旦想像成熟，便揮灑自如，好像中箭的鳥從高空墜落，出語輕快

而迅速。這一小段文字，形象化地把難易不同的兩種情狀，作了生動的解說。

（5）藝術想像既要包含繼承，又要孕育創新，作家在造意和修辭方面，都必須發揮獨創的精神，防止摹仿和因襲，否則將流於俗濫。「**收百世之闕文，采千載之遺韻。謝朝華於已披，啟夕秀於未振。**」謂：廣收百代未達之意，博採千年未用之辭，拋棄早晨已開過的花朵，促使晚上待放的蓓蕾開放。以上四句明白指示：文詞須求新奇，要發古人之所未發、言前人之所未言。

六、感應之會 ── 靈感

在論述創作構思時，陸機也對「靈感」的重要作用進行了具體分析，見於〈文賦〉結尾第二段[42]，這是我國最早提出藝術創作的靈感問題的篇章。陸機稱靈感為「**感應之會**」，而中國古代文論則多稱之為「感興」。靈感是想像過程中的一個組成部份，指的是想像發展到高潮文學家的一種高度興奮狀態。當靈感到來的時候，創作欲望特別強烈，想像極其豐富，無數生動的形象紛至沓來，思緒泉湧，優美奇特的藝術構思就在這樣的狀態下形成，同時，也只有靈感旺盛情況下的創作，才能

42　有關〈文賦〉段落的區分，各家說法不同，如駱鴻凱《文選學‧附編二‧文選專家研究舉例‧陸士衡》序文除外，把正文分十九個小段落，本段為第十八段。1991年金良美碩士論文《陸機〈文賦〉研究》，則列本段為第十五段。因為歧異性大，故本文採用本段為全篇倒數第二段，結論之前，以避開段落問題的糾葛。

一氣呵成，妙造化工。郭紹虞《中國文學批評史》說：
「所謂『感興』，即是情感的興奮狀態。感興濃到不能
自禁的時候，便須發揮天才，宣洩其感情，而運用其想
像，以成為作品。文人作文、詩人作詩，都在能擒住這
一種感興而已。[43]」職是之故，靈感的萌發便標誌：想
像活動最活躍、最豐富階段的到來。〈文賦〉對靈感描
繪如下：

> 若夫感應之會，通塞之紀，來不可遏，去不可止。
> 藏若景滅，行猶響起。方其天機之駿利，夫何紛
> 而不理？思風發於胸臆，言泉流於唇齒。紛葳蕤
> 以駿遝，唯毫素之所擬。文徽徽以溢目，音泠泠
> 而盈耳。及六情底滯，志往神留；兀若枯木，豁
> 若涸流。攬營魄以探賾，頓精爽而自求。理翳翳
> 而愈伏，思軋軋其若抽。是故或竭情而多悔，或
> 率意而寡尤。雖茲物之在我，非余力之所戮。故
> 時撫空而自惋，吾未識夫開塞之所由也。[44]

　　〈文賦〉採對比手法，對靈感湧現時文思暢通、下
筆琳琅的情狀，和靈感不來時文思阻塞、落筆艱難的情
狀，作了鮮明照映，俾說明靈感乃是創作成敗的關鍵。

---

43 郭紹虞《中國文學批評史》，上卷第四篇第一章第二節。臺北：
　　臺灣明倫書局，1974 年，頁 84。
44 《文選》卷十七陸機〈文賦〉。同註 13，頁 248-249。

「**方其天機之駿利**」即靈感敏捷，這個時候什麼紛亂的思緒悉能梳理，文思如風從胸中吹出，言辭似泉自唇邊淌溢，思緒接連不斷，任你恣意揮毫，文采絢爛目不暇給，音韻清脆耳不暇聞。「**及其六情底滯**」則指靈感鈍澀，這個時候所有的景況便截然大異，心志欲往而精神滯留，呆立如同一根枯木，乾涸好似一條空溝，雖然用盡營魄精爽來探索，卻文理愈求愈藏，文思像繭絲難抽。對於這種靈感現象他認為是「**來不可遏，去不可止**」，具有不期而至、偶然得之的「突發性」，而這種突發性「**藏若景滅，行猶響起**」，好像影子突然幻滅，音響驟然傳出一般，出沒無常。同時，靈感還有另一個特徵：「不自主性」，全然無法由人的意志所能自覺控制，所以他說：「**雖茲物之在我，非余力之所戮。**」靈感既然有這兩種特質，為此陸機坦承困惑不解，「**時撫空而自惋，吾未識開塞之所由也**」，他常撫摸空懷而慨嘆，搞不清靈感來去的原因。

〈文賦〉這種論調，有學者認為是「唯心主義宿命論」的解釋，王運熙、顧易生《中國文學批評史》就說：

> 陸機以為靈感的「通塞」不是作家的主觀願望所能決定的，「通塞」的原因也是不能認識的，所以他在這一段文字的最後感歎的說：「雖茲物之在我，非余力之所戮。故時撫空懷而自惋，吾未識夫開塞之所由也。」這是由於他把靈感看成是

　　完全獨立的精神活動，而不能理解這是有賴於現
　　實生活的培養的。[45]

　　在一般人看來，靈感是神祕的，只許驚讚，不許分
析。柏拉圖就把靈感看作是神靈附身時的一種迷狂狀
態。他說：「凡是高明的詩人，無論在史詩或抒情詩方
面，都不是憑技藝來做成他們的優美的詩歌，而是因為
他們得到靈感，有神力憑附著。」又說：「不得到靈感，
不失去平常理智而陷入迷狂，就沒有能力創造，就不能
做詩或代神說話。[46]」古時學者泰半如此，在原始社會
中，文學家就是預言者，代天傳旨，天才是由於鬼神的
憑藉。但是自從科學心理學發達後，這種神祕論已經被
推翻，近代心理學家主張靈感源自潛意識，雖似突如其
來，卻不是毫無預備的，靈感也須要預備，在潛意識中
醞釀，到了成熟時期，它自然湧現，許多人不知道發明
和創造在潛意識中都早已有預備，便誤以為靈感是突發
性的湊巧。朱光潛《文藝心理學》也主張靈感來或不來，
可以想辦法「招邀」[47]，譬如：李白在飲酒時創作力最
大；歐陽修有所謂作文章三上：馬上、枕上、廁上；李

45　王運熙、顧易生著《中國文學批評史》第二編第一章第二節。同
　　註 21，頁 103。
46　引自柏拉圖《文藝對話集》伊安篇：論詩的靈感。朱光潛《朱光
　　潛全集》，合肥：安徽教育出版，1991 年，頁 9。
47　參見朱光潛《文藝心理學》，第十三章藝術的創造（一）想像與
　　靈感。「靈感有時來有時不來，於是藝術家想出種種方法來招邀
　　它。招邀靈感的方法也很可注意。」同註 39，頁 210。

賀則驢背尋詩。王、顧二氏所謂「現實生活的培養」與上
述說法並不等同，但是反對靈感唯心主義的觀點則一致。

　　當然，靈感並非如像陸機所講的那樣：作者完全無
能為力，唯有聽其自然。它可以透過：艱苦的學習、生
活的歷練、長期的實踐等方法，不斷地儲蓄知識和經驗
而加以培養。然而，無論如何，創作規律究竟是複雜的
精神活動，靈感興會的生滅，文思源泉的開閉，決定於
眾多因素，只有在實踐中深入體味，才能得之於心而應
之於手，確實很難用言辭來說明清楚。這樣看來，陸機
的論述反而比較客觀，顯現實事求是的素樸性了。

七、創作的表現階段

　　創作構思大體完成之後，接著就進入創作表現階
段。其中心在於：如何運用語言文字完美地表現構思的
內容，從而達到「文逮意」之目的。具體事項包含：結
構、布局、剪裁、修辭等。應該把握的要點，主要見於
正文第三段，分為四方面討論，〈文賦〉曰：

　　　　然後選義按部，考辭就班，抱景者咸叩，懷響者
　　　　畢彈。或因枝以振葉，或沿波而討源。或本隱以
　　　　之顯，或求易而得難。或虎變而獸擾，或龍見而
　　　　鳥瀾。或妥帖而易施，或岨峿而不安。罄澄心以
　　　　凝思，眇眾慮而為言；籠天地於形內，挫萬物於
　　　　筆端。始躑躅於燥吻，終流離於濡翰。理扶質以

立幹，文垂條而結繁。信情貌之不差，故每變而
在顏；思涉樂其必笑，方言哀而已嘆。或操觚以
率爾，或含毫而邈然。[48]

　　第一部分討論選義考辭。「選義」，選擇所要表述
的內容；「考辭」，考究表達內容的語言；「按部」「就
班」，按先後層次加以規劃。簡言之，即「選擇內容」
和「提練語言」均須做最恰當的安排。援筆落墨時，要
按謀篇布局之需要，遣使義理、文辭，這些都必須仔細
推敲酌定，務求臻於「抱景者咸叩，懷響者畢彈」的標
準。什麼叫「抱景者咸叩，懷響者畢彈」呢？抱景者，
古有二說，一說景音「警」，指光景、光色，如呂延濟
注：「謂物有抱景者，必以思叩觸之而求文理。[49]」一
說景音「影」，指形貌、形象，如清人雷琳、張杏濱《賦
略箋鈔》說：「物之有形者，叩之以求其形。[50]」雖然
解讀不同，義實不相妨，「抱景者」概泛指一切有形象、
有色彩的東西。懷響者，懷、懷抱，此處可釋為含有；
響、聲音；故懷響者乃：含有聲音的東西。呂延濟注：
「物有懷音響者，必以思彈擊之。[51]」《賦略箋鈔》亦

48 《文選》卷十七陸機〈文賦〉。同註 13，頁 246。
49 唐李善、呂延濟、劉良、張銑、呂向、李周翰《宋本六臣註文選》。
　　臺北：廣文書局，1964 年，頁 310。
50 清雷琳、張杏濱箋《賦略箋鈔》，清乾隆年刊本。
51 唐李善、呂延濟、劉良、張銑、呂向、李周翰《宋本六臣註文選》。
　　同註 116，頁 310。

曰：「*物之有聲者，彈之以盡其聲。*[52]」因此，這段話的主旨在於：選義考辭要盡最大努力，充分掌握和使用所要描寫的事物的形象、色彩、聲音。以上為表現階段的第一個必須注意之重點。

　　第二部分討論表現手法。謀篇布局、選辭表義須要安排切恰，卻不拘一格，其形式是多種多樣、千變萬化，陸機舉出了以下諸種方法：（1）因枝以振葉：抓住樹枝，葉子自然被掌握，這是采用順敘法，如沿枝布葉，由本及末，根據主題表現細節。（2）沿波而討源：循著水道，追尋泉源，這是采用倒敘法，如同沿波溯源，由末及本，最後指示主題。（3）本隱以之顯：由難到易，從深奧隱晦處寫起，逐步到明白淺顯。（4）求易而得難：由易到難，從淺易處入手，層層深入闡發難解的道理。前述四者，一正一反，兩兩搭配，如李周翰所說：「*或賦詠於枝，乃思發於葉。或流情於波，而求討其源也。或本深於隱，而末至明也。求思於易，得詞於難。物理相推，有此迴轉也。*[53]」（5）虎變而獸擾：《易經・革卦》：「*象曰：大人虎變，其文炳也。*[54]」虎變指虎身毛紋斑爛多彩。擾，馴服。虎變獸擾謂：老虎出現，百獸馴服。

---

52 清雷琳、張杏濱箋《賦略箋鈔》。同註 50。
53 林庚主編，北京大學中國文學史教研室選注《魏晉南北朝文學史參考資料》四、西晉詩文（二）陸機文賦。北京：中華書局出版，1990 年，頁 244。
54 《易經》革卦：「九五，大人虎變，未占有孚。象曰：大人虎變，變其文炳也。」十三經注疏本《易經》，臺北：藝文印書館，未著出版年，頁 112。

錢鍾書《管錐篇》曰:「主意已得,陪賓襯託,安排井井,章節不紊,如猛虎一嘯,則百獸貼服。[55]」(6)龍見而鳥瀾:龍見,龍顯見飛騰,見同「現」。《易經·乾卦》:「見龍在田。」注:「出潛離隱故曰見龍。[56]」李善《文選》注:「大波曰瀾。[57]」《管錐編》承之,說:「鳥,當指海鷗之屬,……新意忽萌,一波起而萬波隨,一髮牽而全身動,如龍騰海立,則鷗鳥驚翔。[58]」然而諸家多以瀾為散渙,胡紹煐《文選箋證》:「按瀾之言渙散也,本書〈洞簫賦〉:『悼悵瀾漫。』注:『瀾漫,分散也。』連言為瀾漫,單言曰瀾,字亦作爛。……此言龍見而鳥散,與波瀾義無涉。[59]」前述兩項或應合併,所言一事而已,林庚即主張:「這二句的意思說或者找到了最形象的構思,其餘的就都迎刃而解。[60]」意謂:文章的表現掌握了中心,其他枝節問題也就一一歸附,否則就會義辭無序,顯得散亂。(7)妥帖而易施:平穩順當,隨手拈來。(8)岨峿而不安:扞格不入,反覆推敲。這是說:思想內容如何部署、文辭如何安放,沒有固定程式,不必拘泥,但是無論何種方法,都可能

---

55 錢鍾書《管錐編》(上)〈周易正義二十七則〉。香港:太平圖書公司,1980年。
56 《易經》乾卦:「九二,見龍在田,利見大人。」王弼注:「出潛離隱,故曰見龍;處於地上,故曰在田。」同註54,頁8。
57 《文選》卷十七陸機〈文賦〉。同註13,頁246。
58 錢鍾書《管錐編》(上)〈周易正義二十七則〉,同註55。
59 胡紹煐《文選箋證》。臺北,新文豐出版,1989年。
60 林庚主編,北京大學中國文學史教研室選注《魏晉南北朝文學史參考資料》四、西晉詩文(二)陸機文賦。同註53,頁244。

發生：簡易停當、容易取得與困難不安、不易取得的兩種情況。這兩種情況亦即後文所謂「或操觚以率爾，或含毫而邈然」。唯學者亦有人主張（7）（8）與上述六項相同，全部指表現手法而言，例如瞿蛻園《漢魏六朝賦選注》：「這是說：文章的表現，有平易的，有奇險的。[61]」

　　最後，陸機指出表現手法雖然隨時而異，但是付出勞苦努力則一，上述八項都必須「罄澄心以凝思，眇眾慮而為言」，澄淨心器，完全靜下心來，一絲不苟、聚精會神地思索，再概括各種思緒，通過語言，做到難以動搖的地步，如此才能寫出優秀作品，才算成功。當然，任何努力的程序都是開始於思路枯澀，彷彿乾裂的嘴唇難以說話，其後才能思路暢通，文辭便像津液般從筆尖順利流瀉，所以〈文賦〉說：「始躑躅於燥吻，終流離於濡翰。」

　　第三部分討論形式與內容的關係。他以樹為喻：「理扶質以立幹，文垂條而結繁。」理、內容思想；文、文采辭華。文義為根本，要扶植堅固，像樹木必須樹立主幹；而文辭就是枝條和果實，須紛披繁茂。這兩句話表面上是說：形式和內容相兼，互為依存，不宜偏枯；像日人青木正兒《中國文學思想史》：

---

61 瞿蛻園《漢魏六朝賦選注》，一二：陸機文賦：并序・注 30。臺北：西南書局出版，1978 年，頁 123。

據〈文賦〉之要旨，陸機所重者，似「意」「理」重於「文」「辭」也。然觀其本人之作風，寧有偏於修辭，故作如此者說者，其個人公正之立論也。機作此賦，頗注意義理與文辭之關係，兼顧內容與形式之美。此乃達義主義與修辭主義之折中說，故可視為漢魏達意主義轉變為齊梁修辭主義轉形期思想之代表。[62]

　唯吾人仔細品味，則發現陸機更進一步通過根幹與枝葉的主、從關係，表達了：義理和文辭主次分明的文學思想，理為經，文為緯，在創作中必須確立「以內容思想為主、文采辭華為輔」的原則，內容是主導，形式應該為內容服務，並從屬於內容。《賦鈔箋略》就說：「以名理為質幹，以詞采為枝條，先樹理，次擇詞。[63]」〈文賦〉許多地方，如：「要辭達而理舉，故無取乎冗長[64]」；「或遺理而存異，徒尋虛而逐微；言寡情而鮮愛，辭浮漂而不歸[65]」；「伊茲文之為用，固眾理之所因[66]」等等，都是強調作品的內容。只是，形式對內容也有其「能動性」，內容決定形式，並不表示內容好就

62 青木正兒著，張仁青、鄭樑生譯《中國文學思想史》，第三章。
　　臺北：臺灣開明書店，1977 年，頁 44-45。
63 清雷琳、張杏濱箋《賦略箋鈔》。同註 50。
64 《文選》卷十七陸機〈文賦〉。同註 13，頁 246-247。
65 《文選》卷十七陸機〈文賦〉。同註 13，頁 248。
66 《文選》卷十七陸機〈文賦〉。同註 13，頁 249。

必然產生相應的好形式，內容反而有賴於形式來顯現；
當形式適合於內容時，就能充分深刻地表現內容，反之，
就損害內容的表達。因此陸機用了不少篇幅來討論形式
技巧，雖然如此，我們還是不能把〈文賦〉目為形式主
義理論。

　　第四部分說明內情與外文統一之重要性。情感是人
的固有屬性，它基於人類與生具來的生理特質，又是「**應
感起物而動**[67]」：人類對客觀事物的必然產物。情感在
文學創作中有二大功能，一方面是文學創作的動力，一
方面又是藝術想像的創造材料。作家在自然萬物的變化
中產生了某種情感，才開始進入創作，而且創作就是要
表達這個由客觀外物所觸發起來的情感；不但如此，藝
術想像也是以客觀事物為基礎，想像雖然是一種特殊心
理活動，終究離不開真正的感情。職是之故，內心情感
與容貌表情務須相應，要做到確實不差，「**信情貌之不
差，故每變而在顏；思涉樂其必笑，方言哀而已嘆。**」
情思每有變化，就會顯露在臉面上，一想到歡樂的事就
會喜笑，剛講到哀傷的事則必長嘆。這樣才能真情流露，
寫出感人肺腑、充滿真性情的篇章，可以避去矯情虛飾、
為文造情的弊病。

67　《禮記‧樂記（中）》：「夫民有血氣心知之性，而無哀樂喜怒
　　之常，應感起物而動，然後心術形焉。」十三經注疏本《禮記》，
　　臺北：藝文印書館，不著撰年，頁 679。

八、創作的技巧

〈文賦〉的前半部對寫作技巧問題已有涉及，後半部則作了專門論述。總的來說，所謂「技巧」，主要表現在：對文意的提練，對文辭的修飾，以及正確處理文意與文辭的關係等方面。首先，陸機提出了寫作技巧三原則，見於正文第六段，曰：

> 其為物也多姿，其為體也屢遷；其會意也尚巧，其遣言也貴妍。暨音聲之迭代，若五色之相宣。雖逝止之無常，固崎錡而難便，苟達變而識次，猶開流以納泉。如失機而後會，恆操末以續顛，謬玄黃之秩序，故淟涊而不鮮。[68]

萬物萬形，多彩多姿；文體非一，屢有遷化。景物與文體既然繁複，要使意稱物、文逮意，必須做到：「會意尚巧」「遣言貴妍」「音聲迭代」。會意乃體會事理、運思立意，即透過想像力構思意境、形象；遣言謂運用語言文字；音聲指語言的聲調、韻律、節奏。構思要巧，詞采要美，韻調要抑揚頓挫。掌握和運用好這三個原則，就會寫出形象新穎、詞采華美、音調鏗鏘的美文佳作了。

三原則中，著重討論「音聲迭代」，也就是宮商相

---

68 《文選》卷十七陸機〈文賦〉。同註 13，頁 247。

變、低昂舛節的自然音律之問題。高仲華《中國修辭學研究》將它區為四項：錯綜、變化、恰合、秩敘，闡發其奧義，曰：

> 晉代的陸機作一篇〈文賦〉，其中有一段專講聲律。……我們從這一段話裡，可以看出陸機已發現了文辭聲律的四大原則，就是「錯綜」、「變化」、「恰合」和「秩敘」。錯綜的原則，是說同一聲音連接使用得太多，必定單調而惹厭，如果把不同的聲音連接起來使用，便有抑揚高下，使人聽來悅耳，所以他說：「暨音聲之迭代，若五色之相宣。」變化的原則，是說不同的聲連接在一起的方式，如果一成不變，也就不美，必須用各種不同的方式，連接各種不同的聲音，纔能表現聲律的奧妙。所以他說：「苟達變而識次，猶開流以納泉。」恰合的原則，是說錯綜變化的聲音，必須與錯綜變化的情意，若合符節，同時聲音的本身，當錯綜時就要錯綜，當變化時就要變化，必須確當把握住時機。所以他說：「如失機而後會，恆操末以續顛。」秩敘的原則，是說聲音雖要錯綜變化，但並非漫無限制，必須要有條理，有節奏。有條理，纔不零亂，有節奏，纔不散漫。所以他又說：「謬玄黃之秩敘，故淟涊

而不鮮。」[69]

接著，在第七段至第十五段，陸機用了很大篇幅，分別從創作的利弊方面做細部研析。有關利的方面他提供了四點具體意見，歸納如下：

（1）剪裁取捨：文章常有義辭前後矛盾的弊病，解決方法是重視剪裁取捨的原則。〈文賦〉曰：「或仰逼於先條，或俯侵於後章。或辭害而理比，或言順而義妨，離之則雙美，合之則兩傷。考殿最於錙銖，定去留於毫芒。苟銓衡之所裁，固應繩其必當。[70]」當文章的首尾不能一貫，前段妨害後段，後段侵犯前段；有時文辭粗劣而道理中肯，有時辭句通順而意思走樣。彼此衝突抵觸的義辭，如果分開則兩全齊美，合併就兩敗俱傷。這時便需要精心剪裁，依據權衡法度，仔細地考較高下、決定取捨，做到巨細靡遺、一字不放，使「辭」、「理」與「言」、「義」結合得盡善盡美。

（2）突出警策：〈文賦〉曰：「或文繁理富，而意不指適。極無兩致，盡不可益。立片言而居要，乃一篇之警策。雖眾辭之有條，必待茲而效績。亮多功而累寡，故取足而不易。[71]」文繁理富而意不指適，是說辭語豐

69　高仲華著《中國修辭學研究》，第二章第七節。中國修辭學會、臺灣師大國文系主編《修辭論叢·第一輯：第一屆中國修辭學學術研討會》，臺北：國立臺灣師範大學國文系出版，1999年。
70　《文選》卷十七陸機〈文賦〉。同註 13，頁 247。
71　《文選》卷十七陸機〈文賦〉。同註 13，頁 247。

富、道理紛繁，卻不能切中要害、表現要表現的事物。極無兩致、盡不可益，是說一篇文章只能有一個中心主題，說理已經透徹就毋庸贅言。以上都可能處理失當而造成疵累，因此要在作品關鍵性的地方突出片言隻語，作為全文的「警策」，使文章綱舉目張，增加全文的光彩。「警策」原指揮鞭策馬，此謂體現主題的精妙語句，像詩文中的綱領眼目。李善注：「以文喻馬，言馬因警策而彌駿，以喻文章資片言而益明也。[72]」有了警策文章的義辭才有魅力，利多弊少，取一而足，不再改易。

（3）力求獨創：〈文賦〉曰：「或藻思綺合，清麗芊眠。炳若縟繡，悽若繁絃。必所擬之不殊，乃闇合乎曩篇。雖杼軸於予懷，怵他人之我先。苟傷廉而愆義，亦雖愛而必捐。[73]」文學藝術必須具備「獨創性」，對於這點陸機特別重視，他反對蹈襲模擬，主張貴新變新，要在吸收前人成果的基礎上創造發明，因此縱使語出心裁，非有意剽竊，也要盡最大努力避免與前人雷同，就算心愛不已的詞彙，也必須割棄。

（4）保留精采：〈文賦〉曰：「或苕發穎豎，離眾絕致。形不可逐，響難為係。塊孤立而特峙，非常音之所緯。心牢落而無偶，意徘徊而不能揥。石韞玉而山暉，水懷珠而川媚。彼榛楛之勿剪，亦蒙榮於集翠。綴下里

---

72 《文選》卷十七陸機〈文賦〉。同註 13，頁 247。
73 《文選》卷十七陸機〈文賦〉。同註 13，頁 247。

於白雪，吾亦濟夫所偉。[74]」陸機用開放的蘆花、挺豎的禾穗，來形容不可逐、難為係、孤立特出的佳句，闡述行文借助於佳句可以增添文章奇美的道理，文章中倘有精彩片段，縱使上下文不能與之相稱也應該保留，可以達到振起全篇的作用。這就像石中藏有美玉山岳就光輝，水中含有珍珠川流就明媚，蕪雜的灌木叢因棲居翠鳥而蒙榮生色，鄙俗的下里巴人和高雅的陽春白雪連綴起來，也能配成美妙的音樂。關於此點，許文雨說：「喻庸拙之文，亦添榮生色於警絕之句也。[75]」黃侃也說：「士衡所云『榛楛勿翦，蒙茸集翠。』亦有此一理。古人文傷繁者，不僅士衡一人。閱之而不以繁為病者，必由有新意清氣以彌縫之也。[76]」

其次，論到創作的弊病，陸機以樂曲作比方，提出了「含清唱而靡應」、「應而不和」、「和而不悲」、「悲而不雅」、「雅而不艷」五點，分別說明：孤獨無應、美醜不調、感情不真、俗而不雅、質而不麗。如下：

（1）孤獨無應：〈文賦〉曰：「或託言於短韻，對窮跡而孤興。俯寂寞而無友，仰寥廓而莫承。譬偏絃之獨張，含清唱而靡應。[77]」這是說對著孤僻的對象獨然起興，寫成幾句短文，篇幅大小，內容單薄，這幾句子

74　《文選》卷十七陸機〈文賦〉。同註 13，頁 247。
75　許文雨《文論講疏》。臺北：正中書局出版，1967 年，頁 47。
76　黃侃《文心雕龍札記》，〈鎔裁〉第三十二。臺北：文史哲出版社，1973 年，頁 113。
77　《文選》卷十七陸機〈文賦〉。同註 13，頁 247。

然無友的辭語，猶如獨奏單絃，無應和之聲。本段指出文辭前後失應的弊病。

（2）美醜不調：〈文賦〉曰：「**或寄辭於瘁音，言徒靡而弗華。混妍蚩而成體，累良質而為瑕。象下管之偏疾，故雖應而不和。**[78]」這是說用了不剛健的辭句，徒然奢侈而不華美，將好的壞的混成一體，優美的言詞因而受到拖累，猶如堂下奏樂節拍偏急，與其它樂器的聲音雖然呼應，卻很嘈雜，極不諧調。本段指出文辭美醜混同的弊病。

（3）感情不真：〈文賦〉曰：「**或遺理以存異，徒尋虛而逐微。言寡情而鮮愛，辭浮漂而不歸。猶絃么而徽急，故雖和而不悲。**[79]」這是說文章遺棄義理而保存奇異，空圖虛飾，追末逐微，說話缺少愛憎感情，用辭漂浮不定而無所依歸。這種不切事實，缺乏情感的作品，猶如絃小而彈急，聲音雖和諧，然而不悲切感人。本段指出文章浮詭、理虛情寡的弊病。

（4）俗而不雅：〈文賦〉曰：「**或奔放以諧合，務嘈囋而妖冶。徒悅目而偶俗，固聲高而曲下。寤防露與桑間，又雖悲而不雅。**[80]」這是說文章縱逸和諧，力求聲韻的妖冶，徒然投合庸俗的愛好口胃，即使聲音高，曲調卻卑下。這種佚蕩的作品，像防露與桑間之類男女

---

78 《文選》卷十七陸機〈文賦〉。同註 13，頁 247-248。
79 《文選》卷十七陸機〈文賦〉。同註 13，頁 248。
80 《文選》卷十七陸機〈文賦〉。同註 13，頁 248。

相戀相思之詞，雖然悲哀感人，然而不雅正。本段指出文章偶俗媚世弊病。

（5）質而不麗：〈文賦〉曰：「**或清虛以婉約，每除煩而去濫。闕大羹之遺味，同朱絃之清氾。雖一唱而三歎，固既雅而不艷。**[81]」是說文章清淡簡樸，去除了繁縟和誇誕的辭句，卻像祭祀的肉汁缺乏味道，又像朱絃清散，一人唱三人和，只有典雅而艷麗不足。本段指出文章過於質樸而不富麗的弊病。

九、結　語

魏晉南北朝是我國文學理論批評史上一個十分重要的時代，由於文化、社會思想和文學自身的發展，中國文學理論由無系統進至系統化，結束了肇創階段，開始了自覺時代，〈文賦〉即是這個自覺時代的代表作。陸機雖然對於文學和社會的關係較缺乏應有的認識，又因為賦體之限制，被劉勰批評「**巧而碎亂**」、「**泛論纖悉，實體未該**[82]」，但劉熙載《藝概》也說〈文賦〉「**精語絡繹**[83]」，許多珠聯璧合的佳句，千百年來一直為文人學者所贊賞和引用，尤其可貴的是：他能於鋪排繁縟中彰顯其理性分析的特色，對文學諸問題作了十分扼要的

81　《文選》卷十七陸機〈文賦〉。同註 13，頁 248。
82　劉勰《文心雕龍·序志篇》：「陸賦巧而碎亂。」同註 41，卷十，頁 22。又〈總術篇〉：「昔陸氏〈文賦〉，號為曲盡，然泛論纖悉，而實體未該。」同註 41，卷九，頁 12。
83　劉熙載《藝概》卷三·賦概。臺北：開明出版，1981 年，頁 21。

概括綜合，在曹丕《典論・論文》的基礎上，向前跨越，
對劉勰《文心雕龍》有很多的啟發和影響。章學誠《文
史通義・文德篇》即說：「**劉勰氏出，本陸機氏說而昌
論文心。**[84]」鄧繹《藫川堂譚藝・日月篇》也說：「**彥
和之《文心雕龍》，亦多胎息於陸。**[85]」《文心雕龍》
五十篇的命題和觀點，有不少直接脫胎於〈文賦〉。王
運熙、顧易生《中國文學批評史》曰：「**在中國文學批
評史上，〈文賦〉是一篇重要的論文。作者吸取前人成
果，結合自己的研究心得和創作體驗，在〈文賦〉中就
文學創作中的一些理論問題，作了比較細緻的探索和系
統的論述，標誌著我國古代文學理論進到一個新的階
段。**[86]」綜上所述，〈文賦〉是一篇理論性、藝術性很
強的文章，在文學批評史上承先啟後，功績卓著。

---

84 章學誠著、葉瑛校注《文史通義校注・文德篇》。北京：中華書
　　局，1985 年，頁 278。
85 鄧繹《藫川堂譚藝・日月篇》。收入蔡鎮楚編《中國詩話珍本叢
　　書》第 19 冊。北京：北京圖書館出版，2004 年，頁 780。
86 王運熙、顧易生《中國文學批評史》。同註 21，頁 100。

第三篇　《文心雕龍‧辨騷篇》釋義

一、前　言

　　劉勰是中國文學史上偉大的文學理論家和批評家，所著《文心雕龍》，為文學評論之鉅著，體大思精，包羅萬有。自魏晉以來，諸如魏文帝《典論》、陸機《文賦》、摯虞《文章流別論》、李充《翰林論》等，亦有所長，但皆不若《文心雕龍》的祖述聖道，切中文理，影響後世深遠。《文心雕龍》不僅是文學理論著作，同時也是文章學著作、文學史、文章發展史，更是一部重要的古典美學經典。它論述了南北朝齊代以前各體文章體裁的起源、發展、演變，總結各種寫作經驗，建立起科條分明的文學批評理論結構體系，從而對作品及作家，進行言簡意賅、切中肯綮的褒貶，全面地解決文學創作和批評的重要議題。

　　《文心雕龍》三萬七千多言，分為十卷，每卷五篇，共五十篇，前二十五篇為上篇，後二十五篇為下篇[1]，可

1　劉勰《文心雕龍‧序志篇》：「蓋文心之作，本乎道，師乎聖，體乎經，酌乎緯，變乎騷，文之樞紐，亦云極矣。若乃論文敘筆，則

以劃為五部分：第一為「序言」，包括〈序志〉一篇，置於書尾，敍明全書寫作的動機、目的、根本原則和主要內容。此外還有：「總論」、「體裁論」、「創作論」、「批評鑒賞論」等四項。第一卷五篇：〈原道〉、〈徵聖〉、〈宗經〉、〈正緯〉、〈辨騷〉即「總論」，〈序志〉云：「蓋文心之作也，本乎道，師乎聖，體乎經，酌乎緯，變乎騷，文之樞紐，亦云極矣。[2]」樞紐猶中心主軸，這是全書立論的主體和關鍵，《文心雕龍》基本思想的核心表現於此，欲理解《文心雕龍》，必須先領會這幾篇的奧義。至於「總論」的議題則在於討論：文學的起源；因此學者多稱之「文學本原論」，簡稱「本原論」。

這五篇本原論，學者多再區宇為兩類，〈原道〉、〈徵聖〉、〈宗經〉為一類，是從「正面」論文學本原，〈正緯〉、〈辨騷〉為另一類，是從「反面」論文學本原。如劉永濟《文心雕龍校釋》：「舍人自序，此五篇為文之樞紐。五篇之中，前三篇揭示論文要旨，於義屬正。後二篇抉擇真偽同異，於義屬負。負者箴砭時俗，是曰破他。正者建立自說，是曰立己。而五篇義脈，仍

圍別區分，原始以表末，名以章選文以定篇，上篇以上綱領明矣，至於割情析采，籠圈貫，擒神性，囿風勢，苞會通，閱聲字，崇替於時序，褒貶於才略，怊悵於知音，耿介於程器，長懷序志，以馭群篇，下篇以下名目顯矣。位理定名，彰乎大易之數，其為文用四十九篇而已。」范文瀾《文心雕龍注》，臺北：臺灣開明書局，1960年，卷十，頁21。

2 同註1。

相流貫。[3]」據此觀之，〈辨騷〉乃歸屬於反面論述的作品。知反面必先知正面，下文先概述〈原道〉、〈徵聖〉、〈宗經〉的旨趣。

首篇〈原道〉為研究劉勰宇宙觀和文學觀的重要資料，剖析宇宙構成和文學起源[4]，結穴於「文原於道」，指出：文學本質乃「道」之體現。所謂「道」，釋義紛歧，有從哲學角度出發，說是「先物質而存在的絕對觀念」，也有從宇宙實象考察，認為是「就是『自然』」、「就是指日月星辰，四時五行，花草樹木，鳥獸蟲魚，自然而然，既不是道家的無為，也不是儒家的仁義，更不是西洋所謂『自然主義』，這種不參人為因素，不受任何汙染的大千世界，就是彥和所說的『道』。[5]」。雖

---

3 劉永濟《文心雕龍校釋》。臺北：華正書局，1981年，頁10。
4 〈原道〉篇的主旨有許多不同看法，本文綜合採納王元化《文心雕龍創作論》、牟世金《文心雕龍譯注‧引論》、詹鍈《劉勰與文心雕龍》等諸家說法。
5 有關「道」性質的釋義，根據《文心雕龍學綜覽》收錄何懿〈原道〉，說明主要有十種觀點，本論述歸納成兩派：一派從哲學角度出發，如黃侃《文心雕龍札記》以道家提倡自然，遂謂劉勰所謂「道」乃道家之道；臺北：文史哲出版社，1973年，頁27-30。張少康《文心雕龍新探》也主張「道」即「包括人在內的宇宙萬物所客觀存在的內在本質和自然規律」，而「文」即「宇宙萬物的表現形式」；臺北：文史哲出版社，1991年，頁28-29。本論文所引文句為《文心雕龍研究‧解譯》趙仲邑所書。另一派則反對上說，如王更生〈劉勰的文學三原論〉主張：「〈原道〉篇所講的『道』，是跳脫所謂『規律』和『本體』以外的『自然』。」這個「自然」是宇宙之實象，根本沒有形而上的成分；《中國古典文學研究》，1999年6月，第1期，頁25。本論文所引第一段即王著《劉勰的文學三原論》原文：「當我們把〈原道〉篇攤開來看的時候，馬上可以發現劉勰所謂之『道』，就是『自然』。」；《中國古典文學研究》，1999年6月，第1期，頁29。第二段則引自王著《文心雕龍讀本》（上篇）‧卷一‧辨騷第五；臺北：文史哲出版社，1991年，頁63-79。

然人各異說狀貌糾葛，無論如何，「文原於道」，「道」是文學的本原，文學是「道」的表現，確乎為劉勰不變的理念。「道」是宇宙之本，它廣泛表現在自然界的各種景象：麗天之象、鋪地之形、動植物之奇姿賁華等；而人類的文章和文采，同樣本原於這個「自然之道」，經過人為的運用而成文學藝術之現象[6]。所以紀昀評曰：「**文以載道，明其當然；文原於道，明其本然；識其本，乃不逐其末。**[7]」唯「自然之道」非聖不彰，必須仰賴聖人睿智的創作表現在文章裡，同理，聖人也須通過文章來闡釋「自然之道」，循此推衍，經由孔子刪述完成的「六經」，便成了效法「自然之道」的真理化身，故曰：「**爰自風姓，暨於孔氏，玄聖創典，素王述訓，莫不原道心以敷章，研神理而設教。**[8]」職是之故，「道」（自然之道）、聖（聖人）、文（文學）三者，遂連鎖綰合而發生：「**道沿聖以垂文，聖因文而明道。**[9]」一種旁通無滯之緊密質性。於是〈原道〉之後，便接續〈徵聖〉

6　《文心雕龍‧原道》：「文之為德也大矣，與天地並生者何哉？夫玄黃色雜，方圓體分，日月疊璧，以垂麗天之象；山川煥綺，以鋪理地之形，此蓋道文之也。仰觀吐曜，俯察含章，高卑定位，故兩儀既生矣。惟人參之，性靈所鍾，是謂三才；為五行之秀，實天地之心。心生而言立，言立而文明，自然之道也。」同註1，卷一，頁1。
7　紀昀評《文心雕龍‧原道》，引自黃霖編著《文心雕龍彙評》。上海：上海古籍出版，2005年，頁13。
8　《文心雕龍‧原道》。同註1，卷一，頁2。
9　《文心龍龍‧原道》：「故知道沿聖以垂文，聖因文而明道，旁通而無滯，日用而不匱。《易》曰：『鼓天下之動者，存乎辭。』辭之所以能鼓天下者，迺道之文也。」同註1，卷一，頁2。

第二、〈宗經〉第三。

在〈徵聖〉、〈宗經〉裡，劉勰進一步強調文學創作應以「聖人著作」為學習楷模，因為聖人最能全面掌握「道」，其作品最能「明道」，具有政治教化、禮儀事功、修身養性三大功能，「志足而言文，情信而辭巧。[10]」，達到思想情感豐富、形式內容兩備的完美境界，同時更創造出「或簡言以達旨，或博文以該情，或明理以立體，或隱義以藏用。[11]」，詳細、簡略、顯豁、含蓄等千姿百態的表現方法。基於此理，當聖人既歿，聖人著作代表的「經」，遂而成為「恒久之至道，不刊之鴻教[12]」，後世各種文章體製莫不淵源濫觴自《周易》、《尚書》、《詩經》、《禮經》、《春秋》等五經，雖然乍現百家騰躍，其實仍然終究入於其環內[13]。而作文取法經書，建言修辭就能具備「六義」。所謂「六義」即六大優點：情深而不詭、風清而不雜、事信而不誕、

---

10 《文心雕龍‧徵聖》：「然則志足而言文，情信而辭巧，逎含章之玉牒，秉文之金科矣。」同註1，卷一，頁10。

11 《文心雕龍‧徵聖》：「夫鑒周日月，少極機神；文成規矩，思合符契。或簡言以達旨，或博文以該情，或明理以立體，或隱義以藏用。」同註1，卷一，頁10。

12 《文心雕龍‧宗經》：「三極彝訓，其書言經。經也者，恆久之至道，不刊之鴻教也。」同註1，卷一，頁13。

13 《文心雕龍‧宗經》說明各體文類出自經典：「故論說辭序，則《易》統其首；詔策章奏，則《書》發其源；賦頌歌讚，則《詩》立其本；銘誄箴祝，則《禮》總其端；紀傳銘檄，則《春秋》為根。並窮高以樹表，極遠以啟疆，所以百家騰躍，終入環內者也。」同註1，卷一，頁14。

義直而不回、體約而不蕪、文麗而不淫[14]。總括說來，「論文必徵聖」，「窺聖必宗經[15]」，吾人必須師法聖人，向經書學習，奉之為金科玉律，方能寫出生色的文學作品。

以上〈原道〉、〈徵聖〉、〈宗經〉，一體串貫，統攝全書，這是《文心雕龍》文學主張的總綱，構成了劉勰以「儒家經典」為指導的文學本原論，是中國文學提倡「文以明道」、「文以載道」和以孔子為代表所謂「道統」、「文統」的來源。而《文心雕龍》的文體論、創作論、批評鑑賞論，也莫不以聖人和經典作為衡量的指標。

二、〈辨騷〉的宗旨

〈原道〉、〈徵聖〉、〈宗經〉以外，劉勰「文之樞紐」猶有〈正緯〉、〈辨騷〉兩篇，〈正緯〉非本文討論的課題，已簡述於「緒言」，姑略不論。〈辨騷〉的「騷」概泛指屈原所作〈離騷〉，又泛指其他屈原、宋玉所作以〈離騷〉為代表的騷體《楚辭》而言。李直方《文心雕龍集釋》：「〈離騷〉為《楚辭》首篇，王逸《楚辭章句》十七卷以〈離騷經〉為第一，後人因以

---

14 《文心雕龍‧宗經》：「故文能宗經，體有六義，一則情深而不詭，二則風清而不雜，三則事信而不誕，四則直而不回，五則體約而不蕪，六則文麗而不淫。」同註 1，卷一，頁 14。

15 《文心雕龍‧徵聖》：「是以子政論文，必徵於聖。稚圭勸學，必宗於經。」同註 1，卷一，頁 10。

『騷』統稱《楚辭》。[16]」《楚辭》以〈離騷〉為代表，自有其內涵意義與文體意義。這些作品在漢魏六朝，廣為人們所學習模仿，和《詩經》一起被奉為韻文典律。所以〈辨騷〉起文就讚美道：「自風雅寢聲，莫或抽緒，奇文鬱起，其〈離騷〉哉！[17]」

　　探討〈辨騷〉的宗旨，要從〈序志〉篇「變乎騷」的「變」一字入手。首先，從文學為時代之反映的觀點考察，時代潮流變動不居，從不間斷往前奔邁，故文學亦隨時代潮流而推移，〈時序〉篇說：「時運交移，質文代變。[18]」又說：「文變染乎世情，興廢繫乎時序。[19]」時世遷移，文風變化，因之每一時代所產生之文學，均自具其時代之趣韻。至於屈、宋所生長的時代，六藝道息，戰國爭雄，百家齊鳴，縱橫之術大行於天下，所以以〈離騷〉為首的《楚辭》必然表現出一種與《詩經》似有關聯但又很有區宇的創作傾向。〈時序〉曰：

　　　春秋以後，角戰英雄，六經泥蟠，百家飆駭。方

16　李方宜說，收入饒宗頤著《文心雕龍研究專號》。臺北：明倫，1971 年。有關「騷」指楚辭，紀昀評也說：「〈離騷〉乃《楚辭》之一篇，統名《楚辭》為《騷》，相沿之誤。」詹鍈《文心雕龍義證》（上），上海：上海古籍出版，1989 年，頁 133。

17　《文心雕龍·辨騷》：「自風雅寢聲，莫或抽緒，奇文鬱起，其離騷哉。固已軒翥詩人之後，奮飛辭家之前，豈去聖之未遠，而楚人之多材乎！」同註 1，卷一，頁 28。

18　《文心雕龍·時序》：「時運交移，質文代變，古今情理，如可言乎？」同註 1，卷九，頁 22。

19　《文心雕龍·時序》：「故知文變染乎世情，興廢繫乎時序，原始以要終，雖百世可知。」同註 1，卷九，頁 24。

是時也，韓魏力政，燕趙任權，「五蠹」、「六
蝨」，嚴於秦令；唯齊楚兩國，頗有文學。齊開
莊衢之第，楚廣蘭台之宮。孟軻賓館，荀卿宰邑；
故稷下扇其清風，蘭陵鬱其茂俗；鄒子以「談天」
飛譽，騶奭以「雕龍」馳響。屈平聯藻於日月，
宋玉交彩於風雲，觀其艷說，則籠罩雅頌，故煒
燁之奇意，出乎縱橫之詭俗也。[20]

其次，從地理位置、文化背景等方面說，春秋戰國
時代的楚國，乃是一個獨立的文化場域，位於江淮流域
一帶，風土氣候、語言文字、宗教文化等等，都與北方
兩樣異貌。雖然，春秋戰國時期南北文化有調和匯流的
現象，但是畢竟有限。楚國的地理環境相當特殊，既有
九嶷衡嶽的高山，又有湘資沅澧的長流、方圓九百里的
雲夢大澤，名山大川，奇花香草，提供了許多美麗的創
作題材，使得文學作品絢爛多姿，盡態極妍。故而地方
色彩濃郁，亦成為《楚辭》特徵之一。劉勰也曾在〈物
色〉篇中，從自然界以及自然景觀的形貌、色彩、聲響，
論述大自然外在環境與文學創作的縝密關係，對屈原作
品的成就提出了「若乃山林皋壤，實文思之奧府」、「然
屈平所以洞監〈風〉〈騷〉之情者，抑江山之助乎！[21]」

20　《文心雕龍・時序》。同註 1，卷九，頁 23。
21　〈文心雕龍・物色〉：「若乃山林皋壤，實文田心之奧府，略語
　　則闕，詳說則繁。然屈平所以能洞監風騷之情者，抑江山之助乎！」
　　同註 1，卷十，頁 2。

的論點。因此，屈、宋諸騷無論形式情調、遣字造詞等，在在展現其鮮明的地方特質。宋黃伯思《翼騷序》說：

> 屈宋諸騷，皆書楚語，作楚聲，紀楚地，名楚物，故可謂之《楚辭》。若些、只、羌、誶、蹇、紛、侘傺者楚語也。悲壯頓挫或韻或否者楚聲也。沅、湘、江、澧、修門、夏首者楚地也。蘭、茝、荃、葯、蕙、若、芷、蘅者楚物也。[22]

黃氏從內容、言語，及地名、地物等諸多方面，詮釋了《楚辭》命名之意義。職是，吾人可說：《楚辭》是楚地的詩歌，南方文學之總集。

　　總之，《詩經》與《楚辭》適形成「南」、「北」兩個異視域的文學典範，雖然從某些地方也可以看出《詩經》與《楚辭》的淵源，譬如「言志抒情」的表現策略，「兮」「些」「也」等助詞的頻繁使用，在《詩經》裡早已屢見不鮮，所以《楚辭》確實接受《詩經》某些影響，在中國古代文學發展上，說《楚辭》承繼《詩經》傳統，亦是合理。但三百篇而後的《楚辭》，究竟有其特殊處，諸如：抒情奔放熱烈、想像力豐富奇特、文采艷麗繁富、具有強烈的浪漫主義精神等，這些都是《詩

---

22 陳振孫《直齋書錄解題》引。轉引自劉大杰《中國文學發展史》‧第四章、屈原與楚辭‧二、楚辭的特徵。臺北：華正書局，2002年，頁111。

經》所無。因此，《楚辭》是《詩經》以後創作的一個
巨大變化與創新，並對後世的文學產生強烈而深刻的影
響力，所以劉勰認為《楚辭》「軒翥詩人之後，奮飛辭
家之前。[23]」，上承《詩經》，下啟漢賦，實居於一種
文學流變或文體嬗變的關鍵位置。

　　經由以上說明，我們可以得到一個結果：劉勰〈辨
騷〉之宗旨，就是要通過辨別「楚騷」與「經書」的異
同，闡明宗法經書的純正文風與藝術上創新求變的辯證
關係。本來，文學史觀就有「正變」論，「正」指傳統
正宗，「變」指對傳統正宗的新變和突破，這正是探討
文學創作的繼承和革新的關聯性。在《文心雕龍》第二
十九篇〈通變〉裡，劉勰從宇宙萬物發展的通理，來說
明上述文學創作因承變革的規律，以「通變」命題，從
「通」與「變」兩種意義進行探討。「通」謂「會通」，
融會貫通前人文章的寫作成就；「變」謂「適變」，適
應文章發展變化的新潮流而進行變革；文學創作應在融
會貫通前人文章寫作成就的基礎上，適應文章發展變化
的新趨勢。故曰：「設文之體有常，變文之數無方。[24]」
又云：「名理有常，體必資於故實；通變無方，數必酌

23　《文心雕龍·辨騷》：「自風雅寢聲，莫或抽緒；奇文鬱起，其
　　離騷哉！固已軒翥詩人之後，奮飛辭家之前，豈去聖之未遠，而
　　楚人之多才乎！」同註 1，卷一，頁 29。
24　《文心雕龍·通變》：「夫設文之體有常，變文之數無方。何以
　　知其然耶？凡詩賦書記，名理相因，此有常之體也；文辭氣力通
　　變則久，此無方之數也。」同註 1，卷六，頁 17。

於新聲。故能騁無窮之路，飲不竭之源。[25]」文學家要在「望今制奇，參古定法[26]」標準下，一則相輔相成，有所繼承，再則相斥相異，有所破立，才能恆久而不匱乏，這是文律運用的大道。王禮卿《文心雕龍通解》就說：

> 諸文體皆原於經，而亦皆有所變於體論演變，於術論變化，故文章千古，而光景常新，職變之故。是變為文章之本，通於各體，為樞紐中之一要義。而〈離騷〉「取鎔經義，自鑄偉詞」，得變之體，成變之奇；即奕煜詞人，亦追風躡跡，依騷而變；則騷實變之弁冕。[27]

王更生《劉勰的文學三原論》，曾嘗試從三個不同向度討論《文心雕龍》的「文學本原」，即：「道」為世界一切文學的「共原」，《六經》是中國文學的「自原」，屈騷為中國文學的「變原」；此之謂「文學三原論」。文曰：

---

25 《文心雕龍‧通變》：「名理有常體，必資於故實；通變無方數，必酌於新聲；故能騁無窮之路，飲不竭之。」同註 1，卷六，頁17。

26 《文心雕龍‧通變》：「贊曰：文律運周，日新其業。變則其久，通則不乏。趨時必果，乘機無怯。望今制奇，參古定法。」同註1，卷六，頁 18。

27 王禮卿《文心雕龍通解》（上冊）卷一。臺北：黎明文化出版，1986 年，頁 67。

　　自從楚國的屈原得山林皋壤之助而著〈離騷〉，
承風雅的緒業，取神話的怪誕，開漢賦的先河，
使中國經典文學突破風雅的枷鎖，創發新生的契
機，所以「變乎騷」者，即由屈原「取鎔經典，
自鑄偉辭」。得參伍因革，推陳出新，因變立功
的成就，而為中國文學的「變原」也。……從卷
一各篇的形式結構來看，以〈宗經〉為軸心，從
〈原道〉經〈徵聖〉到〈宗經〉，是先從一切文
學的「共原」說起，繼而再替中國文學覓得「自
原」。從〈宗經〉經〈正緯〉到〈辨騷〉，是從
中國文學的「自原」出發，再為它覓得生生不息
的「變原」。所以〈宗經〉之前曰「原」曰「徵」，
〈宗經〉之後曰「正」「辨」。[28]

　　綜括述之，〈辨騷〉是深究文學通變規律之篇章，
討論「六經」以後文學新變的取徑和趨勢，總結了「經」、
「騷」的經驗教訓，並以此為依據，提出指導文學創作
的基本原則。〈辨騷〉宗旨及其在「文之樞紐」所扮演
之角色，昭然若揭。

---

28 王更生〈劉勰的文學三原論〉，收入國立臺灣師範大學國文系主
　編《文心雕龍暨學術研討會論文》。臺北：文史哲出版社，2001
　年，頁 21。

三、漢人對屈騷的評論

　　《楚辭》是經典文風之變，在我國文學發展史上為新里程碑，「辨乎騷」就是說有了新變，新的體裁、新的內容、新的表現手法。但漢代評騭家對於新變的屈騷卻一直爭論不定，張文勳《文心雕龍探秘》云：「談《騷》為何言『辨』？這是因為對屈原及其作品，曾經有過截然相反的評價，究竟應如何評價？就不能不辨。[29]」所以〈辨騷〉篇羅列：劉安、班固、王逸、漢宣帝劉詢、揚雄等人，從不同身分和立場，分別提出評述。〈辨騷〉云：

> 昔漢武愛騷，而淮南作傳，以為〈國風〉好色而不淫，〈小雅〉怨誹而不亂，若〈離騷〉者可謂兼之。蟬蛻穢濁之中，浮游塵埃之外，皭然涅而不緇，雖與日月爭光可也。班固以為露才揚己，忿懟沈江；羿澆二姚，與《左氏》不合；崑崙懸圃，非經義所載，然其文辭麗雅，為詞賦之宗；雖非明哲，可謂妙才。王逸以為詩人提耳，屈原婉順。〈離騷〉之文，依經立義；駟虬乘鷖，則時乘六龍；崑崙流沙，則〈禹貢〉敷土；名儒辭賦，莫不擬其儀表，所謂金相玉質，百世無匹者也。及漢宣嗟嘆，以為皆合經術；揚雄諷味，亦

---

29 張文勳《文心雕龍探秘》。臺北：業強出版，1994 年，頁 51-52。

> 言體同詩雅。四家舉以方經，而孟堅謂不合傳，
> 褒貶任聲，抑揚過實，可謂鑒而弗精，翫而未覈
> 者也。[30]

　　第一個肯定屈原作品者，允推淮南王劉安，相傳他
奉漢武帝的命令作《離騷傳》[31]，可惜這份資料早已佚
去，僅能在班固《離騷序》看到片段，曰：

> 〈國風〉好色而不淫，〈小雅〉怨誹而不亂，若
> 〈離騷〉者，可謂兼之，蟬蛻穢濁之中，浮游塵
> 埃之外，皭然涅而不緇，雖與日月爭光可也。[32]

　　劉安曾編寫《淮南子》，涵融儒、道各種學術思惟，
所以他不受儒學獨尊的局限，把〈離騷〉同《詩經》等
提並論，認為〈離騷〉義兼〈國風〉、〈小雅〉之優點，
表現了屈原崇高的人品格調，可以和日月爭奪光芒，齊
驅並駕。劉安此觀點，直接影響了司馬遷，《史記·屈
賈列傳》云：

---

30 《文心雕龍·辨騷》。同註 1，卷一，頁 18-19。
31 《漢書·淮南王傳》：「初安入朝，獻所作內篇，新出，上愛祕
　　之，使為離騷傳，旦受詔，日食時上。」臺北：藝文印書館，未
　　著出版年，頁 1038。《文心雕龍·辨騷》：「昔漢武受愛騷，而
　　淮南作傳。」同註 1，卷一，頁 18。
32 班固〈離騷序〉，收入洪興祖《楚辭補注》卷一〈離騷經章句第
　　一〉附錄。臺北：藝文印書館，1973 年，頁 88。

國風好色而不淫，小雅怨誹而不亂，若離騷者，
可謂兼之矣。上稱帝嚳，下道齊桓，中述湯、武，
以刺世事，明道德之廣崇，治亂之條貫，靡不畢
見。其文約，其辭微，其志潔，其行廉，其稱文
小而其指極大，舉類邇而見義遠。其志潔，故其
稱物芳；其行廉，故死而不容自疎，濯淖汙泥之
中，蟬蛻於濁穢，以浮游塵埃之外，不獲世之滋
垢，皭然泥而不滓者也。推此志也，雖與日月爭
光可也。[33]

　　司馬遷也肯定〈離騷〉的價值與屈原的壯偉，其評
論愈加深刻。首先，他從作品藝術，指出〈離騷〉具備
「文約」、「辭微」的特徵，而且又有「以古刺今」、
「以小喻大」、「因邇及遠」等多種藝術技巧；這樣分
析，提升了讀者對〈離騷〉文學價值的認知。其次，他
結合作者的生平和思想，來進行文本詮釋，因此能夠深
挖屈原的創作動機。《史記·屈賈列傳》又說：

屈平疾王聽之不聰也，讒諂之蔽明也，邪曲之害
公也，方正之不容也，故憂愁幽思而作〈離騷〉。
〈離騷〉者，猶離憂也。夫天者，人之始也；父
母者，人之本也，人窮則反本，故勞苦倦極，未

---

33 《史記》〈屈原賈誼列傳〉。臺灣：藝文印書館，未著出版年，
　　頁 1004。

> 嘗不呼天也；疾痛慘怛，未嘗不呼父母也。屈平
> 正道直行，竭忠盡智，以事其君，讒人間之，可
> 謂窮矣，信而見疑，忠而被謗，能無怨乎？屈平
> 之作〈離騷〉，蓋自怨生也。[34]

　　屈原因志潔行廉、竭智盡忠，而無法自疎，遭遇小人離間，在黑暗溷濁的政治環境裡，只好「作辭以諷諫，連類以爭義。[35]」，諷刺「世事」，表達「指」、「義」，這種忠言直諫的品質深獲司馬遷的景慕。簡言之，司馬遷從藝術技巧與思想內涵的重層視角，對屈原的人品和文學進行審核，在他眼中屈原與屈騷值得激賞。然而《史記》的評論，劉勰並未收入〈辨騷〉。

　　〈辨騷〉列舉的評家，劉安之後是班固，班固為歷史學家，著《漢書》，又擅長辭賦，中國賦史把西漢司馬相如、揚雄和東漢班固、張衡，並稱為「漢賦四大家」[36]。班固曾作《離騷經章句》，已佚，僅存〈離騷序〉和〈離騷贊序〉兩篇短文。〈離騷序〉云：

34　《史記》〈屈原賈誼列傳〉。同註34，頁1004。

35　《史記》〈太史公自序〉：「作辭以諷諫，連類以爭義，離騷有之，作屈原賈生列傳第二十。」同註34，頁1359。

36　劉大杰《中國文學發展史》：「班固是以史家兼賦家，他的《漢》與司馬遷的《史》，是中國史傳文學中的重要著作。但他又擅長辭賦，在賦史上，前人總是把西漢的司馬相如、揚雄，東漢的班固、張衡，稱為漢賦中的四大作家。」臺北：華正書局，2002年，頁163。

昔在孝武，博覽古文，淮南王安敘《離騷傳》，
以「〈國風〉好色而不淫，〈小雅〉怨誹而不亂，
若〈離騷〉者可謂兼之，蟬蛻濁穢之中，浮游塵
埃之外，皭然泥而不滓，推此志，雖與日月爭光
可也。」斯論似過其真。……且君子道窮，命矣。
故潛龍不見是而無悶，〈關雎〉哀周道而不傷，
蘧瑗持可懷之智，寧武保如愚之性，咸以全命避
害，不受世患。故〈大雅〉曰：「既明且哲，以
保其身。」斯為貴矣。若屈原，露才揚己，競乎
危國群小之間，以離讒賊。然數責懷王，怨惡椒、
蘭，愁神苦思，強非其人，忿懟不容，沈江而死，
亦貶絜狂狷景行之士。多稱崑崙、冥婚宓妃、虛
無之語，皆非法度之政，經義所載，謂之「兼詩
〈風〉〈雅〉，而與日月爭光」，過矣。然其文
弘博麗雅，為辭賦宗，後世莫不斟酌其英華，則
象其從容。自宋玉、唐勒、景差之徒，漢興枚乘、
司馬相如、劉向、揚雄，騁極文辭，好而悲之，
自謂不能及也。雖非明智之器，可謂妙才者也。[37]

　　班固雖然也以「弘博雅麗」褒美屈騷的華文麗采，
推其為「辭賦宗祖」，但是他認為屈原的奮鬥是「露才
揚己」，沉汨羅江是「忿懟不容」，站在消極「明哲保

---

37 班固〈離騷序〉。同註33，頁88-89。

身」立場，對〈離騷〉呈顯的奮鬥精神以及神話題材運用等浪漫主義，大表不滿，從「文」、「行」兩方面判讀屈原的生命失敗。這種觀點，與劉安、司馬遷形成尖銳對立。

其實，班固的異義可能源自西漢揚雄。揚雄是西漢的哲學家兼賦家，成帝時以文名見召，奏〈甘泉〉、〈羽獵〉數賦，除為郎，給事黃門，一生歷事成、哀、平、莽四朝，鬱鬱失志，但是著述豐富，在文學史及哲學史上坐擁地位。〈辨騷〉只說：「揚雄諷味，亦言體同詩雅。[38]」未詳語出何典，但所謂「體同詩雅」，是肯定屈騷合乎經義，與劉安的看法有些吻合。但是《漢書‧揚雄傳》云：

> 又怪屈原文過相如（司馬相如），至不容，作〈離騷〉，自投江而死，悲其文，讀之未嘗不流涕也。以為君子得時則大行，不得時則龍蛇，遇不遇命也，何必湛身哉？迺作書，往往摭〈離騷〉文而反之，自岷山投諸江之流以弔屈原，名曰〈反離騷〉。又旁〈離騷〉作重一篇，名曰〈廣騷〉，又旁〈惜誦〉以下至〈懷沙〉一卷，名曰〈畔牢愁〉。[39]

38　《文心雕龍‧辨騷》。同註 1，卷一，頁 29。
39　《漢書‧楊雄傳（上）》列傳第五十七。同註 32，頁 1514-1515。

　　揚雄對屈原的才智和文學評價甚高，對屈原的生活遭遇也寄以深切同情，他仿作〈反離騷〉、〈廣騷〉、〈畔牢愁〉等諸文，不但攄發自我感受，也表達了熱愛屈騷。唯獨例外者，有關屈原「投江而死」一事，則用「明哲保身」，明示不滿。這個論點便對東漢班固產生了影響。

　　至於王逸則為東漢文學家，順帝時官至侍中，時代在班固之後，撰著《楚辭章句》行於世，是現存最早的《楚辭》註本，在保存東漢以前的《楚辭》訓詁上，功不可滅。注釋而外，書中並論及作品的產生背景、思想、藝術特色，立說較為全面。針對班固「露才揚己」詈責，王逸提出批駁，其重點在於說明評價人物政治表現的標準。《楚辭章句‧序》云：

　　　　且人臣之義，以中正為高，以伏節為賢。故有危言以存國，殺身以成仁。是以伍子胥不恨於浮江，比干不悔於剖心，然後忠立而行成，榮顯而名稱。若懷道以迷國，佯愚而不言，顛則不能扶，危則不能安，婉娩以順上，逡巡以避患，雖保黃耇，終壽百年，蓋志士之所恥，愚夫之所賤也。今若屈原，膺忠貞之質，體清潔之性，直若砥矢，言若丹青，進不隱其謀，退不顧其命，此誠絕世之行，俊彥之英也。而班固謂之「露才揚己，競於群小之中，怨恨懷王，譏刺椒、蘭，苟欲求進，

強非其人，不見容納，忿恚自沈」。是虧其高明
而損其清潔者也。……詩人怨主刺上，曰：「鳴
乎小子，未知臧否；匪面命之，言提其耳。」風
諫之語，於斯於切，然仲尼論之，以為大雅，引
此比彼，屈原之詞，優游婉順，寧以其君不智之
故，欲提攜其耳乎？而論者以為「露才揚己，怨
刺其上，強非其人」，殆失厥中矣。[40]

他根據儒家的積極人生哲學，崇揚屈原有「危言存
國」、「殺身成仁」的大勇，堅決反對「懷道迷國」、
「逡巡避患」的退世心理，同時，以《詩經》怨刺傳統，
強調人臣危身諷諫的必要與珍貴，對班固做出強有力的
反擊。其次，王逸把屈原作品所使用的題材、用語，和
五經逐條對照，互相比附。《楚辭章句‧序》云：

夫〈離騷〉之文，依託五經以立義焉。「帝高陽
之苗裔」，則「厥初生民，時惟姜嫄」也；「紉
秋蘭以為佩」，則「將翱將翔，佩玉瓊琚」也；
「夕覽洲之宿莽」，則《易》「潛龍勿用」也；
「駟玉虯而乘鷖」，則「時乘六龍以御天」也；
「就重華而陳辭」，則《尚書》咎繇之謀謨也；

---

40 王逸《楚辭章句‧序》。何錡章主編《圈點增注王逸注楚辭》，
中國古文學叢書第二類之一，臺北：廣東出版社出版、泰順書局
發行，1973 年，頁 28-29。

「登崑崙而涉流沙」，則《禹貢》之敷土也。故智彌盛者其言博，才益劭者其識遠。屈原之詞，誠博遠矣。[41]

這種摘句比附，稍嫌牽強附會，窒礙難通。王運熙、顧易生合著《中國文學批評史》云：「班固對屈賦的藝術特色固然缺乏理解，而王逸雖想為屈原辯護，但實際上貶低了屈賦的藝術精神和獨創特色，把它但看作是儒家經典的簡單承襲。自漢武帝罷黜百家以後，儒家思想處於獨尊地位，儒家經典成為士大夫評論一切事物的標準。不論肯定或否定一個事物，都要依據這個標準。班固、王逸對屈原及其作品的不同評價，是這方面最顯著的例子。[42]」雖然如此，王逸還是發表了一些可取的言論，如《離騷經·序》曰：

〈離騷〉之文，依詩取興，引類譬喻。故善鳥香草，以配忠貞；惡禽臭物，以比讒佞；靈脩美人，以媲於君；宓妃佚女。以譬賢臣；虯龍鸞鳳，以託君子；飄風雲霓，以為小人。其詞溫而雅，其義皎而朗。凡百君子莫不慕其清高，嘉其文采，

---

41 王逸《楚辭章句·序》。同註 41，頁 29-30。
42 王運生、顧易生《中國文學批評史》（上冊）第一篇「先秦兩漢」第二章「漢代的文學批評」第四節「班固和王逸」。臺北：五南圖書出版公司，1993 年，頁 75。

哀其不遇，而閔其志焉。[43]

評析〈離騷〉「引喻託諷」的比興與象徵，則十分
適貼中肯、具體精確。〈辨騷〉又云：「及漢宣嗟嘆，
以為皆合經術。[44]」案漢宣帝劉詢論騷，事見《漢書·
王褒傳》：

> 宣帝時，修武帝故事，講論六藝群書，博盡奇異
> 之好；徵能為《楚辭》，九江被公，召見誦讀。
> 益召高材劉向、張子僑、華龍、柳褒者待召金馬
> 門。神爵五鳳之間，天下殷富，數有嘉應，上頗
> 作歌詩，欲興協律之事，丞相魏相奏言，於是益
> 州刺史王襄，欲宣風化眾庶，聞王褒有俊材，請
> 與相見，使褒作中和樂職宣布詩。[45]
> 所幸宮館，輒為歌頌，第其高下，以差賜帛。議
> 者多以為淫靡不急。上曰：「不有博奕者乎？為
> 之猶賢乎已。辭賦大者與古詩同義，小者辯麗可
> 喜，辟如女工有綺縠，音樂有鄭衛，今世俗猶皆
> 以此虞說耳目，辭賦比之，尚有仁義風諭，鳥獸
> 草木多聞之觀，賢於倡優博奕遠矣。」頃之，擢

---

43 王逸《楚辭章句·序》。同註 41，頁 1。
44 《文心雕龍·辨騷》：「及漢宣嗟嘆，以為皆合經術。揚雄諷味，
　亦言體同詩雅。」同註 1，卷一，頁 29。
45 《漢書·嚴朱吾丘主父徐嚴終王賈列傳》列傳第三十四卷（下）。
　同註 32，頁 1286-1287。

褒為諫大夫。[46]

宣帝侈誇「辭賦大者與古詩同義」、「尚有仁義風諭」，整體觀之，僅突出帝王之修「故事」、博「奇異」而已，在他的眼中，《楚辭》比較奕棋演戲、絲綢綺縠、鄭衛歌聲等奢娛，不過略勝一籌。所以劉勰說漢宣帝贊美《楚辭》體制「皆合經術」，恐頗多溢美之辭了。

四、四同四異：騷與經之異同

劉勰在綜觀各家論述後，指出這些或同或異的抑揚，任聲過實，不符實際，都犯了觀察不精細、考核未切實之錯失。既然條列漢人評論並加批駁，所以《文心雕龍》必須揭舉正確論點，做為當代與後世的依循；而且以〈離騷〉為主體的《楚辭》，既然有繼承有創新，〈辨騷〉篇便要辨析屈騷與儒家經典的異同，才能展示正變之所在。於是劉勰開始進行這個工作，他的辨別方法是：「將覈其論，必徵言焉。[47]」這是說：考覈屈原言論的真象，必須徵驗《楚辭》原文。

經過查驗，劉勰發現屈騷與經典有四點相同、四點相異，叫做「四正四變」。〈辨騷〉又說：「觀其骨髓

---

46 《漢書‧嚴朱吾丘主父徐嚴終王賈列傳》列傳第三十四卷（下）。同註 32，頁 1289。
47 《文心雕龍‧辨騷》。同註 1，卷一，頁 29。

所樹，肌膚所附，雖取鎔經意，亦自鑄偉辭。[48]」四正便是「取鎔經意」，意謂；熔化經書旨意，繼承經典。四變則指「自鑄偉辭」，指述獨自創造性地鑄造了奇偉的辭藻；這是屈賦獨有的面貌，使它能夠自立門戶，經由附庸而蔚成大國。〈辨騷篇〉云：

> 故其陳堯舜之耿介，稱湯武之祇敬，典誥之體也。譏桀紂之猖披，傷羿澆之顛隕，規諷之旨也。虯龍以配君子，雲蜺以譬讒邪，比興之義也。每一顧而掩涕，歎君門之九重，忠怨之辭也。觀茲四事，同於風雅者也。至於託雲龍，說迂怪，豐隆求宓妃，鴆鳥媒娀女，詭異之辭也。康回傾地，夷羿彈日，木夫九首，土伯三目，譎怪之談也。依彭咸之遺則，從子胥以自適，狷狹之志也。士女雜坐，亂而不分，指以為樂；娛酒不廢，沉湎日夜，舉以為懽，荒淫之意也。摘此四事，異乎經典者也。故論其典誥則如彼，語其夸誕則如此；固知《楚辭》者，體慢於三代，而風雅於戰國，乃雅頌之博徒，而詞賦之英傑也。[49]

巡檢原文，屈騷與經典相通的四點，如下：

（一）陳述唐堯、虞舜的光明偉大，讚美成湯、夏

48　《文心雕龍・辨騷》。同註1，卷一，頁30。

49　《文心雕龍・辨騷》。同註1，卷一，頁29-30。

禹的虔敬威嚴，符合《尚書》典誥體制。如〈離騷〉曰：「彼堯舜之耿介兮，既遵道而得路。[50]」、「湯禹儼而祗敬兮，周論道而莫差，舉賢而授能兮，循繩墨而不頗。[51]」、「湯禹嚴而求合兮，摰咎繇而能調。[52]」以上皆以得道治國之君，作正面鼓勵之語。王禮卿《文心雕龍通解》曰：「竊意彥和之意，殆以三百篇中詠先王功德者，有同於《尚書》之典；述君臣相告語者，有同於《尚書》之誥。[53]」

（二）譏刺夏桀、商紂的狂放淫亂，痛心后羿、過澆的顛覆危亡，符合〈國風〉勸戒諷喻的旨趣。如〈離騷〉曰：「何桀紂之猖披兮，夫唯捷徑以窘步。[54]」、「夏桀之常違兮，乃遂焉而逢殃。后辛之菹醢兮，殷宗用而不長。[55]」、「羿淫游以佚畋兮，又好射夫封狐。固亂流其鮮終兮，浞又貪夫厥家。澆身被服強圉兮，縱欲而不忍。日康娛而自忘兮，厥首用夫顛隕。[56]」以上皆以失道亡國之君，作反面勸戒諷刺語。

（三）虯龍喻忠貞，雲霓譬奸佞，符合《詩經》的「比興」體例。如〈離騷〉曰：「駟玉虯以乘鷖兮，溘

<hr>

50 屈原〈離騷〉。洪興祖《楚辭補註》卷一，臺北：藝文印書館，1973年，頁20。
51 屈原〈離騷〉。同註51，頁45。
52 屈原〈離騷〉。同註51，頁68。
53 王禮卿《文心雕龍通解》上冊‧卷一‧辨騷第五。同註28，頁73。
54 屈原〈離騷〉。同註51，頁20-21。
55 屈原〈離騷〉。同註51，頁44-45。
56 屈原〈離騷〉。同註51，頁42-43。

埃風余上征。[57]」、「為余駕飛龍兮，雜瑤象以為車。[58]」、「駕八龍之婉婉兮，載雲旗之委蛇。[59]」、「飄風屯其相離兮，帥雲蜺而來御。紛總總其離合兮，斑陸離其上下。[60]」屈原擅用比興，象徵隱喻，王逸《楚辭章句·序》云：「〈離騷〉之文，依詩取興，引類譬喻。」、「虯龍鸞鳳以託君子，飄風雲霓以為小人。[61]」《文心雕龍·比興》亦云：「楚襄信讒，而三閭忠烈，依《詩》製〈騷〉，諷兼比興。[62]」

（四）每一次回望祖國，便忍不住掩面流淚，又慨嘆宮門九重，見君無由，表現了詩人忠貞哀怨的文辭，符合「變風」、「變雅」。如〈離騷〉：「長太息以掩涕。[63]」〈九章·哀郢〉：「望長楸而太息兮，涕淫淫其若霰。[64]」以上反覆陳詞，憂君憂民，完全合乎《詩經》諷諭之旨。

上述四者，即「觀茲四事，同於風雅者」的「四正」：典誥之體、規諷之旨、比興之義、忠怨之辭。其中較爭

---

57 屈原〈離騷〉。同註 51，頁 48-49。
58 屈原〈離騷〉。同註 51，頁 76。
59 屈原〈離騷〉。同註 51，頁 82。
60 屈原〈離騷〉。同註 51，頁 54-55。
61 王逸《楚辭章句·序》。同註 41，頁 1。
62 《文心雕龍·比興》。同註 1，卷八，頁 11。
63 屈原〈離騷〉：「長太息以掩涕兮，哀民生之多艱。」同註 51，頁 30。
64 屈原〈九章·哀郢〉。同註 51，頁 222。

議的是「典誥之體」，典誥來自《尚書》，范文瀾《文心雕龍注》即說：「《詩》無典誥之體。彥和云『觀茲四事，同於風雅』，似宜云『同於《書》《詩》』。[65]」不過也有學者認為《尚書》典誥相當於「頌」，至於「規諷之旨」、「比興之義」、「忠怨之辭」皆為《詩經》之六義與美刺[66]。因此，「四正」明確地詮釋了屈騷與經典的繼承關係。當然，屈騷取效經典的地方：一是師法經書之意，二是師法經典之體，這種師法並非貌取形似的蹈襲，而是經過鎔鍊工夫，故〈事類〉說：「觀夫屈宋屬篇，號依詩人，雖引古事，而莫取舊辭。[67]」即其明證。

至於《楚辭》與儒家經書不同的地方，劉勰亦摘引四點：

（一）假托雲龍，虛談怪誕，請雲神去求洛神，請鴆鳥向簡狄議婚，是離奇荒謬的說法。〈離騷〉全詩共二千四百九十字[68]，後半段虛寫：陳辭重華，不容於世，復往天際，將再訴於天帝，竟被帝閽擯於門外，然後轉念想求神女為伴，盼望能得到好逑，卻苦無良媒，加上世蔽美嫉賢，結果所求皆失敗。屈原所追求的神女有三

---

65 范文瀾《文心雕龍注》注十一。同註 1，卷一，頁 33。
66 如王禮卿《文心雕龍通解》上冊‧卷一‧辨騷第五：「假書之典誥，狀詩義法之一。」同註 28，頁 73。又如王淑貞〈文心雕龍辨騷篇釋義〉：「典誥之體，相當於『頌』，規諷之旨相當『風、雅』，比興之義，忠怨之辭為之作法『賦、比、興』。」
67 〈文心雕龍‧事類篇〉。同註 1，卷八，頁 10。
68 根據據俞樾引陳澧深之統計。

位：宓妃、娀女（簡狄）、二姚。文中編織許多幻想神話，上天下地，顯出離奇陸離的光彩。其原文在〈離騷〉如：「**吾令豐隆乘雲兮，求宓妃之所在。**[69]」、「**望瑤台之偃蹇兮，見有娀之佚女。吾令鴆為媒兮，鴆告余以不好。**[70]」

（二）〈天問〉：「**康回憑怒，地何故以東南傾？**[71]」康回即共工，這是說共工怒觸不周山，使大地傾陷。〈天問〉又說：「**羿焉彃日？烏焉解羽？**[72]」這是說后羿射落九個太陽，太陽中的九隻金烏都死去，落下羽毛。〈招魂〉：「**一夫九首，拔木九千些**[73]。」這是說九首的拔木妖人，能一天拔出九千根木頭。〈招魂〉又說：「**土伯九約，其角觺觺些，敦脄血拇，逐人駓駓，參目虎首，其若牛些。**[74]」這是說地神土伯有九尾三眼、銳角厚背、沾血指爪，虎頭牛身，食人如飴。以上所述，都是上古神話，充滿神祕詭怪的情調。

（三）屈原取則古賢，對殷大夫彭咸特別仰慕，彭咸相傳為殷商的賢大夫，因諫君不納，沉水自殺，屈原一再表明欲效法彭咸的榜樣，如〈離騷〉：「**既莫足與**

---

69 屈原〈離騷〉。同註 51，頁 57。
70 屈原〈離騷〉。同註 51，頁 60。
71 屈原〈天問〉：「康回憑怒，墮（一作地）何故以東南傾？」同註 51，頁 155。
72 屈原〈天問〉。同註 51，頁 163。
73 屈原〈招魂〉。同註 51，頁 331。
74 屈原〈招魂〉。同註 51，頁 332-333。

為美政兮，吾將從彭咸之所居。[75]」、「雖不周於今之人兮，願依彭咸之遺則。[76]」〈九章‧思美人〉：「獨煢煢而南行兮，思彭咸之故也。[77]」〈九章。悲回風〉：「夫何彭咸之造思兮，暨志介而不忘。[78]」、「孰能思而不隱兮，照彭咸之所聞。[79]」、「凌大波而流風兮，託彭咸之所居。[80]」此外，春秋時的伍子胥輔佐吳王夫差，忠貞愛國卻被迫而死，屍體慘遭投江，屈原也無限感佩，時常於文中提及，如〈九章‧惜往日〉：「吳信讒而弗味兮，子胥死而後憂。[81]」〈九章‧悲回風〉：「浮江淮而入海兮，從子胥而自適。[82]」劉勰認為這些皆是性情褊急、專一執著的表現。

（四）〈招魂〉曰：「士女雜坐，亂而不分些，放敶組纓，班其相紛兮。[83]」、「鏗鐘搖虡，揳梓瑟兮，娛酒不廢，沈日夜些。[84]」、「人有所極，同心賦些，酎飲盡歡，樂先故兮，魂兮歸來，反故居些。[85]」把男女雜坐調笑，當作快樂；又把日夜狂飲，當作娛樂，都

---

75 屈原〈離騷〉。同註 51，頁 84。
76 屈原〈離騷〉。同註 51，頁 29。
77 屈原〈九章‧思美人〉。同註 51，頁 247。
78 屈原〈九章。悲回風〉。同註 51，頁 257。
79 屈原〈九章‧悲回風〉。同註 51，頁 261-262。
80 屈原〈九章：悲回風〉。同註 51，頁 263。
81 屈原〈九章‧惜往日〉。同註 51，頁 250。
82 屈原〈九章‧悲回風〉。同註 51，頁 266-267。
83 屈原〈招魂〉。同註 51，頁 347。
84 屈原〈招魂〉。同註 51，頁 349。
85 屈原〈招魂〉。同註 51，頁 350。

顯出荒淫的意思。

以上四者，即「摘此四事，異乎經典者也」的「四異」：詭異之辭、譎怪之談、狷俠（狹）之志、荒淫之意。這些異乎經典的地方，即《楚辭》的特質與特色。詭異之詞，係指其寫作方法運用象徵隱喻；譎怪之談，係指其寫作題材多採神話傳說；狷俠之志，係指其寫作精神固執於嚮往前賢軌範；荒淫之志，係指其寫作效果務求誇張侈麗。以上諸特質，正是《楚辭》浪漫主義與《詩經》現實主義的差別所在。屈騷具體地體現了積極浪漫的氛圍，充滿豐富的想像、狂熱的感情、美麗的文采，於是成就了「自鑄偉詞」的獨創性。

周振甫〈談劉勰的變乎騷〉說：「劉勰論文，並不要求用儒家思想來寫作，對於不符合儒家思想的，並不排除。[86]」就像〈正緯〉論「緯」不合經義，這些不合經義的內容，若以文學角度言，則是「事豐奇偉、辭富膏腴，無益於經典，而有助文章。[87]」職是之故，〈辨騷〉曰：

> 故〈騷經〉、〈九章〉，朗麗以哀志；〈九歌〉、
> 〈九辯〉，綺靡以傷情；〈遠遊〉、〈天問〉，

---

86 周振甫〈談劉勰的「變乎騷」〉。收入周振甫《周振甫講《文心雕龍》》。南京：江蘇教育出版，2005 年，頁 161。

87 《文心雕龍・正緯》「若乃羲農軒皞之源，山瀆鍾律之要。白魚赤烏之符，黃金紫玉之端。事豐奇偉，辭富膏腴，無益經典而有助文章。」同註 1，卷一，頁 19。

　　瓌詭而惠巧;〈招魂〉、〈招隱〉,耀艷而深華;〈卜
居〉標放言之致;〈漁父〉寄獨往之才。故能氣往
轢古,辭來切今,驚采絕艷,難與並能矣。[88]

　　劉勰審校屈騷的篇章特色,以見其「取鎔經典」
(正)、「自鑄偉辭」(變)的精髓,最後總括:「氣
往轢古,辭切來今,驚采絕艷,難與並能矣[89]」,真是
對屈騷的最高品賞。透過「四同四異」的證驗,屈騷是
不拋棄傳統又突破窠臼,取經典長處而兼雜時代文風,
乃為「詞賦之英傑[90]」。

五、屈騷對後世的影響

　　《楚辭》是中國文學的瑰寶,屈原既死之後,同時
代的楚國便有宋玉、唐勒、景差等人雅愛屈作,祖述屈
原的從容辭令,仿作出許多騷體文學,與屈賦一起被後
世統稱為「楚辭」,只是他們都缺乏屈原的偉大節操,
因此少了忠言直諫的聖潔人格[91]。

　　洎乎漢代,研究《楚辭》更風起雲湧,人才輩出,

---

88 《文心雕龍‧辨騷》。同註 1,卷一,頁 30。
89 《文心雕龍‧辨騷》。同註 1,卷一,頁 30。
90 《文心雕龍‧辨騷》:「固知楚辭者,體慢於三代,而風雅於戰
　國,乃雅頌之博徒,而詞賦之英傑也。」同註 1,卷一,頁 30。
91 《史記‧屈賈列傳》:「屈原既死之後,有宋玉、唐勒、景差之
　徒者,皆好辭而以賦見稱,然皆祖屈原之從容辭令,而莫敢諫。」
　同註 34,頁 1007。

《漢書・地理志》云：「始楚賢臣屈原被讒放流，作〈離騷〉諸賦以自傷悼，後有宋玉、唐勒之屬，慕而述之，皆以顯名。漢興，高祖王兄子濞於吳，招致天下之娛遊子弟枚乘、鄒陽、嚴夫子之徒，興於文景之際。而淮南王安亦都壽春，招賓客著書，而吳有嚴助、朱買臣貴顯，文辭並發，故世傳《楚辭》。[92]」以上引述，自枚乘以下皆為漢代文士，漢代研究和摹擬屈騷的風氣大熾，文學主流「賦」即是在《楚辭》影響之下而產生的新興文類。《文心雕龍・詮賦》就說：「賦也者，受命於詩人，拓宇於楚辭也。[93]」〈時序〉也說：「爰自漢室，迄至成、哀，雖世漸百齡，辭人九變，而大抵所歸，祖述《楚辭》，靈均餘影，於是乎在。[94]」《漢書・藝文志》分賦為四派，首列屈原賦，自屈原至王褒作賦者二十家、三百六十一篇[95]，所以說《楚辭》為辭賦始祖，西漢文章大抵繼承屈、宋遺響，殆無疑義。〈辨騷〉末段，劉勰討論了屈騷對後世文壇的影響：

　　自〈九懷〉以下，遠躡其跡，而屈、宋逸步，莫之能追。故其敘怨情，則鬱伊而易感；述離居，

92　《漢書・地理志》，志八（二）。同註 32，頁 861。
93　《文心雕龍・詮賦》。同註 1，卷二，頁 47。
94　《文心雕龍・時序》。同註 1，卷九，頁 23。
95　《漢書・藝文志》分賦為四派：（1）屈原派，自屈原至王褒，二十家，三百六十一篇。（2）陸賈派，自陸賈至朱宇，二十一家，二百七十五篇。（3）荀卿派，自荀卿至路恭，二十五家，一百三十六篇。（4）雜賦派，自主客至隱書，十二家，二百三十二篇。

則愴怏而難懷；論山水，則循聲而得貌；言節候，
則披文而見時。是以枚、賈追風以入麗，馬、揚
沿波而得奇，其衣被詞人，非一代也。故才高者
菀其鴻裁，中巧獵其艷辭，吟諷者銜其山川，童
蒙者拾其香草。[96]

〈九懷〉為王褒的作品，王褒是西漢賦家，生卒年
不詳，宣帝時為諫大夫，因為宣帝頗作詩歌，欲興協律
之事，於是能為《楚辭》的九江被公，以及劉向、張子
僑、華龍，音樂家趙定、龔德之流，齊集於門下，王褒
也在此時受益州刺史推薦，一起待詔金馬門，所作〈洞
簫賦〉最負盛名。王逸〈九懷序〉云：「九懷者，諫議
大夫王褒之所作也。懷者，思也。言屈原雖見放逐，猶
思念其君，憂國傾危而不能忘。褒讀其屈原之作，嘉其
溫雅，藻采敷衍，執握金玉，委之污瀆，遭世溷濁，莫
之能識，追而愍之，故作九懷以稗其詞，史官錄第，遂
列于篇。[97]」

「〈九懷〉以下」，蓋泛指漢人仿傚屈宋之作，漢
代模仿屈、宋的隊伍相當龐大，許多作家都願意把作品
歸附於屈宋門下，這是中國文學史上不多見的現象。根
據姜亮夫《楚辭書目五種》的判斷，這些擬騷之作分為
數種：「其上者探靈均孤忠之蘗，以得其慨感幽深之志，

多出於賢人失志之所為。其次者善體屈子心志，鍥入無間，而章擬句摹，亦得其韻調之形似，則文士工巧之術。其最下者，則取九篇七章之體，為無病呻吟之文，既無屈子忠款之忱，亦戔玉、差修辭之俊，空存體貌，不見志趣。[98]」撇開「空存體貌，不見志趣」的下流賤品不論，像賈誼〈惜誓〉、淮南小山〈招隱士〉、東方朔〈七諫〉、嚴忌〈哀時命〉、劉向〈九歎〉、王逸〈九思〉等，他們無論形式和內容，都追隨屈騷，甚至在修辭造語上推陳出新、有後來居上的新巧，但在劉勰眼中，除去枚、賈、馬、揚，其他諸人不過躡蹤逐塵，模仿肖似罷了。

　　劉勰也從「敘情怨」、「述離居」、「論山水」、「言節候」四方面，分別描述屈騷的文章之美。寫怨情，抑鬱沈吟，易於感動；寫遠離，蒼涼別恨，不勝悲切；摹山水，能使讀者依語言聲調想見丘壑形貌；談節氣，則能通過文字看到時令的變化。因此，枚乘、賈誼、司馬相如、揚雄等大賦家都深受其影響。枚乘、賈誼都屬於漢初名家，枚乘有〈菟園賦〉、〈柳賦〉、〈七發〉等；賈誼有〈鵩鳥賦〉、〈弔屈原賦〉、〈旱雲賦〉等，二人辭皆妍麗，故稱「追風以入麗」。司馬相如號稱「賦聖」，《漢書‧藝文志》載司馬相如賦二十九篇，大多失傳，現存〈大人賦〉、〈子虛賦〉、〈上林賦〉、〈美

---

98 姜亮夫《楚辭書目五種》，收入《姜亮夫全集》（五）。昆明：雲南人民出版社，2002 年。

人賦〉、〈長門賦〉、〈哀二世賦〉六篇；揚雄擅模仿，曾擬司馬相如〈子虛賦〉、〈上林賦〉，作〈甘泉〉、〈羽獵〉、〈長楊〉、〈河東〉四賦，二人賦皆描寫盡致，體制宏大，故曰「沿波而得奇」。

　　最末，劉勰從「才高」、「中巧」、「吟諷」、「童蒙」四種才質，說明學習屈騷可以得到下述收獲：才高者學習大開大闔的布局；中巧者學習艷華侈麗的文辭；吟誦者學習對青山綠水的描繪涵泳；童蒙者學習對花卉草木的比興譬喻。可見任何人都能從不同的角度吸取屈騷的豐富營養，而《楚辭》對後世影響巨大，於焉覘知。

　　然而，不管如何學習屈宋，切記：「經為文之正，騷為文之變」的最高指導原則，要「體經」「變騷」。二者關係是：

　　　　若能憑軾以倚雅頌，懸轡以馭楚篇；酌奇而不失其真，玩華而不墜其實；則顧盼可以驅辭力，欬唾可以窮文致，亦不復乞靈於長卿，假寵於子淵矣。[99]

「憑軾其以倚雅頌，懸轡以馭楚篇」、「酌奇而不失其真，玩華而不墜其真」，為此段文字的綱領眼目，指明：進行文學創作，其一要依靠經典來樹立內容，其二要駕

99　《文心雕龍‧辨騷》。同註 1，卷一，頁 30。

馭屈騷以修飾文采，總之，酌取屈騷奇麗的文辭而不戕喪儒家經學的大義，這樣便可以避免墨守成規，顧到文學踵事增華、變本加厲的趨勢，同時能維護經典權威，矯正後世訛濫文風的朱紫奪倫。此說法與前文所謂「**觀其骨髓所樹，肌膚所附，雖取鎔經義，亦自鑄偉辭**」是相互呼應的。這樣正確對待經與騷，便能夠正本清源。

六、〈辨騷〉是否入「文體論」

最後附帶說明：〈辨騷〉是否從「本原論」取出，而置入「文體論」的爭議。因為某些學者主張〈辨騷〉應該與〈明詩〉至〈書記〉諸篇共列，研討文學體類，屬於「文體論」，而非論文學本源。陸侃如、牟世金《文心雕龍譯註》即說：「**《文心雕龍》中從〈辨騷〉到〈書記〉的二十一篇是論文敘筆。**[100]」

持這種否定意見者也自有其紛歧看法，部分人士從根本處推翻通行的《文心雕龍》十卷本編次，認為通行十卷本將〈原道〉、〈徵聖〉、〈宗經〉、〈正緯〉、〈辨騷〉歸為一卷，列於全書之首，而使〈辨騷〉得以進入「本原論」，根本無稽。如梁繩禕《文學批評家劉彥和評傳》云：「劉氏的原書只分上下兩篇，今本分成十卷，卷各五篇，只是整理好玩，並沒有意義。像割〈辨

100 陸侃如、牟世金《文心雕龍譯註》，濟南：齊魯書社，1982 年。

騷〉放在第一卷末尾，尤為荒謬。[101]」基於這樣的觀點，他根據〈序志〉篇所說「上篇以上，綱領明矣」、「下篇以下，毛目顯矣[102]」，斷定《文心雕龍》只分上下兩篇，〈辨騷〉不應該與〈原道〉等四篇合併為全書之「總論」。

另外也有學者反對〈辨騷〉為本源論，但並不否定今傳十卷本之編排，如范文瀾《文心雕龍注》。范氏對今本五十篇的次序贊美曰：「組織之靡密」、「排比至有倫序[103]」，闡述各篇前後相接的邏輯和聯繫，詳加解析，辨明旨歸，用以彰揚《文心雕龍》的「結構」理論。但是，范氏也不把〈辨騷〉與〈原道〉、〈徵聖〉、〈宗經〉、〈正緯〉同列於「本原論」，而是將它與卷二、卷三的篇章，組織成為一個論「文」的文體系列：

〈辨騷〉（《詩》）軒翥詩人之後，奮飛辭家之前，故為文類之首。

〈明詩〉（《詩》）詩原上古，體備兩漢，故次於騷。

〈樂府〉（《詩》）詩為樂心，聲為樂體，故與詩並。

---

101 梁繩褘〈文學批評家劉彥和評傳〉，收入耿素麗、黃伶選編《民國期刊資料分類彙編・文心雕龍學》，北京：國家圖書館出版，2010 年，頁 183。

102 《文心雕龍・序志》。同注 1，卷十，頁 21。

103 《文心雕龍・原道》「原道篇」注。同註 1，卷一，頁 3。

〈詮賦〉（《詩》）拓宇於楚辭，盛於漢代，故次於詩。

〈頌贊〉（《詩》）詩之流裔。

〈祝盟〉（《禮》）告於鬼神，禮之大者。

〈銘箴〉（《禮》）銘勒功德，箴禦過失，生人之事，故次祝盟。

〈誄碑〉（《禮》）樹碑述亡，死人之事，故次銘箴。

〈哀弔〉（《禮》）哀夭橫，弔災亡，故次誄碑。[104]

范氏將《文心雕龍》文體論分為三類：文、筆、文筆雜。「文」即有韻的作品；「筆」即無韻的作品；至於〈雜文〉及〈諧隱〉則文、筆雜用，在文、筆二類之間，曰「文筆雜」[105]。上表所舉，都屬「文」範疇，〈辨騷〉、〈明詩〉、〈樂府〉、〈詮賦〉、〈頌讚〉五篇以《詩》為根源，故〈辨騷〉當為「文類之首」，宜入「文體論」。

唯多數學者仍主張〈辨騷〉應屬「本原論」，早期黃侃《文心雕龍札記》即說：「彥和析論文體，首以〈明

---

104 《文心雕龍‧原道》「原道篇」注。同註 1，卷一，頁 3。
105 《文心雕龍‧序志》：「若乃論文敘筆，則囿別區分，原始以表末，釋名以章義，選文以定篇。」同註 1，卷十，頁 21。這是說「文體論」，其中「論敘筆文」，文指有韻的作品，筆指無韻的作品，但是范文瀾氏認為「雜文諧隱，筆文雜用，故列在文筆二類之間」，於是出現三類，其他學者也有只分文、筆二類，如彭慶環《文心雕龍綜合研究》，案例甚多不贅舉。

詩〉，可謂得其統序。[106]」王元化《文心雕龍講疏》收錄〈《辨騷篇》應歸入《文心雕龍》總論〉一文，提出兩大理由：一、劉勰本人在〈序志〉篇中明確講明前五篇為「文之樞紐」，而非把〈辨騷〉列入「論文敘筆」的範疇。二、〈辨騷〉不是以「原始以表末，釋名以章義，選文以定篇，敷理以舉統」四部分來寫作，與〈明詩〉等文體論篇章體例明顯歧不同[107]。張少康《文心雕龍新探》更強調劉勰並未把「騷」和「賦」看成是兩種文體，他寫〈辨騷〉的目的，是為了說明《楚辭》是上承《詩經》而下啟辭賦，是文學發展中善於運用通變原理之楷模，故而說是「變乎騷」[108]。王更生〈劉勰的文學三原論〉也說：

> 劉勰繼〈正緯〉篇後設〈辨騷〉，為中國文學歷久彌新的發展，提示了客觀規律。近代有人將它併入「文體論」，以為是「論文敘筆」的首篇，我認為這完全昧於事實，甚或誤解劉勰設篇的精義。〈序志〉篇在談到「文之樞紐」時，有「變乎騷」之說，明示屈騷是由「銜華佩實」的經典

---

106 黃侃《文心雕龍札記》〈明詩〉第六，臺北：文史哲出版社，1973年，頁30。

107 〈《辨騷篇》應歸入《文心雕龍》總論〉，王元化《文心雕龍講疏》。臺北：書林出版，1993年，頁188-194。

108 張少康《文心雕龍新探》。臺北：文史哲出版社，1991年，頁176。

文學出發，汲取了緯書的奇偉之事，膏腴之辭以後，掀起了兩漢辭賦的旋風，造成鋪采摛文，體物寫志的藝術效。這是個文學思想的問題，絕不能單純放到文體的層面來講。[109]

綜合以上諸家論點，〈辨騷〉歸屬「總論」，為「本原論」五篇之一，理由較為合宜，殆無疑義。

七、結　語

屈騷是繼《詩經》之後拔地而起的文學高峰，而真正賦予它不朽地位者，允推劉勰《文心雕龍》，兩漢評論家對屈原及其作品褒貶不一，但劉勰則以巡檢文本做尺規，指出《楚辭》在思想內容、藝術形式，和儒家有「四同四異」的關係，肯定了《楚辭》在創新與變化中所展現的「承先啟後」作用。

總而言之，〈原道〉、〈徵聖〉、〈宗經〉從正面揭開劉勰的經學思想，談論文學「正」本原，而〈正緯〉、〈辨騷〉則另闢蹊徑，論革新與流展，談論文學「變」本原，群經與屈騷之「正」與「變」，使文學得以歷久彌新，〈辨騷〉宗旨即在此。

---

109 王更生〈劉勰的文學三原論〉，同註 29，頁 21。

第四篇　葉燮《原詩》文學理論淺析

一、前　言

　　葉燮，明末文人葉紹袁第六子，小名世倌，字星期，號己畦。江蘇吳江縣人，晚年寓居吳縣橫山，學者稱「橫山先生」。明天啟七年（1627）生，清康熙四十二年（1703）卒，享年七十七歲。康熙五年（1666）葉燮鄉試中舉，九年（1670）登進士第，十四年（1675）任江蘇寶應縣知縣，後因稟性嚴正，於世俗不稍假借，終於伉直不附上官意，被借故彈劾罷官。從此，欣然遊歷名山大川，潛心讀書，講學著述。清代文壇名家沈德潛、薛雪、張玉書等皆出於其門。

　　葉燮的主要著作有《己畦集》十四卷、《原詩》四卷、《己畦西南行草》二卷、《己畦詩近刻》三卷、《己畦詩舊存》二卷、《己畦文集》二十二卷，《己畦詩》，《詩集殘餘》一卷，《汪文摘謬》一卷等。另外還參與當時一些地方志書的編撰工作，如《吳江縣志》、《寶應縣志》、《陳留縣志》、《儀封縣志》等。但影響最大者，厥為文學理論著作《原詩》。《原詩》成於康熙

二十五年（1686），顧名思義，全書宗旨以探討詩歌藝
術為核心，是葉燮詩學理論之展現，分內、外兩篇，每
篇再分上、下，合計四卷，以論述及問答的體式闡明詩
觀，〈內篇〉上卷重詩歌演進之正變史觀；〈內篇〉下
卷重創作論，包含：理、事、情、才、膽、識、力，胸襟
說，匠心用材，死法與活法，幽渺以為理、想象以為事、
惝恍以為情等；〈外篇〉上卷論述創作論及本源論，包
含：陳熟與生新，詩家之體格、聲調、蒼老、波瀾，詩
言志，古今詩評雜亂無章等；〈外篇〉下卷詮解批評論
與作家論，對各朝詩歌特色、重要作家之品評。

　　沈珩《原詩・序》指出：「**內篇標宗旨也，外篇肆
博辨也，非以詩言詩也。**[1]」所謂「標宗旨」，即闡述詩
歌藝術之源流本末、沿革因創、正變盛衰的基本原理和
創作規律；所謂「肆博辨」，乃通過具體之文學鑒賞與
批評，以論證自己的詩論宗旨與主張；所謂「非以詩言
詩」，說明《原詩》不同於一般詩話漫談式的隨筆體製，
全書建立了獨特而完整的詩學理論體系[2]。日人青木正兒
綜述清代文學評論史，認為葉燮首先發出「**順一己之所**

---

1 葉燮著，霍松林校注《原詩》，編入《原詩、一瓢詩話、說詩晬語》。
　北京：人民文學出版社，2005 年，頁 84。
2 歐陽修《六一詩話》：「居士退居汝陰，而集以資閒談也。」歐陽
　修著，李逸安點校《歐陽修全集》第五冊，北京：中華書局，2001
　年，頁 1949。「以資閒談」乃早期詩話寫作之動機，因此詩話的
　體製多為漫談的筆記短札，沒有完整結構，漫筆而書，隨意長短，
　通常分則記事評，一則一事，全書無須作開頭結尾、承接轉折等精
　心布局。

好，自成一格，咏自己的性情者」的口號，故特以「詩
壇上自成一家思家的擅頭[3]」標舉之。郭紹虞在校點《清
詩話》前言曰：「葉燮論詩之長，在用文學史流變的眼
光與方法以批評文學，故對詩之正變與盛衰，能有極透
澈的見解。他看到『有源必有流，有本必有末』，以糾
正明七子以來的擬古風氣；同時又能與演變中看出有不
變者存，故又與一般主張師心，標準性靈者不同，而要
因流而溯源，循末以返本。……所以是清詩話中較好的
著作。[4]」張葆全《詩話與詞話》更推崇說：「總的來說，
它（指《原詩》）比較全面地論述了詩歌的形象思維的
特點和規律，闡明了樸素的現實主義的詩學觀，使它成
為我國文學理論批評史上繼《文心雕龍》之後最重要的
一部著作，值得我們重視和研究。[5]」王運熙、顧易生《中
國文學批評史》亦推譽為「古代詩話中最有系統性、理
論性的著作[6]」。由此觀之，葉燮《原詩》在中國詩話史
和中國文學理論史上擁有極高之聲譽。其主要論述，條

---

3 清木正兒著，陳淑女譯《清代文學評論史》第五章「詩壇上自成一
　家思想的擅頭」：「到康熙中葉以後，王李的餘波已告絕跡，即使
　尊崇盛唐者，也無人願當傻瓜，將王李掛在口頭，以招來宋元派的
　攻擊，大家精神上都感到非常自由，不管是唐，是元，皆不再拘泥
　目標。主張順一己之所好，自成一格，吟咏自己的性情者，乃逐漸
　出現。首先喊出這口號的，是蘇州葉燮。」臺北：臺灣開明書局，
　1969 年，頁 86。
4 王夫之等撰《清詩話》。上海：上海古籍出版社，1999 年，頁 23。
5 張葆全《詩話與詞話》第二章。臺北：萬卷樓出版社，1991 年，
　頁 92-93。
6 王運熙、顧易生《中國文學批評史》。臺北：五南圖書出版社，1993
　年，頁 921。

舉說明如后。

二、論「本原」

「本原」，指事物發生的根本原因或存在根據。在哲學中；唯心主義認為世界的本原是精神，唯物主義則認為世界本原於物質。在詩歌藝術方面，中國古典詩論歷來也有「在心」與「在物」之分，在心者認為詩本乎心，在物者認為詩原於物，將二者合而為一，叫做「感物言志」。根據學者研究，葉燮的本原論是具有唯物主義傾向，認為詩歌文學藝術的本原是：客觀存在於事物之中的「理」「事」「情」。《原詩》曰：

> 自開闢以來，天地之大，古今之變，萬彙之賾，日星河嶽，賦物象形，兵刑禮樂，飲食男女，于以發為文章，形為詩賦，其道萬千。余得之以三語蔽之：曰理、曰事、曰情，不出乎 此而已。[7]日理、曰事、曰情，此三言者，足以窮盡萬有之變態。凡形形色色，音聲狀貌，舉不能越乎此，此舉在物者而為言，而無一物之或能去此者也。……大之經緯天地，細而一動一植，詠嘆謳吟，俱不能離是而為言者矣。[8]

---

7 葉燮《原詩·內篇》。清丁福保《清詩話》（下），臺北：藝文印書館，1977 年，頁 708-709。
8 葉燮《原詩·內篇》。同註 7，頁 714。

　　世界上客觀存在的一切事物，日月山河、動植礦物，甚至於兵刑禮樂等等，形形色色，光怪陸離，概屬於理、事、情之統一體，都可以用三者加以分析。理、事、情就是審美觀照的客體，也是詩歌藝術的本原。何謂「理」、「事」、「情」呢？《原詩》解釋：

　　　譬之一草一木，其能發生者，理也；其既發生者，則事也；既發生之後，夭嬌滋植，情狀萬千，咸有自得之趣，則情也。[9]

　　葉朗《中國美學史大綱》分析為：「理」，就是客觀事物運動的規律；「事」，就是客觀事物運動的過程；「情」就是客觀事物運動的感性情狀和「自得之趣」[10]。蔡鎮楚《中國詩話史》則以為是：「事物發生的必然趨勢」（理）「事物的客觀存在」（事）和「客觀存在的事物所呈現出來的千姿百態的各種情狀」（情）[11]。綜合上述，約略言之，葉燮所謂「理」蓋指事物的內在本質與本質之規律；「事」指客觀事物按照自身本質規律所呈現出來之具體現象；「情」並非人類的主觀思想感

9　葉燮《原詩・內篇》。同註7，頁711。
10　葉朗《中國美學史大綱》下冊。臺北：滄浪出版社，1986年，頁495。
11　蔡鎮楚《中國詩話史》卷五・第二章。長沙：湖南文藝出版，1988年。

情，而是事物所具有之獨特的客觀屬性，亦即是事物的特殊性在不同條件下的生動表現，它具體說明了此物與彼物的差別。至於「理」「事」「情」之關係又如何呢？此三者互倚依存，不可或缺，是有機的統一關係，而不是孤立不相干的現象。所以葉燮說：

> 曰理、曰事、曰情三語，大而乾坤以之定位，日月以之運行，以至一草一木、一飛一走，三者缺一，則不成物。文章者，所以表天地萬物之情狀也。[12]
> 然則詩文一道，豈有定法哉？先揆乎其理，揆之于理而不謬，則理得。次徵諸事，徵之于事而不悖，則事得。終絜諸情，絜之于情而可通，則情得。三者得而不可易，則自然之法立。故立法者，當乎理，確乎事，酌乎情，為三者之平準，而無所自為法也。[13]

詩人的創作應當：通過事物可感的客觀存在之形式，以呈顯事物的內在本質、內在規律。換言之，理是通過具體的材料、典型的事物來描繪和概括的，這可以說是寓理於事。而這個事又必需依照事物的各種真實面目來表現，事物變化挪騰，搖曳多姿，詩人即透過文學

---

12 葉燮《原詩・內篇》。同註 7，頁 711。
13 葉燮《原詩・內篇》。同註 7，頁 709。

寫它的變化挪騰和搖曳多姿，這可以說是事中有情。職是，表天地萬物情狀的文學，總地說來，是必須依賴理、事、情三者而後存在，而理、事、情三者是具有辯證統合的緊密關聯性。

　　在理、事、情之外，葉燮又提出「氣」做為理、事、情的統率者。中國古代哲學家，特別是唯物主義哲學家都非常重視「氣」的概念，主張以「氣」為本的宇宙本體論，葉燮詩學的哲學基礎，亦建基於如此。所謂「氣」，常用以表示物質存在的基本範疇，主要指「**一切構成有形之物的原始材料，標示一種能運動、占有空間的客觀存在**」[14]。

　　以氣為本的宇宙論，現有文獻最早見諸莊子，《莊子・知北遊》云：「**通天下之一氣耳。**[15]」普天之下不過貫通著氣，人為萬物之一，故人的生死亦不過是氣的聚散變化而已，「**人之生，氣之聚；聚則為生，散則為死。**[16]」漢代王充也認為天地之運行，萬物之生長，皆源自「氣」的施行，《論衡・自然篇》：「**天地合氣，萬物自生。**」又云：「**天之動行也，施氣也，體動氣乃出，物乃生成矣。**[17]」因天地之間充斥著「氣」，所以

14　《中國大百科全書》哲學卷，袁行霈等《中國詩學通論》引。臺北：錦繡出版社。

15　《莊子・知北遊》，郭慶藩《莊子集釋》，臺北：河洛圖書出版社，1974 年，頁 733。

16　《莊子・知北遊》。同註 15，頁 733。

17　王充撰，韓復智註《論衡今註今譯》。臺北：國立編譯館，2005年，頁 2000、頁 2006。

宇宙得以運行。宋代大儒張載進層提出「太虛即氣」的論述;「太虛」為形而上之真理,無形無象,乃是創生宇宙萬物的道體;「氣」則是太虛之表現,有形有象,是太虛藉此創生宇宙物的載體,屬於形而下者。《正蒙・太和篇》云:「太虛無形,氣之本體,其聚其散,變化之客形爾。至靜無感,性之淵源,有識有知,物交之客。[18]」、「太虛不能無氣,氣不能不聚而為萬物,萬物不能不散而為太虛。循是出入,是皆不得已而然也。[19]」氣之聚散流行,即萬物之生滅變化,人既稟氣而生,自然也是太虛與氣之綜合,故「凡可狀,皆有也;凡有,皆象也:凡象,皆氣也。[20]」

　　前述以氣為本的宇宙論,清代初期普遍被學者接納,大家如黃宗羲、王夫之皆為其代表。黃宗羲倡言「盈天地間一氣也,氣即理也。[21]」、「夫在天為氣者,在人為心,在天為理者,在人為性。理氣如是,心性亦如是。[22]」宇宙萬物莫非氣化流行,所謂「理」即是氣化流行的條理,「心」當然亦是氣化流行之產物。王夫之主張「氣原是有理底,盡天地之閒無不是氣,即無不是

18　《正蒙・太和篇》。張載撰,王夫之注《張子正蒙注》。臺北:世界書局,2010 年,頁 3-4。
19　《正蒙・太和篇》。同註 18,頁 5。
20　《正蒙・乾稱篇下》。同註 18,頁 271。
21　戴璉璋主編《劉宗周全集》第二冊。臺北:中國文哲研究所籌備處,1997 年,頁 565。
22　《明儒學案・諸儒學案》〈文莊羅整菴先生欽順〉。臺灣:商務印書館,1968 年,頁 253。

理也。[23]」氣是物質實體，理是客觀規律，氣化成陰陽，
絪縕變化而生成宇宙萬物，故云：「**宇宙者，積而成乎**
大者也，二氣絪縕，知能不舍，故成乎久大。[24]」前述
列論者，都是傳統哲學氣論的重要觀點。葉燮上承諸家
學說為基礎，配拈「理」「事」「情」三者而開發運用
於文學探討，《原論》曰：

> 苟無氣以行之，能若是乎？又如合抱之木，百尺
> 干霄，纖葉微柯以萬計，同時而發，無有絲毫異
> 同，是氣之為也，苟斷其根，則氣盡而立萎。此
> 時理、事、情俱無從施矣。吾故曰：三者藉氣而
> 行者也。得是三者，而氣鼓行於其間，絪縕磅礴，
> 隨其自然，所至即為法，此天地萬象之至文也。
> 豈有法以馭是氣者哉？[25]

世間萬物都是由「氣」生成，萬物的運動變化都是
由「氣」推動，這是包括詩歌創作在內的萬事萬物運動
的「內在生命力」，理、事、情則屬於「氣」的外化形
式而已。簡言之，「氣」為本體，理、事、情三者為「氣」
之作用，「氣」在理、事、情三者之間貫串聯繫，運動

---

23 王夫之《讀四書大全說》卷十・孟子・告子上篇，《船山全書》
　　第六冊。長沙：嶽麓書社，1996 年，頁 1058。
24 王夫子《思問錄・內篇》，《船山全書》第十二冊。長沙：嶽麓
　　書社，1996 年，頁 420。
25 葉燮《原詩・內篇》，同註 7，頁 711。

不息。所以《原詩》指出：「總而持之、條而貫之者，曰氣。事、理、情之所為用，氣為之用也。[26]」任何事物如果沒有「氣」鼓行於其間，形成「絪縕磅礴」，那麼理、事、情雖然是客觀存在，卻喪失了生機與活力，化為糞土塵埃而已。由此推之，可以說文學的本質就是天地生萬物自然流行的氣，是「氣」和「氣的運動」。

從本源論更進層探討，文學的本質既是氣和氣的運動，氣是流動的，它的運動變化萬端，沒有固定模式，因而文學之美也就必然具有無限多樣性和豐富性。所以葉燮說：

　　天地之大文，風雲雷雨是也，變化不測，不可端倪，天地之至神也，即至文也。試以一端論，泰山之雲，起于膚寸，不崇朝而徧天下。吾嘗居泰山之下者半載，熟悉雲之情狀：或起於膚寸，彌淪六合；或諸峰競出，升頂即滅；或連陰數月，或食時即散；或黑如漆，或白如雪；或大如鵬翼，或亂如散鬌；或塊然垂天，後無繼者；或聯綿纖微，相續不絕；又忽而黑雲興，土人以法占曰將雨，竟不雨；又晴雲出，法占之曰將晴，乃竟雨。雲之態以萬計，無一同也。以至雲之色相、雲之性情，無一同也。雲或有時歸，或有時竟一去不

26 葉燮《原詩・內篇》，同註 7，頁 711。

歸；或有時全歸，或有時半歸；無一同也。此天
地自然之文，至工也。[27]

　　再者，葉燮認為氣是遵循「對待之義」而運動，因
此文學的美與醜，也就必然要依存於一定之條件，是在
一定條件之下互相對立，又在一定條件之下互相轉化。
所以葉燮又說：

對待之義，自太極生兩儀以後，無事無物不然。
日月、寒暑、晝夜，以及人事之萬有，生死、貴
賤、貧富、高卑、上下、長短、遠近、新舊、大
小、香臭、深淺、明暗，種種兩端，不可枚舉。
大約對待之兩端，各有美有惡，非美惡有所偏于
一也。其間惟生死、貴賤、貧富、香臭，人皆美
生而惡死，美香而惡臭，美富貴而惡貧賤。然逢
比之盡忠，死何嘗不美？江總之白首，生何嘗不
惡？幽蘭得糞而肥，臭以成美；海木生香則萎，
香反為惡。富貴有時而可惡，貧賤有時而見美，
尤易以明。即莊生所云「其成也毀，其毀也成」
之義。對待之美惡，果有常主乎？[28]

　　總之，葉燮《原詩》「氣」的內涵，較諸傳統文學

27　葉燮《原詩・內篇》，同註 7，頁 712-713。
28　葉燮《原詩・外篇》。同註 7，頁 733-734。

理論的「氣」更深層內化，中國古典文學理論中論氣，如曹丕《典論・論文》：「文以氣為主，氣之清濁有體，不可力強而致。[29]」、「徐幹時有齊氣[30]」，《又與吳質書》：「公幹有逸氣[31]」，指的是文學家之特殊氣質以及氣質宣諸作品中的語氣[32]。又如韓愈《答李翊書》：「氣，水也；言，浮物也。水大而物之浮者大小必浮」、「氣盛則言之短長與聲之高下者皆宜[33]」，指的是文章的氣勢。這些傳統文論中的「氣」，都不是從「本原」立言，而是談論氣的主觀屬性，葉燮《原詩》則立足於「本原」立場，談氣的客觀物質屬性以及它對詩歌創作之影響[34]。蔡鎮楚說：「作為清初唯物主義美學思想的

---

29 曹丕〈典論・論文〉：「文以氣為主，氣之清濁有體，不可力彊而玫，譬諸音樂，曲度雖均，節奏同檢，至於引氣不齊，巧有素素，雖在父兄，不能以遺子弟。」《漢魏六朝百三家集》第二冊《魏文帝集》卷之一，臺北：新興書局，1976 年，頁 789。

30 曹丕《典論・論文》：「王粲長於辭賦，徐幹時有齊氣，然粲之匹。」同註 29，頁 789。

31 曹丕《又與吳質書》：「公幹有逸，但未遒耳，至於五言詩妙絕當時。」同註 29，頁 780。

32 有關曹丕「氣」的釋義，研究者有異說，此處主要採用郭紹虞《中國文學批評史》論點，參見該書上卷第四篇，臺北：明倫出版，1970 年。

33 韓愈〈答李翊書〉：「氣，水也；言，浮物也；水大而物之浮者，大小畢浮。氣之言，猶是也。氣盛，則言之短長與聲之高下者，皆宜。」清儲同人錄、湯壽明增訂、蔣抱玄評注《注釋評點韓昌黎文全集》。臺北：廣文書局，1973 年，頁 316。

34 蔣凡《葉燮和原詩》：「總之，傳統文論的『氣』，多數是談『氣』的主觀屬性。葉燮則不然，他立足於『本原』論，進一步談到了『氣』的客觀物質屬性，以及他對藝術創作的影響。」臺北：臺灣萬卷樓，1993 年，頁 101。

主要代表人物，他善於把感性的經驗上升到理論的高度，以深邃的哲學思維的目光觀察文學現象。[35]」葉燮通過哲學以考察文學的最明顯命題就是表現在對本原論的思辨上，將文學觀與宇宙觀合一，因而形成了自我獨具特色的理論體系。

三、論「正變」

「正變」強調文學發展變化的方法論，著重討論：詩歌發展的途徑、方式等問題，諸如詩歌發展是前進抑後退、詩人創作如何繼承與革新、引起詩歌發展變化的原因與根據……等等。簡言之，即是從歷史的觀點來探討詩歌的淵源流變，也就是對「文學發展史觀」命題的詮解。這是文學研究的一個重要課題。

在此一命題上，葉燮縱論詩歌源流，表現了可貴的文學歷史「進化觀」，主張文學因時遞嬗的思想，《原詩》內篇開宗明義就指出，肇起自《詩經》，中國詩歌一直處於日新月異的流變發展之中：

> 詩始於《三百篇》，而規模體具於漢。自是而魏，而六朝、三唐，歷宋、元、明，以至昭、代，上下三千餘年間，詩之質文體裁、格律、聲調、辭句，遞升降不同，而要之，詩有源必有流，有本

---

35 蔡鎮楚《中國詩話史》卷五・第二章・第五節。同註 11。

必達末；又有因流而溯源，循末以返本，其學無
窮，其理日出。乃知詩之為道，未有一日不相續
相禪而或息者也。[36]

所謂「未有一日不相續相禪而或息者」，具有兩方
面意義：一方面說明了詩歌發展歷史的永恆處在運動變
化之中；一方面也說明了詩歌發展歷史的延續性，以及
各時代文學彼此之間的繼承發展關係。蔡鎮楚《中國詩
話史》申論其義，說：

從歷史發展的全過程來看，任何一個時代的文學
都離不開歷史發展的連續性，特別是與相鄰的前
代文學之間繼承關係，如長江大河，沒有上游、
中游的萬派細流，也就匯合不成下游那浩蕩奔騰
的水勢一樣。因此，分析和研究各個歷史階段中
的詩歌創作及流派，只能把它們放在詩歌發展的
歷史長河中去考察，不能數典忘祖，不能割斷歷
史。然而，也不能再重複歷史，因為「相續相禪」，
並非一成不變，詩歌發展的歷史也如人類社會一
樣，永遠處於運動變化之中。[37]

再進一步言，造成詩歌運動流變的因素，主要在於：

---

36 葉燮《原詩・內篇》。同註 7，頁 693。
37 蔡鎮楚《中國詩話史》卷五・第二章・第五節。同註 11。

（1）外在時代使然之必然；（2）詩歌自身內在發展演變之必然。關於此問題，葉燮曾採用「以時言詩」、「以詩言詩」、「沿革因創」等論題加以闡述，詳細內容將說於後文。此外，復有以下以幾項原因：

（一）自然規律：這是從比類天地萬物之變化可以得知，世界的世運氣數和萬事萬物都在發展變化，詩歌亦不能例外。《原詩》說：

> 蓋自有天地以來，古今世運氣數，遞變遷以相禪。古云：「天道十年一變」。此理也，亦勢也，無事無物不然，寧獨詩之一道膠固而不變乎！[38]

（二）踵事增華：這是從人類認識「自然」的思維規律出發，葉燮認為人類認識世界的能力是隨著自然規律而運動進步，無窮無盡，因此，作為人類認識世界、改造「自然」之一的詩歌文學，也必然踵事增華，生生不息。《原詩》又說：

> 大凡物之踵事增華，以漸以進，以至於極。故人之智慧心思，在古人始用之，又漸出之，而未窮未盡者，得後人精求之，而益用之出之。乾坤一日不息，則人之智慧心思，必無盡與窮之日。[39]

---

38 葉燮《原詩·內篇》。同註 7，頁 694。
39 葉燮《原詩·內篇》。同註 7，頁 697。

　　（三）豪傑風會：就文學史的現象言，其間類型、風格之轉變，常常受到一二大家的影響而導為風尚，大變者如杜甫、韓愈、蘇軾等，小變者如李賀、李商隱等，皆各引領風騷，締造了新潮文流。《原詩》又說：

> 從來豪傑之士，未嘗不隨風會而出，而其力則嘗能轉風會。[40]
> 大抵古今作者，卓然自命，必以其才智與古人相衡，不肯稍為依傍，寄人籬下，以竊其餘唾。竊之而似，則優孟衣冠；竊之而不似，則畫虎不成矣，故寧甘偏偏稗，自領一隊。[41]

　　（四）陳言務去：文學流變與他物不同，他物若宮室、器物、衣飾等，求適於用，古代的型式未嘗不可用於今日；文學則不然，重在美感，始出為美，通行既久，染指遂多，養成習套，精采便盡去了，在勢不得不變。《原詩》說明此義：

> 唐詩為八代以來一大變，韓愈為唐詩之一大變。……開寶之詩，一時非不盛，遞至大曆、貞元、元和之間，沿其影響字句者且百年。此百餘

40　葉燮《原詩・內篇》。同註7，頁699。
41　葉燮《原詩・內篇》。同註7，頁702。

年之詩,其傳者已少殊尤出類之作,不傳者更可
知矣。必待有人焉,起而撥正之,則不得不改絃
而更張之。愈嘗自謂陳言之務去,想其時陳言之
為禍,必有出于目不忍見,耳不堪聞者。[42]

　文學發展既然緣上述因素而運動不息,與時遞變,
那麼它是如何變呢?關於此點,《原詩》陳述文學流變
的法則是:「正」「變」相繼,帶著循環本質,並在循環
相繼中不斷創新,詩道緣此而以日進、以日盛。葉燮言:

今就三百篇言之,風有正風有變風,雅有正雅有
變雅。風雅已不能不由正而變,吾夫子亦不能存
正而刪變也,則後此為風雅之流也,其不能伸正
而詘變也,明矣。[43]
且夫風雅之有正有變,其正變係乎時,謂政治、
風俗之由得而失,由隆而汙。此以時言詩,時有
變而詩因之。時變而失正,詩變而仍不失其正,
故有盛無衰,詩之源也。吾言後代之詩,有正有
變,其正變係乎詩,謂體格、聲調、命意、措辭,
新故升降之不同。此以詩言時,詩遞變而時隨之。
故有漢、魏、六朝、唐、宋、元、明之互為盛衰,
惟變以救正之衰,故遞衰遞盛,詩之流也。從其

---

42 葉燮《原詩・內篇》。同註7,頁701。
43 葉燮《原詩・內篇》。同註7,頁694。

> 源而論，如百川之發源，各異其所從出，雖萬派而
> 皆朝宗于海，無弗同。從其流而論，如河流之經
> 行天下，而忽播為九河，河分九而朝宗於海，則
> 亦無弗同也。[44]

　　一般學者謂，「正」指的是傳統的正宗，「變」指的是對傳統正宗的新變和突破[45]。是探討詩歌創作的繼承與革新之關聯性，葉燮說「風雅之有正有變」，是說詩歌具有「正」與「變」兩種特質，即：既有傳統繼承又有創新發展。詩歌藝術生命的所以能夠長盛不衰，便起因於此兩者之演化。這種傳統與創新的關聯現象，須就「以時言詩」、「詩之源」與「以詩言詩」、「詩之流」兩條理徑加以研考探究。

　　從「以時言詩」、「詩之源」的角度考察，乃是從文學反映生活之本質而論，社會生活如政治、風俗等皆是因時應變，這些變動的社會生活必然引起詩歌的創作題材、思想內容、藝術風格和表現手法諸方面的隨之變化，決定了詩歌的新方向，由正而趨變，此乃時代之必然，職是推理，可以說每個時代都有自己的詩歌文學，故曰：「以時言詩，時有變而詩因之」。同時，詩歌與

---

44 葉燮《原詩‧內篇》。同註 7，頁 699-700。
45 如蔣凡《葉燮和原詩》：「這裡的『正』，指的是傳統『正宗』；而『變』則是與『正』相對而言的，指的是對於傳統『正宗』框框的突破和發展。」同註 34，頁 71。

時代、詩歌與社會生活的發展，復有一種不平衡性規律，詩歌流變過程遂產生「時變而失正，詩變而仍不失其正」，貌似矛盾的狀況，然而全體觀之，詩歌的發展仍是包含了對優秀傳統的肯定、繼承和發揚，「有盛無衰」。關於這種現象，蔣凡有精闢的說明：

> 從詩歌的「本源」（本質）看，詩歌所反映的時代之「變」，主要是體現時代精神。歷史有時也會開倒車，這就是「時變而失正」；但在暫時的歷史倒退現象中，仍然寓含著奔騰向前的時代精神。它像長江經過三峽，又像黃河直瀉龍門，雖因巨石砥柱、險灘石壁的阻礙而迴環盪激，但穿過旋渦迴流，仍然滾滾東去，奔流不息，不失永遠向前的雄姿。反映「失正」時代的詩歌，只要能真正反映出時代精神變化的內在本質，就是對於優良傳統之「正」的最好繼承。如杜甫的詩歌，最有成就的是反映「安史之亂」前後這一「失正」的動盪年代的詩篇，素有「詩史」之譽，它是時代的最強音，高踞於唐詩的峰巔。直到今天，還是中國文化的驕傲。古典文學和現代文學，都必須反映時代之「變」，在這一根本點上，古與今是一樣的。所以葉燮說是「時變而失正，詩變而

仍不失其正，故有盛無衰，詩之源也」。[46]

另一角度，從「以詩言詩」、「詩之流」考察，也就是從詩歌藝術本身的內部規律觀察問題。郭紹虞《中國文學批評史》論「詩之源」與「詩之流」一段文字時，以為這是分析變的關係有兩種：一是「時變而詩因之」的變，一是「詩變而時隨之」的變，前者是歷史的關係，後者是文學本身的關係。郭氏釋曰：「**由詩之流言，則是所謂文學本身的關係，由體製之不同以分別時代，由風格之不同以分別時代，由作詩技巧之不同以分別時代，所以對於詩之本有合有離；因此，其詩也有盛有衰。**[47]」蓋就詩歌自身的內部規律看，詩歌藝術如：體格、聲調、命意、措辭等，亦即郭氏之：體製、風格、技巧；固有其相對之獨立性。以體製為例，《詩經》時代為上古素樸期，無人造平仄，只有原始韻律，詩、樂、舞三者合一，重視節奏，為配合唱和跳之需要，所以基本上採用四言句式，此種四言體製僅能適應先秦時代，隨後詩的本質內容變化，沿革創生新體製，古詩、近體詩應運取代了舊詩體，如此說來，每一時代也是自有其時代體製，後人摹仿《詩經》時代之四言詩體，便很少有成功的作品了，故曰：「**以詩言詩，詩遞變而時隨之**」。這種詩歌內在質變的規律，新體都是對舊體同時進行

---

46 蔣凡《葉燮和原詩》。同註 34，頁 72-73。
47 郭紹虞《中國文學批評史》。臺北：明倫出版，1970，頁 434。

「捨」與「取」之雙面工作，一方繼承一方揚棄，再繼承再揚棄，輾轉因革，遂形成上起周秦下迄明清之詩歌文學發展的三千餘年洪流，故曰：「**故有漢、魏、六朝、唐、宋、元、明之互為盛衰**」與「**遞衰遞盛**」。針對此，蔣凡曾用「否定」與「否定的否定」說明之：

> 齊梁時代沈約等人的「永明聲律」說，強調「宮羽相變，低昂互節，若前有浮聲，則後須切響。一簡之內，音韻盡殊；兩句之中，輕重悉異」，這是對《詩經》及漢魏古詩音律的否定與發展。但唐人又譏沈約等的四聲八病之說，以為「沈生（沈約）雖怪曹（植）王（粲）曾無先覺，隱侯（沈約諡號）去之更遠」。唐宋以後盛行近體詩的平仄律，又是對於「永明聲律」說的否定和發展。但否定之中，又有繼承和吸收，這樣的否定之否定，也就是繼承與創新，它為詩歌聲律的發展指出了方向，奠定了良好的基礎。所以從詩的內部規律看，既可說它是「互為盛衰」，相互否定；又可說是「遞衰遞盛」，不斷發展。[48]

總之，不論從「詩之源」或「詩之流」的角度來看，詩歌是發展的內容，「正」雖然是發展之源，但是在外

---

48 蔣凡《葉燮和原詩》。同註 34，頁 74。

在環境與內在本質的必然變化之演義條件影響下，勢必
不得維持長盛而走向漸衰、極衰，於是不能不批判之、
否定之，變而振衰起弊、補救缺弱，再次開啟新盛局。
在這個意義上，可以說詩歌藝術之生命就在於「變」。
所以說：

> 歷考漢魏以來之詩，循其源流升降，不得謂正為
> 源而長盛，變為流而始衰。惟正有漸衰，故變能
> 啟盛。如建安之詩，正矣，盛矣；相沿久而流於
> 衰，後之人力大者大變，力小者小變。六朝諸人，
> 間能小變，而不能獨開生面。唐初沿其卑靡浮艷
> 之習，句櫛字比，非古非律，詩之極衰也。而陋
> 者必曰：此詩之相沿至正也。不知實正之積弊而
> 衰也。迨開寶諸詩人，始一大變。彼陋者亦曰：
> 此詩之至正也。不知實因正之至衰變而至盛也。
> 盛唐諸詩人，惟能不為建安之古詩，吾乃謂唐有
> 古詩。[49]

　　回顧中國古典詩歌的歷史軌跡，雖然有小變與大變
的差別，但是「變」對「正」的批判和否定，具足以挽
救正之衰，如此的批判和否定，便意味著創新與突破，
為進步與發展，所以葉燮提出「變能啟盛」之鐵律。「變

---

49 葉燮《原詩・內篇》。同註 7，頁 700。

能啟盛」，詩歌的發展便是愈變愈好，是變勝正，這樣，遂能獲致「今勝於古」的成果，於焉構成了一部詩歌文學的「進化史」。

反轉來看，每一個時代的詩歌對前代詩歌創新突破的「變」，是源流本末正變盛衰互為循環，其基本規則必先植基於對前代詩歌先有所繼承，所以整部文學進化史亦可以視諸為詩歌的「沿革因創史」，由「因」、「沿」達於「革」、「創」之歷程。「革」、「創」是合理的、必然的，「因」、「沿」也是合理的、必然的，認知此理，則歷代作品在文學史上皆有其地位與價值，非謂後者之必居於盛，「古不如今」；反之，亦非謂前者之必居於盛，「今不如古」；懷抱如斯態度，方可論斷公正。葉燮指出：

> 夫自《三百篇》而下，三千餘年之作者，其間節節相生，如環之不斷，如四時之序，衰旺相循而生物、而成物，息息不停，無可或間也。吾前言踵事增華，因時遞變，此之謂也。故不讀〈明良〉〈擊壤〉之歌，不知《三百篇》之工也；不讀《三百篇》，不知漢魏詩之工也；不讀漢魏詩，不知六朝詩之工也；不讀六朝詩，不知唐詩之工也；不讀唐詩，不知宋與元詩之工也。夫惟前者啟之，而後者承之而益之；前者刱之，而後者因之而廣大之。使前者未有是言，則後者亦能如前者之初

有是言；前者已有是言，則後者乃能因前者之言，
而另為他言。總之，後人無前人，何以有其端緒？
前人無後人，何以竟其引伸乎？[50]
夫天有四時，四時有春秋。春氣滋生，秋氣肅殺，
滋生則敷榮，肅殺其衰颯。氣之候不同，非氣有
優劣也。使氣有優劣，春與秋亦有優劣乎？故衰
颯以為氣，秋氣也；衰颯以為聲，商聲也。俱天
地之出於自然者，不可以為貶也。又盛唐之詩，
春花也。桃李之穠華，牡丹芍藥之妍艷，其品華
美貴重，略無寒瘦儉薄之態，固足美也。晚唐之
詩，秋花也。江上之芙蓉，籬邊之叢菊，極幽艷
晚香之韻，可不為美乎？[51]

　　無疑地，葉燮這樣論證詩歌的「正」、「變」，清
楚地彰顯了它的時代意義，糾正有明以降詩歌發展的兩
種傾向：前、後七子的「復古主義」，與矯枉過正的公
安派、竟陵派的「反擬古主義」。葉燮說：

乃近代論詩者則曰：《三百篇》尚矣，五言必建
安、黃初，其餘諸體必唐之初、盛而後可。非是
者必斥焉，如明李夢陽不讀唐以後書，李攀龍謂
唐無古詩，又謂陳子昂以其古詩為古，弗取也。

---

50 葉燮《原詩・內篇》。同註 7，頁 728-729。
51 葉燮《原詩・外篇》。同註 7，頁 754。

自若輩之論出，天下從而和之，推為詩家正宗，家絃而戶習，習之既久，乃有起而掊之，矯而反之者，誠是也；然又往往溺於偏畸之私說。其說勝，則出乎陳腐而入乎頗僻；不勝，則兩敗。而詩道遂淪而不可救。[52]

「近代論詩者」係指前、後七子。「起而掊之，矯而反之」顯然係指公安派、竟陵派。前、後七子的擬古運動，到了明末，因為公安、竟陵的崛起，失去獨霸文壇的地位，但是清初操觚搦管之士仍不乏以擬古相尚者，如陳子龍、宋琬、施閏章等輩，仍是七子遺調，貶流俗之議為優孟衣冠耳[53]，在在證明擬古風潮依舊盛行。公安、竟陵由於懲戒七子末流，起而反對擬古剽竊，兩派論點稍有出入，但都是前、後七子擬古運動的反動；明清之際，鍾惺、譚元春合選之《詩歸》流行到「承學之士，家置一編，奉之如尼丘之刪定」，天下為之「紙貴一時」[54]。惜乎公安、竟陵，重才而輕學，及其餘緒

---

52 葉燮《原詩·內篇》。同註 7，頁 693-694。

53 吳喬《圍爐詩話》：「諸英俊以陳臥子（子龍）所選明詩畀余，……臥子此選，即七子之遺調也。」賈開序侯方域《四憶堂詩集》：「前後七百年，明有李夢陽、何景明登其堂，正始在焉；今流俗之議之者，以為優孟衣冠。……嗚呼，慶曆以還，言詩者眾矣，其與二公之得失為何如也？」

54 錢謙益《列朝詩集小傳》丁集中〈鍾提學惺〉：「《詩歸》盛行於世，承學之士，家置一編，奉之如尼丘之刪定。」臺北：世界書局，1965 年，頁 570。朱彝尊《明詩綜》：「《詩歸》既出，紙貴一時。」臺北：臺灣商務，1983-1986 年。

衍成了目無古人、否定一切的狂妄作風，影響亦不容小
覷。錢謙益也曾批評：「當其創獲之初，亦嘗覃思苦
心，……久之，見日益僻，膽日益粗，舉古人之高文大
篇鋪排陳比者，以為繁蕪熟爛，胥欲掃而刊之，而惟其
僻見之師，……浸淫三十餘年，風移俗易，滔滔不返。[55]」
葉燮的「正變」論，貫徹「循古而不擬古、變古而不反
古」的明確視野，其針貶性強，對一味「擬古」與「反
古」是有強而有力之批判。

四、論「才膽識力」

「才」、「膽」、「識」、「力」，談論文學家的
審美創造力，為創作的主觀條件。文學創作是主、客觀
統一，客觀必須通過主觀來反映。「客觀」葉燮稱之為
「在物者」，「主觀」葉燮稱之為「在我者」。「在物
者」即「本原」論提出之：由「氣」統率之「理」「事」
「情」；世界到處充滿由理、事、情統合而生的造物者
之美，這便是文學的「審美客體」和「反映對象」。但
是，這些審美客體和反映對象，只有對具有一定的審美
胸襟和審美能力之人纔有意義，如果缺乏文學家的審美
創造能力，與之相互呼應，文學活動便無法產生。這個
文學家的審美創造能力，便是「在我者」，可細分為：才、
膽、識、力四個子目。《原詩》充分闡釋了此一論述：

---

55 錢謙益《列朝詩集小傳》丁集中〈鍾提學惺〉。同註 54，頁 571。

曰理、曰事、曰情，此三者足以窮萬有之變態。
凡形形色色，音聲狀貌，舉不能越乎此，此舉在
物者而為言，而無一物或能去此者也。曰才、曰
膽、曰識、曰力，此四言者所以窮盡此心之神明。
凡形形色色音聲狀貌，無不待于此而為之發宣昭
著。此舉在我者而為言，而無一不如此心以出之
者也。以在我之四衡，在物之三合，而為作者之
文章。[56]

　　此段話把文學創作中主與客的關係說得透闢精彩，
在其他作品葉燮也以類似的言論反覆申述，如：

凡物之美者，盈天地間皆是也，然必待人之神明
才慧而見。[57]
名山者，造物之文章也。造物之文章，必藉乎人
以為遇合。而人之以為遇合也，亦藉乎其人之文
章而已矣。[58]
天地之生是山水也，其幽遠奇險，天地亦不能一
一自剖其妙，自有此人之耳目手足一歷之，而山

56 葉燮《原詩·內篇》。同註 7，頁 714。
57 葉燮《己畦文集》卷九《集唐詩序》。臺北：新文豐出版，1989 年。
58 葉燮《己畦文集》卷八《黃山倡和詩序》。同註 57。

水之妙始洩，如此方無愧乎遊覽之詩。[59]

　　至於什麼叫做「才、膽、識、力」呢？所謂「才」，指創作才能，包括觀察、想像、概括、鑒賞諸能力，為文學家認識「在物者」和反映「在物者」的才華，同時也是文學家駕御創作法則的具體本領，諸如文學構思、寫作技巧等方面所表現出來之才能。所謂「膽」，指敢於打破傳統的膽量與氣魄，表現在創作中也就是自由創造、獨立思考、有所樹立的創新精神。所謂「識」，指學識、見識、閱歷，包括認識、辨別、分析客觀事物的能力和思想、素養等，是文學家對於世界事物的是非、美醜等的辨析能力。所謂「力」，指富於獨創性的筆力、純熟新穎的寫作技巧，是文學家的筆力和功夫，同時也包含文學家在創作中獨樹旗幟、自成一家的氣魄，葉朗稱之為「藝術家的生命力」、「藝術獨創的生命力」[60]。《原詩》指出「無才則心思不出，無膽則筆力畏縮，無識則不能取捨，無力則不能自成一家。[61]」，因此，葉燮要求詩人必須具備才、膽、識、力四大條件，不僅缺一不可，同時不能偏廢。唯四者之中，葉燮又認為比較而言，應該以「識」為主。葉燮說：

59 葉燮《原詩・外篇》。同註 7，頁 757。
60 葉朗《中國美學史大綱》下冊・第二十章・第四節。同註 10，頁505-511。
61 葉燮《原詩・內篇》。同註 7，頁 718。

　　大約才、膽、識、力四者，交相為濟，苟一有所
　　歉，則不可登作者之壇。四者無緩急，而要在先
　　之以識。使無識，則三者俱無所託。[62]

　　才、膽、識、力四者，彼此不能割裂孤立，而是交
互作用、辯證統一，欠缺其中一項，便連「作者」都算
不上。但是文學家經由學識、見識、閱歷，所培養完成
的分析與判斷能力，直接和世界觀察相聯繫，於是成為
了四者之核心。才、膽、力皆須以「識」為根本源，否
則無論才有多高、膽有多大、力有多猛，都可能誤人惑
世，適得其反：

　　無識而有膽，則為妄，為鹵莽，為無知，其言背
　　理、叛道，蔑如也。無識而有才，雖議論縱橫，
　　思致揮霍，而是非淆亂，黑白顛倒，才反為累矣。
　　無識而有力，則堅僻妄誕之辭，足以誤人而惑世，
　　為害甚烈。若在騷壇，均為風雅之罪人。惟有識，
　　則能知所從，知所奮，知所決，而後才與膽、力
　　皆確然有以自信。舉世非之，舉世譽之，而不為
　　其所搖。安有隨人之是非以為是非者哉？其胸中
　　之愉快自足，寧獨在詩文一道已也。[63]

---

62 葉燮《原詩‧內篇》。同註 7，頁 722。
63 葉燮《原詩‧內篇》。同註 7，頁 722。

　　職是之故，「識」在「才、識、膽、力」之中是居於首要的、決定性的地位，「才、膽、力」悉依賴「識」作基礎。其中，葉燮對才、膽仰賴「識」的依存關係，有進一步詮釋：

　　（一）「才」依賴「識」：在某種意義上，「才」不過是「識」的表現，不管詩人才華四溢，走筆如飛，他的才還是必須受到客觀現實中理、事、情的制約，相反地，那些不受理、事、情制約的才，大都是「拂道悖德之言[64]」，和文學之真價值背道而馳。而要認識理、事、情，就得依靠「識」作指導，一個文學家倘若「中藏無識」，缺乏分辨是非、可否、黑白、美醜的能力，就不可能真實觀照反映客觀的理、事、情，根本談不上有「才」。所以《原詩》說：

　　　　四者具足，而才獨外見，則群稱其才，而不知其才之不能無所憑而獨見也。其歉乎天者，才見不足，人皆曰才之歉也，不可勉強也，不知有識以居於乎才之先，識為體而才為用。若不足於才，當先研精推求乎其識。人惟中藏無識，則理、事、情錯陳於前，而渾然茫然，是非可否，妍媸黑白，悉眩惑而不能辨，安望其敷而出之為才乎？文章

64　葉燮《原詩・內篇》：「未斂未就以前之才，尚未有法也，其所為才者，皆不從理事而得，為拂道悖德之言。」同註 7，頁 718。

之能事，實始乎此。[65]

（二）「膽」依賴「識」：文學家自由創造、獨立思想、有所樹立的創新勇氣和魄力，來源於「識」。《原詩》說：

> 惟有識則是非明，是非明則取捨定，不但不隨世人腳根，並亦不隨古人腳根。非薄古人為不足學也，蓋天地有自然之文章，隨我之所觸而發宣之，必有克肖其自然者，為至文以立極，我之命意發言自當求其至極者。[66]
> 惟如是，我之命意發言，一一皆從識見中流布。識明則膽張，任其發宣而無所於怯，橫說豎說，左宜而右有，直造化在手，無有一之不肖乎物也。且夫胸中無識之人，即終日勤于學而亦無益，俗諺謂為兩腳書櫥，記誦日多，多益為累，及伸紙落筆時，胸如亂絲，頭緒既紛，無從割擇，中且餒而膽愈怯，欲言而不能言，或能言而不敢言，矜持於銖兩尺矱之中，既恐不合於古人，又恐貽謝於今人。……因無識故無膽，使筆墨不能自由，是為操觚家之苦趣，不可不察也。[67]

---

65 葉燮《原詩・內篇》。同註 7，頁 714-715。
66 葉燮《原詩・內篇》。同註 7，頁 716。
67 葉燮《原詩・內篇》。同註 7，頁 717-178。

　　上述文字有兩層意義。第一層詮釋文學家所以要有
自由創造之勇氣和魄力，目的乃為「克肖其自然」：真
實反映客觀現實；反過來說，要「克肖其自然」：真實
反映客觀現實，就必須要有自由創造之勇氣和魄力；這
層意義是強調「膽」的重要性。第二層即是說明：膽依
賴識，「識明則膽張」，也就是說，自由創造的勇氣和
魄力，並非主觀之任性，而是以正確認識為基礎，否則
縱便有再大的膽，橫衝直撞，都可能誤入歧途。

　　同時，《原詩》還分別討論了「才」與「識、膽、
力」之關係，「才依賴識」已說於上，茲不贅述。此外，
「才」還須依賴「膽」與「力」：

　　（一）「才」依賴「膽」：才依賴膽的關係，葉燮
作了以下說明：

　　　　昔賢有言，成事在膽，文章千古事，苟無膽，何
　　　　以能千古乎？吾故曰：無膽則筆墨畏縮，膽既詘
　　　　矣，才何由而得伸乎？惟膽能生才。但知才受於
　　　　天，而抑知必待擴充於膽邪？[68]

　　膽是自由創造的勇氣和魄力，詩人如果缺乏突破創
新之勇力，欲言不敢言，能言不敢言，那麼就要「矜持

---

68 葉燮《原詩·內篇》。同註7，頁718。

於銖兩尺矱之中」，既害怕不合於古人，又害怕貽譏於今人，《原詩》嘲笑這種人是「如三日新婦，動恐失禮；又如跛者登臨，舉恐失足。[69]」，如何能夠發揮自己的創造才能呢？

（二）「才」依賴「力」：才依賴力的關係，葉燮說：

> 吾嘗觀古之才人，合詩與文而論之，如左邱明、司馬遷、賈誼、李白、杜甫、韓愈、蘇軾之徒，天生萬物皆遞開闔於其筆端，無有不可舉，無有不可能，前不必有所承，後不必有所繼，而各有其愉快。如是之才，必有其力以載之。惟力大而才能堅，故至堅而不可摧也，歷千百代而不朽者以此。[70]
>
> 吾又觀古之才人，力足以蓋一鄉，則為一鄉之才；力足以蓋一國，則為一國之才；力足以蓋天下，則為天下之才。更進乎此，其力足以十世，足以百世，足以終古，則其立言不朽之業，亦垂十世，垂百世，垂終古，悉如其力以報之。試合古今之才，一一較其所就，視其力之大小遠近，如分寸銖兩之悉稱焉。[71]

---

69 葉燮《原詩·內篇》：「如三日新婦，動恐失體；又如跛者登臨，舉恐失足。文章一道，本擴寫揮灑樂事，反若有物焉，以桎梏之，無處非礙矣。」同註 7，頁 717。
70 葉燮《原詩·內篇》。同註 7，頁 719。
71 葉燮《原詩·內篇》。同註 7，頁 720。

力為才的載體，兩者的承載關係成正比，才大必定力大，才小必定力小。文學家的創造才能，須要有文學家的生命力來支撐，更須要有筆力和功力為之作表達。

最後，葉燮承認人的天賦有差異，具備「才、識、膽、力」的條件自然不同，如「李白天才自然，出類拔萃[72]」，豈是一般詩人所能企及？針對此點，葉燮強調：「在我者有天分之不齊，要無不可以人力充之。[73]」所謂「以人力充之」，是說：通過後天努力學習、刻苦鍛鍊，足以培養。那麼，文學家的才、識、膽、力就不能全部歸結於天賦，較諸「天賦說」將文學創造力絕對化、神祕化，《原詩》具有堅實的理性主義精神。

五、論「胸襟」

「胸襟」，是對於「詩品」和「人品」統一關係的討論。葉燮以為天下多數的文學創作者只求：能讀古人之詩便能學作詩；如果僅止於這樣，是盡天下之人都可以作詩了。然而，若想求詩「工而可傳」，那麼就不在於此，務須求於「詩之外」的「胸襟」。胸襟是文學創作者在創作之前事先要擁有的基礎。《原詩》言：

---

72 葉燮《原詩・外篇》：「李白天才自然，出類拔萃，然千古與杜甫齊名，則猶有間，蓋白之得此者，非以才得得之，乃以氣得之也。從來節義勳業文章皆得於天，而足於已。」同註7，頁751。
73 葉燮《原詩・內篇》。同註7，頁723。

或問于余曰：「詩可學而能乎？」曰：「可。」曰：「多讀古人之詩，而求工于詩而傳焉，可乎？」曰：「否。」曰：「詩既可學而能，而又謂讀古人之詩以求工未可，竊惑焉，其義安在？」余應之曰：「詩之可學而能者，盡天下之人，皆能讀古人之詩而能詩，今天下之稱詩者是也。而求詩之工而可傳者，則不在是。何則？大凡天姿人學力、次敘先後，雖有生學困知之不同，而欲其詩之工而可傳，則非就詩以求詩者也。……我謂作詩者必先有詩之基焉。詩之基，其人之胸襟是也。有胸襟，然後能載其性情智慧、聰明才辨以出，隨遇發生，隨生即盛。……有其胸襟以為基，如星宿之海，萬源從出；如鑽燧之火，無處不發；如肥土沃壤，時雨一過，夭喬百物，隨類而興，生意各別，而無不具足。[74]

「胸襟」意謂：文學家之器度品質、道德修養。人品修養為創作的先決條件；胸次開豁，詩境始闊；胸次狹隘，詩境便窄。一個思想格調低下的人，便縱有千般工巧，也寫不出真情實感的好作品；只有思想高尚、理想遠大的人，才能在創作中高瞻遠矚，發人所不能發。這種修養先於創作的文學觀，可溯源孔子，《論語》說：

---

74 葉燮《原詩‧內篇》。同註 7，頁 704-705。

「有德者必有言，有言者不必有德。[75]」文學創作者首重建立道德，道德建立則和順積於中，自然英華外發，言語技巧反屬其次。葉燮所謂「胸襟」雖然不是取義甚嚴，明顯地，是淵源自傳統。

按《原詩》所述，「胸襟」為什麼是創作的基礎呢？其理由有二：（1）心聲；（2）品量；兩者皆出於文學家的「心志」。《原詩》說：

> 《虞書》稱「詩言志」。志也者，訓詁為心之所之，在釋氏所謂種子。志之發端，雅有高卑大小遠近之不。然有是志，而以我所云才、識、膽、力四語充之，則其仰觀俯察，遇物觸景之會，勃然而興，旁見側出，才氣心思溢於筆墨之外。志高則其言絜，志大則其辭弘，志遠則其旨永。如是者其詩必傳，正不必斤斤爭工拙於一字一句之間。[76]

> 詩是心聲，不可違心而出，亦不能違心而出。功名之士，決不能為泉石淡泊之音；輕浮之士，必不能為敦龐大雅之響。故陶潛多素心之語，李白有遺世之句，杜甫興廣廈萬間之願。蘇軾師四海

---

75 《論語·憲問篇》：「子曰：有德者必有言，有言者不必有德。仁者必有勇，勇者不必有仁。」朱熹《四書集注》，臺南：大孚書局，1991年，頁94。

76 葉燮《原詩·外篇》。同註7，頁737。

昆之言，凡如此類，皆應聲而出，其心如日月，
其詩如日月之光，隨其光之所至，即日月見焉。
故每詩以人見，人又以詩見。使其人心不然，勉
強造作，而為欺人欺世之語，能欺一人一時，決
不能欺天下後世。[77]

古人之詩，必有古人之品量。其詩百代者，品量亦
百代。古人之品量，見之古人之居心。其所居之人，
即古盛世賢宰相之心也。宰相所有事，經綸宰制，
無所不急，而必以樂善愛才為首務，無毫髮娟疾
忌怭之心，方為真宰相，百代之詩人，亦然。[78]

詩為心聲，不可亦不能違心而創作，故文學家若欲
去作品的鄙吝之氣，欲求作品之能涵容百代，永垂不朽，
固當於學詩之外，率先致力於開拓胸襟。歷觀中國文學
史上的成功作家，靡不如此，無一例外。以杜甫為例：

千古詩人推杜甫，其詩隨所遇之人之境之事之
物，無處不發其思君王、憂禍亂、悲時日、念友
朋、弔古人、懷遠道，凡歡愉、幽愁、離合、今
昔之感，一一觸類而起，因遇得題，因題達情，
因情敷句，皆因甫有其胸襟以為基。如星宿之海，
萬源從出，如鑽燧之火，無處不發，如肥土沃壤，
時雨一過，千喬百物，隨類而興，生意各別，而

77 葉燮《原詩・外篇》。同註7，頁742-743。
78 葉燮《原詩・外篇》。同註7，頁743。

無不具足。即如甫集中〈樂遊園〉七古一篇，時
甫年纔三十餘，當開寶盛時。使今人為此，必舖
陳颺頌，藻麗雕繢，無所不極。身在少年場中，
功名事業，來日苦短也，何有乎身世之感？乃甫
此詩，前半即景事無多排場，忽轉「年年人醉」
一段，悲白髮，荷皇天，而終之以「獨立蒼茫」，
此其胸襟之所寄託何如也。[79]

再如王羲之寫作〈蘭亭集序〉，亦復如斯：

余又嘗謂晉王羲之以法書立極，非文辭作手也，
蘭亭之集，時貴名流畢會。使時手為序，必極力
舖寫，諛美萬端，絕無一語稍涉荒涼者。而羲之
此序，寥寥數語，托意於仰觀俯察，宇宙萬匯，
係之感憶，而極于死生之痛。則羲之之胸襟，又
何如也。由是言之，有是胸襟以為基，而後可以
為詩文，不然，雖日誦萬言，吟千首。浮響膚辭，
不從中出，如剪裁之花，根蒂既無，生意自絕，
何異乎憑虛而作室也。[80]

杜甫〈樂遊園〉、王羲之〈蘭亭集序〉，充分體現
人生感與歷史感，他們不局囿於描寫有限的對象或事
件，而是超越有限對象或事件，觸發了對於全體人類生

79　葉燮《原詩・內篇》。同註 7，頁 704-705。
80　葉燮《原詩・內篇》。同註 7，頁 705。

命、人類歷史的感受和體悟，使得作品深具意蘊，在內
容、形式以外，包孕哲理興會，展現了作家的人生觀、
宇宙觀、世界觀，臻於崇高境界，這一切正是由創作者
之「胸襟」決定。

再者，「胸襟」又是葉燮創作論的基礎。《原詩》
假借建造房宅作比喻，把文學創作過程概括為四個階
段：基礎、取材、匠心、文辭[81]。四者當中，以「基礎」
最為重要；基礎就是胸襟。《原詩》說：

> 今有人焉，擁數萬金而謀起一大宅，門堂樓廡，
> 將無一不極輪奐之美。是宅也，必非憑空結撰，
> 如海上之蜃，如三山之雲氣。以為樓臺，將必有
> 所託基焉；而其基必不于荒江窮壑、負郭僻巷、
> 湫隘卑濕之地；將必于平直高敞，水可舟檝，陸
> 可車馬者，然後始基而經營之，大廈乃可次第而
> 成。我謂作詩者，亦必先有詩之基焉；詩之基，
> 其人之胸襟是也。有胸襟，然後能載其性情智慧
> 聰明才辨以出，隨遇發生，隨生盛。[82]

缺乏基礎的房屋是要倒塌的，同理，缺乏基礎的作

81 《原詩》以建造大宅作譬喻的一段，各家解為：創作論中論創作
　的全部過程，並無異意。但是創作過程應如何分析則極其紛紜，
　本文採用蔣凡《葉燮和原詩》，同註 34，頁 87-139。至於他家說
　法，例舉如：袁行霈、冬二孟、丁放合著《中國詩學通論》，分
　為：基礎、取材、善用、設色、變化五個階段。陳惠豐《葉燮文
　學理論研究》分為：胸襟、取材、格物三個階段。
82 葉燮《原詩·內篇》。同註 7，頁 704。

品也不會有藝術生命，培養高尚的人品乃是跨入文學創作的第一步。至於「胸襟」以後之步驟，依次為：

　　第二步：取材。以建宅言，選擇好木料才能蓋好宅第，選擇不好的木料，就是蓋破茅屋也會崩圮。以創作來說，取材即重視材料的選擇與概括；不知取材於精萃，良莠不分，牙穢糟粕以為寶，如何創作出佳構呢？葉燮說：

> 乃作室者，既有其基矣，必將取材。而材非培塿之木，拱把之桐梓，取之近地閭閻，村市之間而能勝也。當不憚遠且勞，求荊湘之梗楠，江漢之豫章，若者可以為棟為梁，若者可以為楹為柱，方勝任而愉快，乃免支離屈曲之病。則夫作詩者，既有胸襟，必取材于古人，原本於《三百篇》《楚騷》，浸淫於漢、魏、六朝、唐、宋諸大家，皆能會其指歸，得其神理。以是為詩，正不傷庸，奇不傷怪，麗不傷浮，博不傷僻，決無剿竊吞剝之病。乃時手每每取捷徑于近代當世之聞人，或以高位，或以虛名，竊其體裁字句以為秘本，謂既得所宗主，即可以得其人之贊揚獎借，生平未嘗見古人，而才名已早成矣。何異方寸之木而遽高于岑樓邪？若此等之材，無論不可為大廈，即數椽茅把之居，用之亦不勝任，將見一朝墮地，腐爛而不可支。故有基之後，以善取材為急急也。[83]

83　葉燮《原詩・內篇》。同註 7，頁 705-706。

此段文字，釋者多有誤解，如袁行霈等人合著《中國詩學通論》批評：「**葉氏雖主張取法乎上，但一味說學習古人，則又暴露了其詩學創新精神的不徹底性。**[84]」排觝復古主義，反對摹擬、剽竊，是葉燮詩論的要點，絕無一味學習古人之意，故不可斷章取義，必須與下文（第三、四步）同時閱讀，並且納入葉燮的理論體系中進行全盤剖析。

第三步：匠心。從廣義說，胸襟與取材都屬於創作過程，但若從狹義說，則是創作前之必要準備階段，準備完成，便得施工。匠心即是實際創作的施工活動。葉燮說：

> 既有材矣，將用其材，必善用之而後可。得工師大匠指揮之，材乃不枉。為棟為樑，為桷為楹，悉當而無絲毫之憾。非然者，宜方者圓，宜圓者方，枉棟之材而為桷，枉柱之材而為楹，天下斲小之匠人寧少邪？世固有成誦古人之詩數萬首，涉略經史集亦不下數十萬言，逮落筆則有俚俗庸腐、窒板拘牽、隘小膚冗種種諸習，此非不足於材，有其材而無匠心，不能用而枉之故也。夫作詩者，要見古人之自命處、著眼處、作意處、命辭處、出手處，無一可苟。……久之，而又能去古人之面目，然後匠心而出，我未嘗摹擬古人，

84　參見《中國大百科全書》哲學卷，袁行霈等著《中國詩學通論》第五章‧第四節。同註 14。

　　　　而古人為我役。彼作室者，既善用其材而不枉，
　　　　宅乃成矣。[85]

　　根據蔣凡的解釋：所謂「自命處」，指的是古人寫
詩自鳴不平的成功之筆；「著眼處」，指的是觀察與思
考的角度；「作意處」，指詩人的用心著筆之所在；「命
辭處」，指怎樣成功地運用語言藝術；「出手處」，指
精心剪裁、巧加結撰等等。葉燮強調要學習前人的創作
經驗，並將它化為己有，用他的話說是使「古人且為我
役」，這樣才能做到匠心獨運，獲得創作上的成功。[86]
　　第四步：文辭。文辭是語言藝術，文學創作通過：
胸襟、取材、匠心三個階段，最後還必須由具體的語言
文字來呈現。葉燮說：

　　　　宅成，不可無丹艧赭堊之功。一經俗工絢染，徒
　　　　為有識所嗤。夫詩，純淡則無味，純朴則近俚，
　　　　勢不能如畫家之有不設色。古稱非文辭不為功，
　　　　文辭者，斐然之章采也。必本之前人，擇其麗而
　　　　則，典而古者，而從事焉，則華實並茂，無夸縟
　　　　鬥炫之態乃可貴也。若徒以富麗為工，本無奇意，
　　　　而飾以奇字，本非異物，而加以異名別號，味同
　　　　嚼蠟，展誦未竟，但覺不堪。此鄉里小兒之技，

---

85 葉燮《原詩‧內篇》。同註 7，頁 706-707。
86 參見蔣凡《葉燮和原詩》。同註 34，頁 95-96。

有識者不屑為也。故能事以設色布采終焉。[87]

語言藝術之錘鍊，就像畫家在已具粗坏的屋子塗飾彩繪，此階段的工夫十分重要。同理，文學家如果不鍛鍊自己的語言藝術，那麼前三步的苦心營擘都將化為烏有，所以葉燮說「**能事者以設色布采終焉**」。然而，塗飾彩繪固然讓房子美侖美奐，倘若藻繢太過則流於俗氣，欲工反拙，倒盡味口。所以文學家的語言藝術以達意為法則，雖然華實並茂，卻不會爭奇鬥艷，故意使用奇文怪字，標新立異，以譁眾取寵。

六、結　語

論詩自明以迄清，宗尚屢易，前、後七子主漢、魏、盛唐，其過在剽竊；公安派、竟陵派矯之以宋、元，又流於率易，折入幽深孤峭。清初，推倒明人，詩壇一時間陷入群龍無首的狀態。葉燮《詩論》蓋救明、清論詩者之失而作，全書邏輯堅實，設譬巧妙，以本原、正變為經，強調詩人的才識膽力與胸襟人品，發展出嚴密之創作論與批評論[88]。學者多推崇是總結了宋至明以來的詩學理論，同時又為新的詩學理論建立體系。葉朗說：「**中國古典美學在明末清初進入了自己的總結時期。作**

87　葉燮《原詩・內篇》。同註 7，頁 706-707。
88　葉燮「批評論」以篇幅限制，本文並未討論。「創作論」則僅於「六、論胸襟」略說一二而已。

為這一時期的標志，是王夫之的美學體系和葉燮的美學
體系。[89]」吳宏一《清代詩學初探》說：「葉燮的《原詩》，
就理論而言，是歷代詩話最具有系統的一部。它的好處，
不僅是說理周詳，內容充實，最值得重視的是他於自己
的理論有『一一剖析而縷分之，兼綜而條貫之』的精神。
[90]」葉燮門下有薛雪[91]、沈德潛[92]諸人，為之後繼傳法，
因此論影響，葉燮遠超出王夫之之上，吳雷發《說詩管
蒯》、李重華《貞一齋說詩》，甚至袁枚《隨園詩話》[93]，
都有《原詩》的遺蘊。總之，葉燮是中國詩學論史上卓
越貢獻的人物，《原詩》的文學觀推闡詳盡，極具學術
價值，值得信服探討。

---

89 葉朗《中國美學史大綱》下冊・第十九章，同註 10，頁 449。此
   一說法多見，是研究葉燮《原詩》的一致結果。如：袁行霈等《中
   國詩學通論》：「它是對宋至明代以來詩學理論發展的一個總結，
   同時又是新的詩學理論體的建立，它對後世詩學理論體系的進一
   步完善，奠定了堅實的基礎。」參見《中國大百科全書》哲學卷，
   袁行霈等著《中國詩學通論》第五章・第四節，同註 14。
90 吳宏一《清代詩學初探》。臺北：牧童出版社，1977 年，頁 168。
91 薛雪，葉燮弟子，性情相近，論詩主張也相同，著有《一瓢詩話》
   推衍葉燮的理論，《一瓢詩話》：「吾師橫山先生誨余曰：『作
   詩有三字：曰情，曰理，曰事，余服膺至今，時理會者。」《清
   詩話》，上海：上海古籍出版，1999 年，頁 685。
92 沈德潛，少時曾從葉燮學，受葉燮《原詩》影響。他標舉格調，
   希望退止浮靡流弊，揚其餘燼，易人耳目。他的格調說重點在：
   以詩載道、重比興言律法、以才濟學。
93 袁枚詩論以性靈為中心，非葉燮啟之，其論詩不拘唐、宋，識在
   才學之先，皆《原詩》先發之。郭紹虞《中國詩的神韻格調及性
   靈說》（四）袁枚：「沈歸愚自謂承橫山遺教，實則所得至淺，
   橫山《原詩》所論，也多是方面的，而歸愚則僅得其一端而已。
   千秋論定，橫山知己，乃在隨園，是亦至堪驚異之事矣。」臺北：
   河洛圖書出版，1975 年，頁 96-97。

第五篇　李白詩中的秋
── 悲秋傳統的繼承與拓展

一、前　言

　　中國文學具有強烈的抒情成分，古典詩歌尤以表現和反映詩人情感為主要訴求。在這個抒情傳統之中，中國人又有一些典型的概念和思想感覺的方式。「時間意識」普遍存在於所有人間事象，即是抒情傳統時常用來讚嘆自然、歷史和感懷生命的主題之一。時間是無形的，在以農耕為主的中國文化裡，常與具體「季節」概念結合，於是季節遂成為傳達時間意識的主要和次要的素材。在中國古典詩裡，「季節」與「季節感」作為題材與意象，幾乎構成了不可或缺的要素。

　　春、夏、秋、冬，互相貫通，不能明白劃下界線，但大體看來，春去秋來，時序更代，四季的物色表象仍然黑白分明，各有其不同的風候與景色。文學創作始於作家對外物的感受，因此經由景物感召而觸發的性靈，也就隨著景物的流變而宛轉搖蕩，詩人體察千變萬化的「季節景象」，委曲盡致他的「季節情感」，低迴蕩漾。

陸機說：「遵四時以歎逝，瞻萬物而思紛；悲落葉於勁
秋，喜柔條於芳春；心懍懍於懷霜，志眇眇而愁雲。[1]」
劉勰說：「獻歲發春，豫悅之情暢；滔滔孟夏，鬱陶之
心凝；天高氣清，陰沈之志遠；霰雪無垠，矜肅之慮深。
歲有其物，物有其容，情以物遷，辭以情發。[2]」鍾嶸也
說：「若乃春風春鳥，秋月秋蟬，夏雲暑雨，冬月祁寒，
斯四時之感諸詩者也。[3]」上述文學理論家，談論的正是
這個道理。

　　在四時動物、節序感人的古典四季詩中，春、秋與
冬、夏有著明顯差異，無論從量與質言，中國人側重春、
秋兩季，有關春、秋的詩眾多，而有關冬、夏的詩貧乏[4]。
夏詩與冬詩時常關聯到特定地點與事件，而且在詩人筆
下大抵產生生理感覺[5]。春、秋則不同，它們被普遍當作

---

1 陸機〈文賦〉。梁蕭統《文選》，臺北：藝文印書館，1967 年，
　頁 245。
2 劉勰《文心雕龍‧物色》。范文瀾《文心雕龍注》，臺北：臺灣開
　明書局，1960 年，卷十，頁 1。
3 鍾嶸《詩品‧序》。何文煥《歷代詩話》第一冊，臺北：藝文印書
　館，1974 年，頁 8。
4 日人松浦友久著，孫昌武、鄭天剛譯《中國詩歌原理》，第一篇〈詩
　與時間〉：中國古典詩中的「春秋」與「夏冬」─關於詩歌中時間
　意識的基本描述（上），二、中國古典詩側重春秋的各種表現，臺
　北：洪葉文化出版，1993 年，頁 5-11。曾從「量」與「質」兩方
　面說明，考《佩文齋詠物詩選》所收「春類」「秋類」作品，相當
　於「夏類」「冬類」作品三倍，又《藝文類聚》、《初學記》、《三
　體詩》、《千家詩》、《唐詩選》、《唐詩三百首》、《昭明文選》
　等，亦如此。
5 黎活仁《現代中國文學的時間觀與空間觀》，臺北：業強出版，1993
　年，頁 27-75。

一個季節集中受到謳歌，形諸諷詠多表達情感的變化。
惜春、傷春、悲春、遣春、春怨、春恨、懷春……，悲
秋、感秋、驚秋、秋興、秋懷、秋思、秋意……，成為
和季節共存的意象，有時作為「詩題」或「詩語」，有
時融合為「氣氛」或「情緒」，表現方式不一，卻同樣
帶有濃馥的主觀情感。關於這種現象的成因，單從具象
層次考察，如：草木的萌芽 ── 開花 ── 落花，結果
── 葉枯 ── 搖落，還有燕、雁等候鳥往返等等，這些
眼前可見的遷動，主要都集中在春、秋，所以春與秋為
推移、流動、變化、過渡的季節，相對於此，夏、冬則是
持續而凝固。這樣，春與秋本身就包含豐富的詩情性質。

　　春詩與秋詩，在李白的文學世界並駕齊驅，〈春日
行〉、〈陽春歌〉、〈春思〉、〈春日獨坐寄鄭明府〉、
〈春日歸山寄孟浩然〉、〈早春寄王漢陽〉、〈春日遊
羅敷潭〉、〈春陪商州裴使君遊石娥溪〉、〈春日陪楊
江寧及諸官宴北湖感古作〉、〈春歸終南山松龍舊隱〉、
〈春日獨酌〉、〈春日醉起言志〉、〈春滯沅湘有懷山
中〉、〈江南懷春〉、〈春夜洛城聞笛〉、〈春怨〉等，
都是以春為詩題的篇什，至於詩中作春語者更不勝枚
舉，如有名的：「雲想衣裳花想容，春風拂檻露華濃。[6]」、
「解釋春風無限恨，沈香亭北倚闌干。[7]」、「五陵年少

6　瞿蛻園等校注《李白集校注》卷五〈清平調〉之一。臺北：里仁書
　　局出版，1981 年，頁 389。
7　瞿蛻園等校注《李白集校注》卷五〈清平調〉之三。同註 6，頁 393。

金市東，銀鞍白馬度春風。[8]」、「輕條不自引，為逐春風斜。[9]」、「愁來飲酒三千石，寒灰重暖生陽春。[10]」、「暮雨向三峽，春江繞雙流。[11]」、「暫伴月將影，行樂須及春。[12]」、「春風知別苦，不遣柳條青。[13]」等。其他，像〈惜餘春賦〉、〈愁陽春賦〉、〈暮春江夏送張祖監丞之東郡序〉、〈春于姑蘇送趙四流炎方序〉、〈早春于江夏送蔡十還家雲夢序〉、〈春夜宴從弟桃花園序〉等賦與文，無不耳熟能詳，膾炙人口。「春」為李白文學的典型題材，無庸置疑。

　　然而，翻檢瞿蛻園等校注《李白集校注》，摘錄詩題或詩語出現「秋」字的首數，卻發現秋詩較春詩為龐大。約計：卷二古風五十九首，秋詩十一首；卷三至卷六樂府一四九首，秋詩二十八首；卷七至卷二十五古近體七七九首，秋詩一八六首；總體估算二二五首，約佔李白詩歌總創作「百分之二二・九八」[14]，亦即高達五

8　瞿蛻園等校注《李白集校注》卷六〈少年行〉之二。同註 6，頁436。

9　瞿蛻園等校注《李白集校注》卷八〈古意〉。同註 6，頁 583。

10　瞿蛻園等校注《李白集校注》卷十一〈江夏贈韋南陵冰〉。同註6，頁 745。

11　瞿蛻園等校注《李白集校注》卷二十一〈登錦城散花樓〉。同註6，頁 1211。

12　瞿蛻園等校注《李白集校注》卷二十三〈月下獨酌〉之一。同註6，頁 1331。

13　瞿蛻園等校注《李白集校注》卷二十五〈勞勞亭〉。同註 6，頁1443。

14　本文以臺北里仁書局出版之《李白集校注》為底本，從卷二至卷二十五，不包含卷三十「詩文補遺」，主因在：補遺或作者仍有

分之一以上，此數目尚不包含月令在秋與景色為秋而無
秋字者，最明確如：〈九日〉（卷二十）、〈九日龍山
飲〉（卷二十）、〈長干行〉之二（卷四，「八月西風
起，想君發揚子。[15]」）、〈草書歌行〉（卷八，「八
月九月天氣涼，酒徒詞客滿高堂。[16]」）、〈觀放鷹〉
之一（卷二十四，「八月邊風高，胡鷹白錦毛。[17]」）
等等。依照相同方式，歸納整理李白春詩，約得一六一
首，略次於秋[18]。此外，夏詩僅一首：〈夏日山中〉（卷
二十三）；冬詩六首：〈夜坐吟〉（卷三，「冬夜夜寒
覺夜長[19]」）、〈出自薊北門行〉（卷五，「孟冬風沙
緊[20]」）、〈送韓準裴政孔巢父還山〉（卷十六，「歷
亂無冬春[21]」）」、〈冬夜醉宿龍門覺起言志〉（卷二

存疑，或詩句不全，故概不入數。又本文翻檢之數目，應有缺漏，
並不精準，敬待高明補足，特此申明。至於夏詩與冬詩，則僅以
詩題及詩語為夏、冬者計算。

15　瞿蛻園等校注《李白集校注》卷四〈長干行〉之二。同註 6，頁
329-330。

16　瞿蛻園等校注《李白集校注》卷八〈草書歌行〉。同註 6，頁 587。

17　瞿蛻園等校注《李白集校注》卷二十四〈觀放鷹〉之一。同註 6，
頁 1422。

18　春詩：古風八首，樂府三七首，古近體一一六，合計一六一首，
約佔全數九七九首之「百分一六‧四四」，其情況如註 14，數量
並不精準，待補。

19　瞿蛻園等校注《李白集校注》卷三〈夜坐吟〉。同註 6，頁 253。

20　瞿蛻園等校注《李白集校注》卷五〈出自薊北門行〉。同註 6，
頁 402。

21　瞿蛻園等校注《李白集校注》卷十六〈送韓準裴政孔巢父還山〉。
同註 6，頁 981。

十三)、〈擬古〉之六(卷二十四,「百草死冬月[22]」)、
〈觀放白鷹〉之二(卷二十四,「寒冬十二月[23]」);
其數目皆去春、秋甚遠。綜括李白四季詩之比例,秋佔
魁首,春居第二,同時卷一「古賦」八篇,也收錄〈悲
清秋賦〉一篇,卷二十七「序」二十首,有〈秋于敬亭
送從姪耑遊廬山序〉、〈秋日于太原南柵餞陽曲王贊公
賈少公石艾尹少公應舉赴上都序〉、〈秋夜于安府送孟
贊府兄還都序〉三篇。在在證明「秋」於李白文學的地
位與重要,比春詩有過之而無不及,李白秋詩究竟表達
了何許心緒,就成為本文探討的內容。

二、悲秋傳統的繼承

中國文學的「悲秋」意識,屈原《楚辭》啟其端緒,
〈離騷〉云:「日月忽其不淹兮,春與秋其代序。惟草
木之零落兮,恐美人之遲暮。[24]」〈九歌·湘夫人〉:
「嫋嫋兮秋風,洞庭波兮木葉下。[25]」以上二者皆有悲
秋意味,然為例不多,殆屬一時情興[26]。逮宋玉〈九辯〉,

---

22 瞿蛻園等校注《李白集校注》卷二十四〈擬古〉之六。同註 6,
　頁 1378。
23 瞿蛻園等校注《李白集校注》卷二十四〈觀放白鷹〉之二。同註
　6,頁 1422。
24 屈原《離騷經第一》。王逸章句《楚辭章句》,臺北:藝文印書
　館,1974 年,頁 24-25。
25 屈原《九歌傳第二》。王逸章句《楚辭章句》。同註 24,頁 91。
26 何寄澎〈悲秋－中國文學傳統中時空意識的一種典型〉,以為《詩
　經·小雅·采薇》似略有悲秋之意,但嚴格考查應為「悲行役之
　勞」,與悲秋無關,故悲秋仍然始自屈、宋。《臺大中文學報》,

「悲秋」的意境便深化廣化，沈重到無法負荷與消解，
不但文首直揭悲秋，且通篇俱以此種情懷貫串，樹立了
中國傳統的「悲秋原型」。〈九辯〉曰：

> 悲哉秋之為氣也，蕭瑟兮草木搖落而變衰。憭慄
> 兮若在遠行，登山臨水兮送將歸。泬寥兮天高而
> 氣清，寂寥兮收潦而水清。憯悽增欷兮，薄寒之
> 中人。愴怳懭悢兮，去故而就新。坎廩兮貧士失
> 職而志不平，廓落兮羈旅而無友生，惆悵兮而私
> 自憐。燕翩翩其辭歸兮，蟬寂漠而無聲。雁廱廱
> 而南遊兮，鷃雞啁哳而悲鳴。獨申旦而不寐兮，哀
> 蟋蟀之宵征。時亹亹而過中兮，蹇淹留而無成。[27]
> 顏淫溢而將罷兮，柯彷彿而萎黃。萷櫹椮之可哀
> 兮，形銷鑠而瘀傷。……歲忽忽而遒盡兮，恐余
> 壽之弗將。[28]
> 四時遞來而卒歲兮，陰陽不可與儷偕。……歲忽
> 忽而遒盡兮，老冉冉而愈馳。[29]

1995 年，第 7 期，頁 77-92。另日人小川環樹〈風與雲－中國感
傷文學的起源〉，亦主張中國的悲秋文學始見於《楚辭》。小川
環樹著，譚汝謙、陳志誠、梁國豪合譯《論中國詩》‧第一編第
三章，香港：中文大學出版，1986 年，頁 49-76。諸如此說者甚
多，茲不贅引。

27 宋玉《九辯傳第八》。王逸章句《楚辭章句》。同註 24，頁 246-248。
28 宋玉《九辯傳第八》。王逸章句《楚辭章句》。同註 24，頁 251-252。
29 宋玉《九辯傳第八》。王逸章句《楚辭章句》。同註 24，頁 259-260。

　　〈九辯〉是宋玉作品最可相信的一篇[30]，從聲音、顏色、情調、感慨等，用激宕淋漓的筆墨，吐露季節情感，織成涼薄悲苦與陰寒落魄的篇章，李白說「秋深宋玉悲[31]」，杜甫說「搖落深知宋玉悲[32]」，都深得〈九辯〉精髓。宋玉以後，感秋而悲秋的詩文所在多有，唐以前如：漢武帝〈秋風辭〉、曹丕〈雜詩〉、左思〈雜詩〉、江總〈秋日登廣州城南樓〉、袁朗〈秋夜獨坐〉、夏侯湛〈秋夕哀賦〉、湛方生〈秋夜賦〉等，唐代以及唐代以後，愈更僕難數，這些眾多的悲秋文學，絕大部分即在屈、宋籠罩之下，同調而歌。

（一）觸景生情

　　秋季自古以來，就同「悲」這種特殊情感價值結合，用秋天的自然景象來抒寫淒涼的心境、悲哀失意的情緒，早已鑄成源遠流長的表現傳統。何以如此？蓋一年

---

30 《漢書・藝文志》載宋玉賦十六篇，《隋書・經籍志》有《宋玉集》三卷。今流傳作品約有：《楚辭章句》中的〈九辯〉與〈招魂〉，《昭明文選》中的〈風賦〉、〈高唐賦〉、〈神女賦〉、〈登徒子好色賦〉、〈對楚王問〉，《古文苑》中的〈笛賦〉、〈大言賦〉、〈小言賦〉、〈釣賦〉、〈舞賦〉、〈諷賦〉等。但《古文苑》成書晚，真實性不可靠，《文選》各篇也多可疑之處，〈招魂〉或曰屈原所作，故宋玉作品以〈九辯〉最為可信。

31 瞿蛻園等校注《李白集校注》卷十一〈贈易秀才〉。同註 6，頁725。

32 杜甫〈詠懷古跡〉之二：「搖落深知宋玉悲，風流儒雅亦吾師。悵望千秋一灑淚，蕭條異代不同時。江山故宅空文藻，雲雨荒台豈夢思。最是楚宮俱泯滅，舟人指點到今疑。」《全唐詩》（四）卷二百三十，臺北：明倫出版，1971 年，頁 2511。

四季，氣為之流轉，春季陽氣生，秋季陰氣萌，陽氣使人舒暢，陰氣使人愁慘。張衡〈西京賦〉：「夫人在陽時則舒，在陰時則慘，此牽乎天者也。」注云：「陽謂春、夏，陰謂秋、冬。[33]」董仲舒《春秋繁露》也說：「陰始於秋，陽始於春。春之為言猶偆偆也，秋之為言猶湫湫也。偆偆者喜樂之貌也；湫湫者憂悲之狀也。是故春喜、夏樂、秋憂、冬悲。[34]」秋天的氣象是衰亡、下垂，充滿肅殺。《禮記・月令》：「殺氣浸盛，陽氣日衰。[35]」肅殺的結果，草木零落，萬物凋弊，觸目皆是枯萎和死亡的景象。歐陽修〈秋聲賦〉：「蓋夫秋之為狀也：其色慘淡，煙霏雲歛；其容清明，天高日晶；其氣慄烈，砭人肌骨；其意蕭條，山川寂寥。故其為聲也，淒淒切切，呼號憤發。豐草綠縟而爭茂，佳木蔥蘢而可悅；草拂之而色變，木遭之而葉脫。其所以摧敗零落者，乃一氣之餘烈。[36]」具體鮮明的自然樣貌，「呈於象，感於目，會於心」，由物及心，由心及物，情交景會，無可避免地使詩人遭遇宿命式的傷感。

　　整體說來，屈、宋的原型悲秋，首先出現的特色即：由於秋氣肅殺，秋景悽慘，詩人起情觸發，睹外物之枯

33　張衡〈西京賦〉。同註 1，頁 37。
34　董仲舒《春秋繁露》第四十四篇〈王道通三〉。清蘇輿《春秋繁露義證》，臺北：河洛圖書出版，1975 年，頁 233-234。
35　《禮記・月令》。十三經注疏本《禮記》卷十六，臺北：藝文印書館，未著出版年，頁 326。
36　歐陽脩《歐陽脩全集》卷一。臺北：河洛圖書出版，1975 年，頁 115。

寂而痛心疾首。李白表現這種情緒的秋詩，如下列數首：

> 蓐收肅金氣，西陸弦海月。秋蟬號階軒，感物憂
> 不歇。良辰竟何許？大運有淪忽。天寒悲風生，
> 夜久眾星沒。惻惻不忍言，哀歌達明發。（〈古風〉
> 三十二首）[37]
>
> 秋浦長似秋，蕭條使人愁。客愁不可度，行上東
> 大樓。正西望長安，下見江水流。寄言向江水，
> 汝意憶儂不？遙傳掬一淚，為我達揚州。（〈秋浦
> 歌〉之一）[38]
>
> 清晨登巴陵，周覽無不極。明湖映天光，徹底見
> 秋色。秋色何蒼然，際海俱澄鮮。山青滅遠樹，
> 水綠無寒煙。來帆出江中，去鳥向日邊。風清長
> 沙浦，霜空雲夢田。瞻光惜頹髮，閱水悲徂年。
> 北渚既蕩漾，東流自潺湲。郢人唱白雪，越女歌
> 採蓮。聽此更斷腸，憑崖淚如泉。（〈秋登巴陵望
> 洞〉）[39]
>
> 涼風度秋海，吹我鄉思飛。連山去無際，流水何
> 時歸。目極浮雲色，心斷明月暉。芳草歇柔艷，

---

37 瞿蛻園等校注《李白集校注》卷二〈古風〉三十二首〈蓐收〉。
　同註 6，頁 150。
38 瞿蛻園等校注《李白集校注》卷八〈秋浦歌〉之一。同註 6，頁
　533。
39 瞿蛻園等校注《李白集校注》卷二十一〈秋登巴陵望洞庭〉。同
　註 6，頁 1247-1248。

白露催寒衣。夢長銀漢落，覺罷天星稀。含悲想舊國，泣下誰能揮？（〈秋夕旅懷〉）[40]

以上諸詩呈現兩種現象：（1）從寫作手法觀，都以具體物色做為切入點，淒涼外境形成悲秋的因子，詩人的主體感官接受上述的客體刺激，睹物興情。職是之故，景色描寫佔大量篇幅，秋月、秋雲、秋空、秋水、秋海、秋風、秋山、秋蟬、秋草、秋露、秋霜等，蒼然蕭條的氛圍與暗淡蕭颯的空間，是它們的共同基調。（2）從情感厚度觀，由於上述外境，詩人當下體會到惆悵落寞，繼而溶入強烈的主觀感受，渲染與撞擊，由淡轉濃，逐漸深化，詩中的「悲秋」，非淡淡哀而為沈沈痛，「惻惻不忍言，哀歌達明發」、「遙傳掬一淚，為我達揚州」、「聽此更斷腸，憑崖淚如泉」、「含悲想舊國，泣下誰能揮」，明白地寫出詩人主體的內境。

雖然，除去觸景傷情外，以上諸詩的悲秋，仍涵括：歲月、懷友、家國之感等多元誘因，但它們的情感厚度則與宋玉若合符契。宋玉的悲秋原型有著極其深刻的觀察和傷痛，運用「憭慄」、「憯悽」、「愴怳」、「懭悢」、「坎廩」、「廓落」、「銷鑠」、「瘀傷」、「遒盡」等驚心動魄的字眼，真實體驗到悲秋者的抑鬱，哀感頑艷，其告語是淒厲迫切、肝腸俱裂，而不是幽怨婉

---

40 瞿蛻園等校注《李白集校注》卷二十四〈秋夕旅懷〉。同註 6，頁 1394。

約。李白上述諸詩的哀惻與泣淚，濃烈的情感厚度與宋玉彷彿，擁有共鳴的心音。

（二）歲月推移

四時循環反復，季節持續更迭，貫穿這個層次，顯而見的是：一種客觀事實「物理時間」的推移。通過春、夏、秋、冬的物色：暖 —— 暑 —— 涼 —— 寒，構成了「生命時間」的流程：過去 —— 現在 —— 未來。人們在年復一年周而復始的春與秋面貌之中，真切地看見與認識：時光的過渡、流逝。毫無疑問，這是生活實感的存在，也成為思想感情的主幹。春與秋不但有激烈變化的氣候風物，而且短暫得難以使人滿足，其過渡性質與推移變化感覺，就更加擴大而被強調出來。唯其如此，時間意識之變化推移的感觸與屬性，成為詩歌優先表現的素材，自古以來謳歌春、秋的代表作，很多都在推移中表現對象。理所當然，淒涼的秋較生長的春，更能引導這種悲哀的心緒，形成「悲秋」文學的另一主要內容。

在屈、宋的原型悲秋裡，上面所說的現象已經十分清楚，「日月忽其不淹兮，春與秋其代序」、「歲忽忽而遒盡兮，恐余壽之弗將」、「四時遞來而卒歲，陰陽不可與儷偕」等，這些句子都一致地促使詩人警覺秋之臨、歲之盡，繼而思及自我生命的衰逝。草木搖落而變衰的秋景，見證了宇宙生命由盛而衰的必然軌跡，在颯颯秋景裡，詩人意識到肉體生命的漸趨銷亡。本來表現

為「循環」的四季，和人事對照的結果，毋寧說是一種
無法遏止的「流動」與「消逝」，它與：出生 —— 生長
—— 衰老 —— 死亡，平行不悖，但是四季的過程是反復
功能，而人生卻不可反復，「年年歲歲花相似，歲歲年
年人不同[41]」，詩人自覺此一時空生命的「不可逆性」
（irreversibility）[42]，遂湧現了無限惋惜、惆悵失落，甚
而哀悼徬徨、驚恐無助。李白的秋詩表現這種推移悲哀
的作品很多，如：

　　黃河走東溟，白日落西海。逝川與流光，飄忽不
　　相待。春容捨我去，秋髮已衰改。人生非寒松，
　　年貌豈長在？吾當乘雲螭，吸景駐光彩。（〈古風〉

---

41 劉希夷〈代悲白頭翁〉：「洛陽城東桃李花，飛來飛
　　去落誰家？洛陽女兒惜顏色，坐見落花長嘆息。今年
　　花落顏色改，明年花開復誰在？已見松柏摧為薪，更
　　聞桑田變成海。古人無復洛城東，今人還對落花風。
　　年年歲歲花相似，歲歲年年人不同。寄言全盛紅顏
　　子，應憐半死白頭翁。此翁白頭真可憐，伊昔紅顏美
　　少年。公子王孫芳樹下，清歌妙舞落花前。光祿池臺
　　開錦繡，將軍樓閣畫神仙。一朝臥病無相識，三春行
　　樂在誰邊。宛轉蛾眉能幾時，須臾鶴髮亂如絲。但看
　　古來歌舞地，惟有黃昏鳥雀悲。《全唐詩》（二）卷
　　八十二，同註 32，頁 885-886。
42 參見何寄澎〈悲秋－中國文學傳統中時空意識的一種典型〉，同
　　註 26，頁 77-92。歸納何氏說法，這種人類生命的不可逆性，是
　　相對於宇宙自然時空的往復性而言。宇宙自然的時空亙古永恆，
　　人類生命的時空卻有限短暫而且不可再，上述道理，為一不可違
　　逆的必然現象與存在事實。

之十一）⁴³

> 青春流驚湍，朱明驟回薄。不忍看秋蓬，飄揚竟
> 何託？光風滅蘭蕙，白露灑葵藿。美人不我期，
> 草木日零落。（〈古風〉之五十二）⁴⁴

> 春陽如昨日，碧樹鳴黃鸝。蕪然蕙草暮，颯爾涼
> 風吹。天秋木葉下，月冷莎雞悲。坐愁群芳歇，
> 白露凋華滋。（〈秋思〉）⁴⁵

> 白髮三千丈，緣愁似箇長。不知明鏡裏，何處得
> 秋霜？（〈秋浦歌〉之十五）⁴⁶

第一、第三首春、秋並寫，第二首夏、秋並寫⁴⁷。
雖然物候喚起的心聲，會因人、時、地而異，但整體言，
春是生長與喜悅的季節，陽光和煦，百花盛開，眾鳥鳴
嚶，大地一片欣欣向榮，夏季延續春陽餘緒，表面凝固
暑熱，卻依舊草木繁昌，鬱鬱陶陶⁴⁸。植物一般都是生

---

43 瞿蛻園等校注《李白集校注》卷二〈古風〉之十一〈黃河〉。同
　　註 6，頁 113。
44 瞿蛻園等校注《李白集校注》卷二〈古風〉之五十二〈青春〉。
　　同註 6，頁 179。
45 瞿蛻園等校注《李白集校注》卷六〈秋思〉。同註 6，頁 447。
46 瞿蛻園等校注《李白集校注》卷八〈秋浦歌〉之十五。同註 6，
　　頁 541。
47 〈古風〉之五十二首：「朱明驟回薄。」《爾雅・釋天》：「夏
　　為朱明。」郭璞注：「氣赤而光明也。」古人用燃燒的火的色彩，
　　象徵夏天的太陽，表現太陽發出最強的光和最多的熱量，故有「朱
　　明」之稱。故此詩是由春經夏至秋，可以說是夏、秋並寫。
48 歌詠夏季而充滿喜悅的詩不少，如徐幹〈答劉楨〉：「陶陶朱夏
　　德，草木繁且昌。」曹丕〈夏日〉：「夏時饒溫和，避暑就清涼。」
　　陶淵明〈讀山海經〉之一：「孟夏草木長，遶屋樹扶疏。」

長於春季，繁盛於夏季，衰敗於秋季，春、夏是生命力最昌盛的時節，秋天則否。所以從春、夏過渡到秋，就變成由幸福轉到不幸，美好已經失去，拿現在的蕭條對照過去的生機，不管從眼前推移的時間出發（秋），或從已經推移過的時間出發（春、夏），都足以建構一個現在進行式和現在完成式的悲哀。

　　至於〈秋浦歌〉之十五，有些不同，李白將悲秋的客體物色描摹，直截反映到主體的心理（愁）與生理（髮膚）。「白髮三千丈，緣愁似箇長」，大潮洶湧，雷霆萬鈞，真駭人矚目，這是單刀直入，劈空而下，從「心」說起。而「秋霜」這一個孕藏季節義蘊的語彙，「興」中含「比」，抒發愁腸百結難以自解的苦衷，令人有親歷親感的況味。〈古風〉之十一，更主、客雙運，既寫夕陽殘照、滾滾逝水，也寫朱顏褪毀、鬢髮生霜，內外夾插的手法，高度發揮了感人的藝術力量。

（三）感士不遇

　　屈、宋悲秋，表面是由秋景觸起秋情，再由時間不可把握，思及韶光易逝、年命頹敗，但仔細尋思，壯志難酬與不遇無常，才是真正促使詩人痛苦不已的起源。屈原放逐，為〈離騷〉寫作動機，〈離騷〉篇名的涵義即遭憂，司馬遷說：「屈平正道直行，竭忠盡智以事其君，讒人間之，可謂窮矣。信而見疑，忠而被謗，能無

怨乎？屈平之作〈離騷〉，蓋自怨生也。[49]」所以〈離騷〉乃根據楚國政治現實和自己的不平遭遇，創作的一首政治抒情長詩。宋玉生平不詳，大約是楚襄王朝失職的貧士，他雖然缺乏存君興國的抱負與理想，也沒有疾惡如仇的戰鬥精神，和屈原的廓大胸襟比較，顯得卑弱。但〈九辯〉反復詠嘆的也是個人的懷才不遇及處窮守高，詩人以草木搖落、行人淒愴、離別愁緒等，概括秋天給予人的悲涼，接著則用力著墨於自己的苦痛心情：「**坎廩兮貧士失職而志不平，廓落兮羈旅而無友生，惆悵兮而私自憐。**」失去職位，飄泊遠方，生活孤獨，知己難遇，這是紛亂社會中知識分子蹉跎無奈的寫照，宋玉悲秋的真正心聲。在傳統舊社會裡，必然產生許多同感與共鳴。

李白年輕時就懷有遠大志氣，「**常欲一鳴驚人，一飛沖天**[50]」，終生以安社稷、濟蒼生為己任，要建立功業，治國安邦，景仰魯仲連、謝安一類人物。二十六歲，仗劍去國，辭親遠遊，往來江南、湖北一帶，遍干諸侯，歷抵卿相。天寶初，因道士吳筠推薦，他來到長安，被

---

49 《史記・原賈生列傳》。臺灣：藝文印書館，未著出版年，頁 1004。
50 范傳正〈唐左拾遺翰林學士李公新墓碑并序〉：「公之生也，先府君指天枝以復姓，先夫人夢長庚而告祥，名之與字，咸所取象。受五行之剛氣，叔夜心高；挺三蜀之雄才，相如文逸。瓌奇宏廓，拔俗無類。少以俠自任，而門多長者車。常欲一鳴驚人，一飛沖天，彼漸陸遷喬，皆不能也。由是慷慨自負，不拘常調，器度弘大，聲聞於天。」瞿蛻園等校注《李白集校注》附錄二。同註 6，頁 1780。

召入宮，供奉翰林學士，「問以國政，潛草詔誥，人無知者[51]」。相傳有龍巾拭吐、御手調羹、力士脫靴、貴妃捧硯種種故事，可見其崢嶸與得意。可惜玄宗僅圖他的才華來裝飾太平、附庸風雅，李白的政治雄心不能伸張，未幾又遭佞臣讒毀，終於被逐出朝廷，賜金還山。此後他潦倒流離，漫無定跡，「萬里無主人，一身獨為客[52]」、「一身竟無託，遠與孤蓬征[53]」，正是他離開長安以後飄泊無依的生活告白。天寶十四年（755），安祿山叛亂，李白已經五十五歲，次年隱居廬山，詩酒自樂。當永王璘起兵時，李白一腔熱血再度沸騰，他滿懷希望，應召入幕，思有所作為[54]，結果永王兵敗見殺，李白也受累入獄，雖經郭子儀力救，還是定罪流放夜郎，肅宗乾元二年（759）三月遇赦。晚年，依當塗令李陽冰，寶應二年（762）六十二歲，客死當塗。李白身後極為凋零，大兒子伯禽亦於貞元八年（792）不祿而卒，元和十二年（817）范傳正才將厝葬龍山的屍骨，遷葬於李白一生衷心嚮往的青山，了卻其遺志。這位千古不凡的詩人，境

---

51 李陽冰〈草堂集序〉。瞿蛻園等校注《李白集校注》附錄三，序跋。同註 6，頁 1789。

52 瞿蛻園等校注《李白集校注》卷十三〈淮南臥病書懷寄蜀中趙徵君蕤〉。同註 6，頁 825。

53 瞿蛻園等校注《李白集校注》卷九〈郯中贈王大勸入高鳳石門山幽居〉。同註 6，頁 646。

54 有關李白入幕永王，論者紛紜，茲以〈永王東巡歌〉十一首、〈水軍宴幕府諸侍御〉等詩看，李白大抵出於自動，其目的在治國安民，或有人因此誣其不忠者，本文不採納此說。

遇如此，感士不遇的憤懣，豈能不出現在他的作品呢？

> 拂披白石，彈吾素琴，幽澗愀兮流泉深。善手明
> 徽，高張清心。寂歷似千古，松飀飋兮萬尋。中
> 見愁猿弔影而危處兮，叫秋木而長吟。客有哀時
> 失職而聽者，淚淋浪以霑襟。乃緝商綴羽，潺湲
> 成音。吾但寫聲發情於妙指，殊不知此曲之古今。
> 幽澗泉，鳴深林。（〈幽澗泉〉）[55]
> 洞庭白波木葉稀，燕鴻始入吳雲飛。吳雲寒，燕
> 鴻苦。風號沙宿瀟湘浦，節士悲秋淚如雨。白日
> 當天心，照之可以事明主。壯士憤，雄風生。安
> 得倚天劍，跨海斬長鯨？（〈臨江王節士歌〉）[56]
> 桃李得日開，榮華照當年。東風動百物，草木盡
> 欲言。枯枝無醜葉，涸水吐清泉。大力運天地，
> 羲和無停鞭。功名不早著，竹帛將何宣？桃李務
> 青春，誰能貰白日？富貴與神仙，蹉跎成兩失。
> 金石猶銷鑠，風霜無久質。畏落日月後，強歡歌
> 與酒。秋霜不惜人，倏忽侵蒲柳。（〈長歌行〉）[57]

　　這些詩句的主要情意與他生平的重要活動頗相契
合，在崇尚神仙隱逸以及詩賦取士的唐朝，李白執信憑

55 瞿蛻園等校注《李白集校注》卷四〈幽澗泉〉。同註 6，頁 297-298。
56 瞿蛻園等校注《李白集校注》卷四〈臨江王節士歌〉。同註 6，
　　頁 315。
57 瞿蛻園等校注《李白集校注》卷六〈長歌行〉。同註 6，頁 459-460。

藉自己的超人文才和飄逸不群的高士風骨，必能由布衣
直達卿相，瞬息之間成就大業，以實現濟世救民的壯志，
為了得到朝廷的賞識重用，他先後採行各種各樣可以達
到此一目標的途徑，包括：隱逸養名、干謁官吏、獻賦
自薦、邊地求軍功等，可惜，事與願違，李白一生大半
時間，都只能在感嘆英雄淪落、天才沈寂的情況下度過。
以上三詩，都是在悲苦的秋節，面對政治天才受埋沒、
政治追求受挫折，慷慨激昂的反應。

三、悲秋傳統的拓展

（一）題材多元

　　李白秋詩除上述傳統基本模式的繼承外，彌足可貴
者還在於：以個人的壯偉才情和心靈感知，拓展了悲秋
領域，賦予悲秋文學嶄新的面貌。「題材多元」，即其
中一個值得注意的問題，題材多元化後，秋詩內涵便跳
脫偏狹範疇，而開出寬廣的生命視野與寫作途徑，這是
宋玉難望項背之處。總的說來，李白悲秋的題材十分複
雜[58]，因篇幅有限，本文只舉尤多見者兩項，略作說明：

---

58 李白詩歌的題材種類繁多，古今人做過許多研究，如今人張健《大
　　唐詩仙李白詩選》分為：抒情、言志、載道、敘事、諷刺、遊仙、
　　寫景、詠人、寫物、仿古等十類，以上雖非秋詩題材分類，但以
　　秋詩分布的普遍性看，上述分類法亦有參考價值，本文限於篇幅，
　　只舉常見者說明，其他則依此類推。

1.女性悲秋

　　原型悲秋概以男性為對象，而李白秋詩卻有許多歌唱女子愛情的詩篇，各種各樣的女性以各種各樣的面貌被描寫出來，其中比例最高，莫過於良人遠行、獨守空房的深閨怨婦。在閉鎖的古代世界裡，失落愛情的空白生命是女人最大的憂恐，就本質言，它和文士的坎坷不遇、知音難求，理無差異。於是感秋而怨的女性悲秋文學盛起，閨怨詩、思婦詩、宮怨詩、棄婦詩等等，成為新悲秋文學的主要題材，這是原型悲秋所無，而為李白所擅長。如：

> 妾髮初覆額，折花門前劇。郎騎竹馬來，遶牀弄青梅。同居長干里，兩小無嫌猜。十四為君婦，羞顏未嘗開。低頭向暗壁，千喚不一回。十五始展眉，願同塵與灰。常存抱柱信，豈上望夫臺？十六君遠行，瞿塘灩澦堆。五月不可觸，猿聲天上哀。門前遲行跡，一一生綠苔。苔深不能掃，落葉秋風早。八月胡蝶來，雙飛西園草。感此傷妾心，坐愁紅顏老。早晚下三巴，預將書報家。相迎不道遠，直至長風沙。（〈長干行〉之一）[59]
> 古來有棄婦，棄婦有歸處。今日妾辭君，辭君遣何去？本家零落盡，慟哭來時路。憶昔未嫁君，

聞君卻周旋。綺羅錦繡段，有贈黃金千。十五許
嫁君，二十移所天。自從結髮日未幾，離君緬山
川。家家盡歡喜，孤妾長自憐。幽閨多怨思，盛
色無十年。相思若循環，枕席生流泉。流泉咽不
掃，獨夢關山道。及此見君歸，君歸妾已老。物
情惡衰賤，新寵方妍好。掩淚出故房，傷心劇秋
草。自妾為君妻，君東妾在西。羅幃到曉恨，玉
貌一生啼。自從離別久，不覺塵埃厚。常嫌玳瑁
孤，猶羨鴛鴦偶。歲華逐霜霰，賤妾何能久？寒
沼落芙蓉，秋風散楊柳。以此憔悴顏，空持舊物
還。餘生欲何寄，誰肯相牽攀？君恩既斷絕，相
見何年月？悔傾連理杯，虛作同心結。女蘿附青
松，貴欲相依投。浮萍失綠水，教作若為流？不
嘆君棄妾，自嘆妾緣業。憶昔初嫁君，小姑纔倚
床。今日妾辭君，小姑如妾長。回頭語小姑，莫
嫁如兄夫。（〈去婦辭〉）[60]

桂殿長愁不記春，黃金四屋起秋塵。夜懸明鏡青
天上，獨照長宮門裡人。（〈長門怨〉之二）[61]

　　〈長干行〉是思婦詩，〈去婦辭〉是棄婦詩，〈長
門怨〉是宮怨詩。以上三詩視點類化，都採第一人稱自

---

60 瞿蛻園等校注《李白集校注》卷六〈去婦辭〉。同註 6，頁 471。
61 瞿蛻園等校注《李白集校注》卷二十五〈長門怨〉之二。同註 6，
　　頁 1476。

敘角度，作者李白直接替代主體女性，泣訴「她們」的
不幸[62]。在這些詩裡，「觸景生情」與「歲月推移」，
仍為悲秋重心。那種葉落、苔深、芙蓉凋、楊柳散，四
處秋塵起的環境氣氛，渲染了異常悲涼之感受，成為女
主角相思懷人與自艾自憐的觸媒。

　　同時，面對時間推移的「不可逆性」，女性較男性
悲觀更甚，因為女人的青春有限，而男人的恩寵卻色衰
便竭，一旦容顏憔悴便秋扇見捐。相和歌辭〈長門怨〉
即為佳證，根據《樂府題解》，〈長門怨〉是為陳皇后
作，陳皇后小名阿嬌，為漢武帝皇后，武帝年幼時，姑
母館陶公主戲問欲阿嬌為婦否？武帝回答：「**若得阿嬌，
當以金屋貯之。**[63]」但是阿嬌未老，已經失寵退居長門
宮，司馬相如作〈長門賦〉敘寫其愁，後人因之作〈長

62　日人松浦友久著，孫昌武、鄭天剛譯《中國詩歌原理》，第二篇
　　〈詩與性愛〉：唐詩中表現的女性形象和女性觀—「閨怨詩」的
　　意義，臺北：洪葉文化出版，1993 年，頁 44-60。分析中國古典
　　詩描寫的女性有：（1）非特定女性（包含：宮怨詩的女性、思
　　婦詩的女性、美女嬌女詩的女性），這類詩的寫作視點是「從第
　　一人稱的角度，由作者直接並作為主體來吐露自己情感，就與被
　　描寫的女性(對象)的關係而言，對象則被放到第二人稱位置上」，
　　也叫做「第三人稱角度客體手法」。（2）特定女性（包含：歷
　　史上與傳說中的女性、與作者直接相關的女性），這類詩的寫作
　　視點是「從第一人稱的角度來描寫第二人稱的女性形象」，也叫
　　做「第一人稱角度主體手法」。
63　《漢武故事》：「武帝數歲，長公主抱置膝上，問曰：『兒欲得
　　婦否？』指左右長御數百人，皆曰：『不用。』指其女阿嬌好否，
　　笑對曰：『好！若得阿嬌作婦，當作金屋貯之。』長公主大悅，
　　乃苦要上，遂成婚焉。」《筆記小說大觀》十三編，臺北：新興
　　書局出版，1976 年。

門怨〉曲,傳唱著深宮內過著孤寂生活的廣大宮人的悲慘,李白也有一首〈妾薄命〉:「漢帝重阿嬌,貯之黃金屋。咳唾落九天,隨風生珠玉。寵極愛還歇,妒深情卻疏。長門一步地,不肯暫迴車。雨落不上天,水覆難再收。君情與妾意,各自東西流。昔日芙蓉花,今成斷根草。以色事他人,能得幾時好?[64]」通過陳皇后由得寵到失寵的描寫,揭示了封建社會婦女以色事人的不幸,這首〈長門怨〉亦復如此。〈長干行〉、〈去婦辭〉還出現「年齡序數」、「四季相思」、「今昔對比」的格調,時間推移歷歷清晰。「感此傷妾心,坐愁紅顏老」、「幽閨多怨思,盛色無十年」、「及此見君歸,君歸妾已老」等,把女性生命的悲劇本質表達得刻骨銘心,令人痛徹心扉。

2.懷友懷古

　　中國古典社會,男人與男人的友情遠超越男人與女人的愛情,歌頌友情的詩作大過於描寫愛情的篇章。當然,人生於世,友情誠然珍貴,真摯純樸的交誼,是歡樂的泉源,更是苦難的慰藉。李白個性曠放,為人熱情,一生交遊廣闊,時人亦俱喜與之遊,因此詩集中和友人:讌飲、出遊、贈答、送別、分離、懷念……等作品,處處可見。

---

64 瞿蛻園等校注《李白集校注》卷四〈妾薄命〉。同註6,頁342。

我來竟何事？高臥沙丘城。城邊有古樹，日夕連
秋聲。魯酒不可醉，齊歌空復情。思君若汶水，
浩蕩寄南征。（〈沙丘城下寄杜甫〉）[65]
醉別復幾日，登臨徧池臺。何時石門路，重有金
樽開？秋波落泗水，海色月徂徠。飛蓬各自遠，
且盡手中杯。（〈魯郡東石門送杜二甫〉）[66]
棄我去者，昨日之日不可留。亂我心者，今日之
日多煩憂。長風萬里送秋雁，對此可以酣高樓。
蓬萊文章建安骨，中間小謝又清發。俱懷逸興壯
思飛，欲上青天攬明月。抽刀斷水水更流，舉杯
消愁愁更愁。人生在世不稱意，明朝散髮弄扁舟。
（〈宣州謝朓樓餞別校書叔雲〉）[67]

　　杜二甫即杜甫，杜甫在家中排行第二，故稱杜二甫。
〈沙丘城下寄杜甫〉與〈魯郡東石門送杜二甫〉，是現
存李白詩歌中，公認直接為杜甫而寫的二首。李白與杜
甫的交誼，為中國文學史上最珍貴的一頁，不勞贅述。
天寶四年（745）夏天，李、杜同遊齊、魯，詩酒唱和，

---

65 瞿蛻園等校注《李白集校注》卷十三〈沙丘城下寄杜甫〉。同註
　6，頁 836。
66 瞿蛻園等校注《李白集校注》卷十七〈魯郡東石門送杜二甫〉。
　同註 6，頁 1000。
67 瞿蛻園等校注《李白集校注》卷十八〈宣州謝朓樓餞別校書叔雲〉。
　同註 6，頁 1077。

情同手足，同年秋天，杜甫前往長安，二人在魯郡的石門山（今山東省曲阜東北）分別。〈魯郡東石門送杜二甫〉乃臨別時李白送杜甫的贈別詩。他們依依不捨，通霄達旦，在月下凝看秋波流入泗水，一直到海上的晨光照亮遠方徂徠山。沙丘城（山東曲阜附近）則位於汶水之畔，為李白在魯中的寓地，李白送別了杜甫後，從充滿友情與歡樂的生活，獨自返回沙丘，閒居乏味，倍感孤寂，於是寫下〈沙丘城下寄杜甫〉。蕭瑟的古城，蒼老的樹木，夜風敲打著秋韻，萬葉千聲都化成思友之情，酒不能消愁，歌不能忘憂，一川浩蕩的汶水，日夜不息隨著杜甫悠悠南行。這兩首詩，都寫得樸質無華，一往情深，表達了詩人的深摯友誼。

　　〈宣州謝朓樓餞別校書叔雲〉是大家熟悉的李白佳作，詩題《文苑英華》作〈陪侍御叔華登樓歌〉，所以一般都據《文苑英華》校改。李華是當時著名的散文家，李白卒後，他曾撰〈故翰林學士李君墓志銘〉。天寶十一年（752）李華任監察御史，為諫官，又稱監察侍御史，簡稱「侍御」。此詩是天寶末年，李白在宣城（今安徽省宣城縣）期間餞別李華所作。對於這位能文善墨的好友，李白讚美其文學具有漢魏風骨，清新秀發。當時他們在南齊著名詩人謝朓所築的謝朓樓餞別，面對寥廓明淨的秋空，遙望萬里長風吹送鴻雁的景色，酒酣耳熱，主客雙方逸興、壯思飛揚，竟然想登上青天攬取明月，但是人生的高潔理想終究抵不過現實的黑暗，這對在精

神上遨遊馳騁的友人，還是感受到了理想與現實的矛盾
不可調合，於是詩尾選取消極避世的出路，散髮弄扁舟，
以逃隱做為解脫途徑。整首詩在秋的悲調裡另有豪邁雄
放的氣概。

> 江城如畫裏，山晚望晴空。兩水夾明鏡，雙橋落
> 彩虹。人烟寒橘柚，秋色老梧桐。誰念北樓上，
> 臨風懷謝公？（〈秋登宣城謝朓北樓〉）[68]
> 訪古登峴首，憑高眺襄中。天清遠峯出，水落寒
> 沙空。弄珠見遊女，醉酒懷山公。感嘆發秋興，
> 長松鳴夜風。（〈峴山懷古〉）[69]
> 牛渚西江夜，青天無片雲。登舟望秋月，空憶謝
> 將軍。余亦能高詠，斯人不可聞。明朝挂帆席，
> 楓葉落紛紛。（〈夜泊牛渚懷古〉）[70]

「謝朓樓」是南齊詩人謝朓任宣城太守時所建，又
名「謝公樓」、「北樓」，唐時改名「疊嶂樓」，為宣
城名勝，山環水抱之中，陵陽山崗巒盤屈，句溪和宛溪
縈迴映帶，在秋光漸老的蒼寒景色裡，李白獨自登覽古

---

68 瞿蛻園等校注《李白集校注》卷二十一〈秋登宣城謝朓北樓〉。
　　同註 6，頁 1254。
69 瞿蛻園等校注《李白集校注》卷二十二〈峴山懷古〉。同註 6，
　　頁 1296。
70 瞿蛻園等校注《李白集校注》卷二十二〈夜泊牛渚懷古〉。同註
　　6，頁 1314。

跡，懷念謝朓。謝朓字玄暉，乃南北朝時期極重要的詩人，與王融、沈約同為「永明體」[71]的代表作家，又與謝靈運並稱「二謝」，同為山水詩的奠基者。他運用新起的聲律，善於鎔裁而不流於淫靡，保持清綺俊秀的風格，在「遺理存異，尋虛逐微[72]」，形式主義與虛浮風氣瀰漫的六朝，自成清流。李白心往神馳，賦予他很高的評價，著重欣賞謝詩「清」、「清發」，也就是清新秀發、清秀清麗的格調[73]。李白集中緬懷他的作品很多[74]，例如：

　　三山懷謝朓，水澹望長安。蕪沒河陽縣，秋江正

71 南朝齊武帝永明年間，聲韻說大興，周顒作《四聲切韻》，沈約作《四聲譜》，於是四聲之名正式成立，應用於文學，創為四聲八病，詩文韻律日益嚴格，平仄講求日益精密，當日作品形成新面目，號曰永明體。《南史‧陸厥傳》：「吳興沈約、陳郡謝朓、瑯琊王融，以氣類相推轂，汝南周顒善識聲韻，約等文皆用宮商。將平上去入四聲以此制韻，有平頭、上尾、蜂腰、鶴膝。五字之中，音韻悉異；兩句之內，角徵不同，不可增減，世呼為永明體。」
72 李諤〈上高帝書〉：「江左齊梁，其弊彌甚，貴賤賢愚，惟務吟詠。遂復遺理存異，尋虛逐微，競一韻之奇，爭一字之巧。連篇累牘，不出月露之形；積案盈箱，唯是風雲之狀。」指出南朝文學內容空虛，追求形式。
73 〈宣州謝朓樓餞別校書叔雲〉：「蓬萊文章建安骨，中間小謝又清發。」〈送儲邕之武昌〉：「詩傳謝朓清。」王運熙〈李白推重謝朓詩〉：「清發，清新秀發，即清秀、清麗之意。」該文收入茆家培、李子龍主編《謝朓與李白研究》，北京：人民文學出版社，1995年，頁57。
74 文中所舉皆為「秋詩」，此外如：〈三山望金陵寄殷淑〉、〈姑熟十詠‧謝公宅〉、〈送儲邕之武昌〉、〈宣州謝朓樓餞別校書叔雲〉、〈酬殷明佐見贈五雲裘歌〉、〈贈宣城宇文太守兼呈崔侍御〉等，詩多不舉。

北看。盧龍霜氣冷，鵑鵠月光寒。耿耿憶瓊樹，
天涯寄一歡。（〈三山望金陵寄殷淑〉）[75]

金陵夜寂涼風發，獨上高樓望吳越。白雲映水搖
空城，白露垂珠滴秋月。月下沈吟久不歸，古來
相接眼中稀。解道澄江靜如練，令人長憶謝玄暉。
（〈金陵城西樓月下吟〉）[76]

天上何所有？迢迢白玉繩。斜低建章闕，耿耿對
金陵。漢水舊如練，霜江夜清澄。長川瀉落月，
洲渚曉寒凝。獨酌板橋浦，古人誰可徵？玄暉難再
得，灑酒氣填膺。（〈秋夜板橋浦泛月獨酌懷謝朓〉）[77]

謝亭離別處，風景每生愁。客散青天月，山空碧
水流。池花春映日，窗竹夜鳴秋。今古一相接，
長歌懷舊遊。（〈謝公亭〉）[78]

李白對謝朓的仰慕，除了詩歌成就的追求之外，也
包含對謝朓政治遭遇的憐惜，謝朓懷有遠大的理想抱
負，但終難濟時，無法自保，最後成了統治集團內部鬥

---

75 瞿蛻園等校注《李白集校注》卷十四〈三山望金陵寄殷淑〉。同
    註 6，頁 889-890。
76 瞿蛻園等校注《李白集校注》卷七〈金陵城西樓月下吟〉。同註
    6，頁 520。
77 瞿蛻園等校注《李白集校注》卷二十二〈秋夜板橋浦泛月獨酌懷
    謝朓〉。同註 6，頁 1302。
78 瞿蛻園等校注《李白集校注》卷二十二〈謝公亭〉。同註 6，頁
    1311。

爭的犧牲品[79]。李白也經歷政治打擊，領悟仕途險惡，在這種心境下，面對仰慕者留下的遺跡，追思遐想，感慨良多，於是謝朓便成為李白的千古知音。

〈峴山懷古〉是開元十五年（727）李白登臨峴山所作。峴山在今湖北襄陽縣南，又名峴首山，晉羊祜鎮襄陽，時常觴詠於此，曾對人說：「由來賢達勝士登此遠望，如我與卿者多矣，皆湮沒無聞，使人悲傷。如百歲後有知，魂魄猶應登此也。[80]」及羊祜卒，襄陽人在山上立碑紀念，見到碑的人往往流淚，名為「墮淚碑」。至於詩中所謂「弄珠見遊女，醉酒懷山公」，首先是說鄭交甫出遊河濱遇二仙女的神話，鄭交甫與仙女邂逅甚歡，仙女賜給他環珮[81]。山公則是山簡故事，山簡晉河內懷人，字季倫，竹林七賢山濤的幼子，有乃父之風，永嘉中累官尚書左僕射，領吏部，尋出為征南將軍，也鎮守襄陽，豪族習氏有佳園池，山簡時常往遊，酣酣大醉，倒著白帽騎馬而回，兒童為之歌謠：「山公出何許？往至高陽池。日夕倒載歸，茗艼無所知。復能乘駿馬，

79 家培、李子龍主編《謝朓與李白研究》，茆家培〈序〉主張李白對謝朓的仰慕有二：其一是出自對謝朓詩的仰慕，其二是對謝朓政治遭遇的憐惜。本文沿用其意。
80 《晉書·羊祜傳》。《晉書》卷三十四列傳四。臺北：鼎文書局，1971 年，頁 1020。
81 《文選》張衡〈南都賦〉：「遊女弄珠於漢皋之曲。」李善注：「《韓詩外傳》曰：鄭交甫將南適楚，遵彼漢皋台下，乃遇二女佩兩珠，大如荊雞之卵」同註 1，頁 70。

倒著白接籬。[82]」李白初遊襄陽，吟今懷古，寫下了這首〈峴山懷古〉。

〈夜泊牛渚懷古〉的「牛渚」即有名的「采石磯」，安徽當塗西北緊臨長江的一座山。本題下有原注云：「**此地即謝尚聞袁宏詠史處。**[83]」按《晉書‧文苑傳》及《世說新語‧文學》，袁宏少時孤貧，運租為業，鎮西將軍謝尚鎮守牛渚，秋夜乘月泛江，聽到袁宏在運租船上諷誦自己的詠史詩，非常讚賞，遣人問訊，於是邀袁宏過船談論，直到天明，因為謝尚的推譽，袁宏從此聲名大噪，題中所謂「懷古」，即指此事。這件歷史故事，表現一種令人嚮往追慕的美好關係，對文學的愛好和對才能尊重，是不會因為貴賤懸隔而妨礙心靈的相通。李白舊地重遊，望月懷古，觸發了聯想，自己雖像袁宏那樣富有才華，而像謝尚那樣的人物卻無從尋覓，蘊含著世無知音的深沈感喟。

（二）淡化悲秋

「悲」是傳統文學對秋的看法，上述秋詩無論體裁類別，總帶著感傷和愁苦。秋天果真如此悲情嗎？吳經

---

82 《晉書‧山濤傳》附山簡傳。《世說新語‧任誕》：「山季倫為荊州，時出酣暢，人為之歌曰：『山公時一醉，逕造高陽池。日莫倒載歸，茗芋無所知。時復乘駿馬，倒箸白接籬。舉手問葛彊：何如并州兒？』高陽池在襄陽，彊是其愛將，并州人。」劉正浩等《新譯世說新語》，臺北：三民書局，1996年，頁670。
83 瞿蛻園等校注《李白集校注》卷二十二〈夜泊牛渚懷古〉。同註6，頁1315。

熊《唐時四季》：「秋，有兩個方面，一是無限的感傷，一是成熟的智慧。[84]」季節是多面的，換轉觀時態度，秋天也富於清、幽、雅、疏、曠等韻味，可愛可賞。李白二百餘首的秋詩中，除去淒切的哀弦外，多數篇什已經褪去宋玉式的強烈痛苦，表達秋季特殊的幽靜閒雅之意趣，以及詩人愛賞怡悅之心情。下列幾首形制短小的詩句，即是如此：

> 洞庭西望楚江分，水盡南天不見雲。日落長沙秋色遠，不知何處弔湘君。（〈陪族叔刑部侍郎曄及中書賈舍人至遊洞庭〉之一）[85]
>
> 南湖秋水夜無烟，耐可乘流直上天。且就洞庭賒月色，將船買酒白雲邊。（〈陪族叔刑部侍郎曄及中書賈舍人至遊洞庭〉之二）[86]
>
> 洞庭湖西秋月輝，瀟湘江北早鴻飛。醉客滿船歌白苧，不知霜露入秋衣。（〈陪族叔刑部侍郎曄及中書賈舍人至遊洞庭〉之四）[87]
>
> 帝子瀟湘去不還，空餘秋草洞庭間。淡掃明湖開

---

84 吳經熊著，徐誠斌譯《唐詩四季》作者自序。臺北：洪範書店出版，1980 年，頁 3。

85 瞿蛻園等校注《李白集校注》卷二十〈陪族叔刑部侍郎曄及中書賈舍人至遊洞庭〉之一。同註 6，頁 1194。

86 瞿蛻園等校注《李白集校注》卷二十〈陪族叔刑部侍郎曄及中書賈舍人至遊洞庭〉之二。同註 6，頁 1195。

87 瞿蛻園等校注《李白集校注》卷二十〈陪族叔刑部侍郎曄及中書賈舍人至遊洞庭〉之四。同註 6，頁 1196。

玉鏡，丹青畫出是君山。（〈陪族叔刑部侍郎曄及中書賈舍人至遊洞庭〉之五）[88]

剗卻君山好，平鋪湘水流。巴陵無限酒，醉殺洞庭秋。（〈陪侍郎叔遊洞庭醉後〉之三）[89]

　　以上五首，都是遊洞庭湖而寫的紀遊組詩，山光水色，親友相聚，秋天與秋景反成為美好的時間與空間。這位李白的族叔李曄，曾見於《舊唐書·李峘傳》[90]，李白譽其為「阮籍」，把他們的出遊說成「竹林宴」[91]。〈陪侍郎叔遊洞庭醉後〉由三首五絕組成，〈陪族叔刑部侍郎曄及中書賈舍人至遊洞庭〉由五首七絕組成。肅宗乾元二年（759）秋，李曄因事忤宦官李輔國，由刑部侍郎貶嶺南下尉，行經岳州（今湖南省岳陽），與李白相遇，時賈至亦謫居岳州，三人相約同遊洞庭湖，李白

88 瞿蛻園等校注《李白集校注》卷二十〈陪族叔刑部侍郎曄及中書賈舍人至遊洞庭〉之五。同註6，頁1196。

89 瞿蛻園等校注《李白集校注》卷二十〈陪侍郎叔遊洞庭醉後〉之三。同註6，頁1192。

90 《舊唐書·李峘傳》：「乾元二年，……鳳翔七馬坊押官先頗為盜，劫掠平人，州縣不能制，天興縣令知捕賊謝夷甫擒獲決殺之，其妻進狀訴夫冤。（李）國輔先為龍飛使，黨其人，為之上訴，詔監察御史孫瑩推之，瑩初直其事，其妻又訴，詔令御史中丞崔伯陽、刑部侍郎李曄、大理卿權三司與瑩同。妻論訴不已，詔令侍史毛若虛覆之，若虛歸罪夷甫，又言伯陽有情，不能質定刑獄，……伯陽貶端州高要尉，權獻郴州桂陽尉，鳳翔尹嚴向與李曄皆貶嶺下一尉。」

91 瞿蛻園等校注《李白集校注》卷二十〈陪侍郎叔遊洞庭醉後〉之一：「今日竹林宴，我家賢侍郎。三杯容小阮，醉後發清狂。」同註6，頁1191。

寫下了這些作品以紀其事。當時李白、李曄、賈至都蹭
蹬仕途，有志難伸，而李白也步入晚年，少壯不再，但
原型悲秋那種觸景生情、時間推移、感士不遇的哀調已
然掃卻，他們碧波泛月，開懷暢飲，心目之所接感，澄
澈如畫境，洞庭秋色在詩人筆下，足使人心曠神怡。

> 白鷺拳一足，月明秋水寒。人驚遠飛去，直向使
> 君灘。（〈賦得白鷺鷥送宋少府入三峽〉）[92]
> 白鷺下秋水，孤飛如墜霜。心閑且未去，獨立沙
> 洲旁。（〈白鷺鷥〉）[93]

　　以上兩首詠物的五言小詩，較上述五首描寫洞庭湖
的詩句更加澄澈，幽靜清新，精美雅緻。李白捕捉一個
風景的角落和片斷，刻畫山水的靜態，又注意到景物的
動態，詩情畫意，契合無間。詩中的秋景多麼輕微淡遠，
白鷺鷥的形象怡然自得，組成一幅墨色蕭疏的山水圖，
有神韻，有意境，天機無限，生趣盎然，充分反映了詩
人在澄靜心境下體會到的寧靜之美。這時他的筆致秀
逸，含吐不露，使人神遠，是絕句的極品，這類作品放
到王、孟一派的自然詩中，情調頗為相近。

---

92 瞿蛻園等校注《李白集校注》卷十八〈賦得白鷺鷥送宋少府入三
　　峽〉。同註 6，頁 1074。
93 瞿蛻園等校注《李白集校注》卷二十四〈白鷺鷥〉。同註 6，頁
　　1430。

我覺秋興逸，誰云秋興悲？山將落日去，水與晴
空宜。魯酒白玉壺，送行駐金羈。歇鞍憩古木，
解帶挂橫枝。歌鼓川上亭，曲度神飆吹。雲歸碧
海夕，雁沒青天時。相失各萬里，茫然空爾思。
（〈秋日魯郡堯祠亭上宴別杜補闕范侍御〉）[94]

放歌倚東樓，行子期曉發。秋風渡江來，吹落山
上月。主人出美酒，滅燭延清光。二崔向金陵，
安得不盡觴？水客弄歸棹，雲帆卷輕霜。扁舟敬
亭下，五兩先飄揚。峽石入水花，碧流日更長。思
君無歲月，西笑阻河梁。（〈送崔氏昆季之金陵〉）[95]

這是兩首為送別詩，宴送的杜補闕、范侍御、崔宗
之兄弟[96]，都是李白友人。秋季送別摯友，李白沒有兒
女霑襟，倒是豪情逸致、風調昂揚，在一片悲秋聲中，
偏說「我覺秋興逸」，對友人的懷念固然無盡，卻樂觀
曠達，以「笑」面對。李白把這種熱烈、奔放的主觀情

---

94 瞿蛻園等校注《李白集校注》卷十五〈秋日魯郡堯祠亭上宴別杜
補闕范侍御〉。同註 6，頁 895。

95 瞿蛻園等校注《李白集校注》卷十八〈送崔氏昆季之金陵〉。同
註 6，頁 1085。

96 范侍御，未詳。杜補闕，《容齋四筆》以為即杜甫，瞿蛻園《李
白集校注》以為非，詳見本詩評箋。崔氏昆季，瞿氏以當是崔
侍御宗之，字成甫，李白與崔氏詩篇甚多，如：〈贈崔侍御〉、
〈贈宣城宇文太守兼呈崔侍御〉、〈宣城九日聞崔四侍御與宇文
太守遊敬亭余時登響山不同此賞醉後寄崔侍御〉、〈寄崔侍御〉、
〈酬崔五郎〉、〈過崔八丈水亭詩〉等，卷十九還附載「左司郎
中崔宗之」作〈贈李十二〉。

緒熔鑄到詩句裡，於是詩的節奏明快，詩的色彩鮮明，「山將落日去，水與晴空宜」、「秋風渡江來，吹落山上月」，秋天的物色洋溢著個性和活力，和詩人歡樂的心情相映成趣。這種秋詩，不僅淡化了哀情，更轉「悲秋」為「樂秋」，如此一來，與原型悲秋真有天壤之別。

（三）省思悲秋

　悲秋既然如此多轉變，李白當然會省思季節究竟何物？對生命怎樣影響？這個體認，使他超越傳統個人式的感傷，而進入宇宙與人生哲學的境界。〈日出入行〉就是一首充滿哲思的詩篇：

> 日出東方隈，似從地底來。歷天又入海，六龍所舍安在哉？其始與終古不息，人非元氣，安得與之久徘徊？草不謝榮於春風，木不怨落於秋天。誰揮鞭策驅四運？萬物興歇皆自然。羲和！羲和！汝奚汩沒於荒淫之波？魯陽何德，駐景揮戈？逆道違天，矯誣實多。吾將囊括大塊，浩然與溟涬同科。（〈日出入行〉）[97]

　本詩在漢樂府為郊祀歌，名〈日出行〉，詠嘆日月無窮，人命獨短，於是幻想騎六龍成仙上天。李白這首

---

97 瞿蛻園等校注《李白集校注》卷三〈日出入行〉。同註 6，頁 267。

擬作，一反原詩本意，認為日月運行、四時變化，都是
自然規律的表現，人不能違反和超越，只能委順適應，
同自然融為一體，才符合天理人情。詩中運用許多遠古
神話：相傳太陽運行是由羲和駕御六龍，載著日神從東
駛西[98]；又相傳魯陽公與韓國作戰，正在十分激烈時，
已近黃昏，魯陽公援戈一揮，使太陽後退九十里[99]。李
白對於這些解釋自然現象的神話，提出強有力的反向詰
問，表示懷疑否認，直指其荒誕不可信。他說：「**草不
謝榮於春風，木不怨落於秋天。誰揮鞭策驅四運？萬物
興歇皆自然。**」因為根本不存在某個超自然的神，驅策
主宰四時節令，所以草木的繁榮和凋落，是自榮自落，
春暖花開，秋寒葉落，皆自然之道，榮不用感謝誰，落
也不用怨恨誰，此為全篇點題之核心。擁有這樣的思考，
人便能在能精神上苞羅萬有，而與宇宙天地並生齊一，
那麼季節的悲歡又從何而生呢？

> 列子居鄭圃，不將眾庶分。革侯遁南浦，常恐楚
> 人聞。抱甕灌秋蔬，心閒遊天雲。每將瓜田叟，
> 耕種漢水濱。時登張公洲，入獸不亂羣。井無桔
> 橰事，門絕剌繡文。長揖二千石，遠辭百里君。

98　《初學記》引《淮南子》：「爰止羲和，爰息六螭。」注：「日
　　乘車駕以六龍，羲和御之，日至此而於虞淵，羲和至此而迴。」
　　六螭，即六龍。

99　《淮南子‧覽冥訓》：「魯陽與韓搆難，戰酣暮，援戈而撝之，
　　日為之反三舍。」劉文典《淮南鴻烈集解》卷六，臺中：曾文出
　　版社，1975年，頁89。

斯為真隱者，吾黨慕清芬。（〈贈張公洲革處士〉）[100]
月色不可掃，客愁不可道。玉露生秋衣，流螢飛
百草。日月終銷毀，天地同枯槁。蟪蛄啼青松，
安見此樹老？金丹寧誤俗，昧者難精討。爾非千
歲翁，多恨去世早。飲酒入玉壺，藏身以為寶。
（〈擬古〉之八）[101]

　　上述二詩充滿遊仙和隱逸，遊仙與隱逸是中國的古
傳統，也是李白詩歌的另一個重心。唐朝是儒、釋、道
三教兼容並行的朝代，李白亦如此，儘管儒家積極用世
的進取精神，是其生命主導，但他也受道家的自由精神、
批判意識、超曠哲學薰陶，受道教、佛教出世哲學影響。
葛景春《李白與唐代文化》：「全面衡量李白的思想，
儒、道、釋各佔李白思想的一個重要側面。在政治觀方
面，儒家思想占據其主導地位；在詩歌審美觀方面，道
家的自由精神和自然美學觀及佛家玄遠詩風卻占據上
風；在人生理想方面，是儒、道結合；在人生哲學方面，
則是儒、道、釋的全面融合。這些思想是相互貫通，渾
然一體的。[102]」李白是變化而多體的天才，在其一生中，
隨著人生的遭遇和不同時期，各種思想也會有強有弱，

100　瞿蛻園等校注《李白集校注》卷九〈贈張公洲革處士〉。同註 6，
　　頁 663。
101　蛻園等校注《李白集校注》卷二十四〈擬古〉之八。同註 6，頁
　　1380-1381。
102　葛景春著《李白與唐代文化》，一、執著人生的入世夢。鄭州：
　　中州古籍出版社，1994 年。

互為補充。上引諸詩都濡染老莊哲學和道風,尤其在用世無成,有志難伸的窘境下,哲學反省賦予他不同的體悟,蠅頭利祿、蝸角功名,以及個人的種種坎坷和不幸,似乎可以嗤笑置之,寵辱皆忘,這時遊仙和隱邊遂成為一種開朗豁達的心靈解脫,充分發揮與伸展了他的自由個性和特立人格。

四、結　語

劉若愚曾說:「在中國詩裡,不僅看出一種時間中的敏銳的個人存在意識,而且也看出一種強烈的歷史感覺。[103]」李白二百多首秋詩,就是在特定的季節時間,以如椽大筆抒寫個人的觀察與感受,而這種觀察和感受則起源於文學歷史的回顧與分享,這是李白秋詩對歷史的繼承。然而傳統並未綑綁窒息他的才思,他昂首闊步,開疆闢土,透過以時間為軸線的思考法則,將觸角向四面八方伸張,突破個人式的感傷,擴大了悲秋文學的面向;同時,往上提昇,認清人類在季節流轉裡的究竟,因而使季節與季節感,跨入宇宙哲學的理境。職是之故,李白能在詩歌發展的歷史洪流裡,海闊天空、鳶飛魚躍,既「述」且「作」,集繼承與拓展於一身。總而言之,李白秋詩多采多姿,內涵深,影響大,實具有承先啟後之關鍵地位和重要性。

---

103 劉若愚著,杜國清譯《中國詩學》,中國人的一些概念與思想感覺的方式。臺北:幼獅出版社,1977年。

第六篇　清治時期臺灣祀典厲祭
── 姚瑩〈噶瑪蘭厲壇祭文〉

一、前　言

　　厲是孤魂野鬼，厲祭是對厲的撫慰和禳除。《禮記》天子七祀，天子祀泰厲、諸侯祀公厲、大夫祀族厲，士與庶人無。後世廢弛，禮俗互動之下，厲祭反依附民間俗信而流行。至明太祖詔令天下設厲壇以祭祀「無祀鬼神」，京都曰泰厲、王國曰國厲、府州曰郡厲、縣曰邑厲、里社曰鄉厲，厲祭重返國家祀典，但此時所祀對象只有地域不同絕無身份分殊，清代襲明制。清治臺灣，祀典厲祭隨政權與宦遊進入，姚門四傑的桐城派姚瑩在道光元年（1821）任噶瑪蘭通判，主持秋祠厲，創作〈噶瑪蘭厲壇祭文〉，儀式多與中國同，所祀對象則因應噶瑪蘭開發歷史而呈現臺灣的本土在地性，雖不脫官方的資治色彩，卻真誠呼籲族群和諧。本文的重點即：梳理中國厲祭的沿革，說明姚瑩來臺入蘭的始末，論述〈噶瑪蘭厲壇祭文〉的特殊內涵和意義。

二、「厲」釋義與「厲祭」沿革

　　厲祭傳統起源自原始宗教中的亡靈崇拜，是對厲的撫慰和禳除。中國人認為，人活著時有「魂」與「魄」兩種靈魂，人死亡之後，魂附氣為神，魄附形為鬼。孔穎達《左傳》正義：「〈郊特牲〉曰：『魂氣歸于天，形魄歸于地』，以魂本附氣，氣必上浮，故言魂氣歸于天；魄本附形，形既入土，故言形魄歸于地。聖王緣生事死，其祭，存亡既異，別為作名，改生之魂曰神，改生之魄曰鬼。[1]」人既死，生前的「魄」入於陰冥間，改稱「鬼」，所謂「鬼」即是「厲」。巡檢古籍，「厲」字本當作「癘」；段玉裁《說文解字》注：「凡經傳中訓為惡、訓為病、訓為鬼者謂『厲』，即『癘』之假借也。[2]」癘乃俗稱「痲瘋」的癩病[3]，世俗認為痲瘋為一種可怕的流行性傳染病，直到民國時代，罹患者仍遭受殘忍的社會疏離與家人遺棄，生前死後淒慘悲涼。

1　《左傳》昭公七年：「人生始化曰魄，既生魄，陽曰魂。」唐孔穎達正義。十三經注疏本《左傳》，臺北：藝文印書館，未著出版年，頁 764。

2　《說文解字》第 9 篇下：「厲，旱石也。」清段玉裁注。臺北：黎明文化事業，1974 年，頁 451。

3　痲瘋病（Leprosy）又稱麻風病、麻風病、癩病、癘風，醫學稱為「漢氏病」或「韓氏森病」（Hansens Disease），是由痲瘋桿菌及瀰漫型痲瘋分枝桿菌所引起的慢性傳染病，主要經由飛沫傳染，感染初期無症狀，潛伏期卻可長達五至二十年，會在神經系統、呼吸道、皮膚與眼部，出現肉芽腫（Granloma），導致患者失去痛覺感知的能力，四肢因反覆受傷而須部分截肢，同時造成虛弱與視覺等諸多問題。

　　傳統觀念將「厲」的本義引伸擴充，首先指因惡疾死亡之人；如《管子‧五行》：「旱札苗死，民厲。」注：「厲，疫死也。[4]」《黃帝內經‧素問‧至真要大論》：「毛蟲迺厲。」注：「謂疵厲疾疫死也。[5]」其次再引伸擴充，泛指鬼或惡鬼；如春秋時晉景公冤殺趙同、趙括，兩年後景公病疾，夢見披頭散髮的趙氏惡鬼，捶胸踊躍為子孫索命報仇，毀宮門又毀寢門，景公懼躲內室，又逼毀內室門，《左傳》成公十年，書曰：「晉侯夢大厲。」杜預即以「鬼」訓「厲」，孔穎達正義指出「必是枉死之祖也[6]」。《左傳》昭公七年，鄭子產亦說：「匹夫匹婦強死，其魂魄猶能依憑於人，以為淫厲。」杜預注：「強死，不病也。[7]」文公十年，楚范邑之巫矞似，預言成王、子玉、子西三人「將皆強死」，城濮之役戰敗，子玉自殺，子西自縊時繩斷未死，被封為商公，再拜官工尹，最終仍舊叛亂遭遇兵殺，孔穎達正義也說：「強，

―――――――――――

4 《管子‧五行》：「天子敬行政，旱札苗死民厲。」注：「札，夭死也；厲，疫死也。時當寬緩而乃急，故有旱札疫之災也。」王念孫：「『敬』當作『亟』，讀如『亟稱如水』之『亟』，『亟』數也。言天子數行急政，則有旱札之災也。」黎翔撰、梁運華整理《管子校注（中）》，北京：中華書局，2004年，頁880-881。

5 唐王冰次注《黃帝內經》，商務印書館，頁287。

6 《左傳》成公十年：「晉侯夢大厲，被髮及地，搏膺而踊曰：『殺余孫不義。余得請於帝矣。』壞大門及寢門而入，公懼入于室，又壞戶。」杜預注：「厲，鬼也；趙氏之先祖也。八年晉侯殺趙同、趙括，故怒。」孔穎達正義：「鬼怒言殺吾孫不義，必是枉死者之祖。」同註1，頁450。

7 《左傳》昭公七年，同註1，頁764。

健也；無病而死，謂被殺也。[8]」以上都不是常態的老病死亡。此外，無嗣乏祀的鬼魄，也被歸類於厲，如《楚辭・九章・惜誦》：「吾使厲神占之兮。」王逸注：「厲神，蓋殤鬼也。[9]」《小爾雅》：「殤，無主之鬼。[10]」《莊子・人間世》：「國為虛厲。」《釋文》：「死而無後為厲。[11]」綜述之，舉凡異常死亡、不得善終、冤死枉死、兵燹喪命、無人埋葬、無人祭祀的亡魂等，皆統括謂之「厲」。

發展流變至後世，厲的涵蓋範圍愈廣泛。總體看來，以「強死橫死」和「無後乏祀」為核心重點。臺灣民間信仰認為有家奉祀的鬼叫「有緣鬼魂」，無家奉祀的鬼叫「無緣鬼魂」，又稱「孤魂野鬼」，這些無主的孤魂野鬼，因為沒有家屬奉祀，流落陽間，為非作歹，有時索取冥鈔或食物，有時甚至作祟危害世人，成為「厲」、

8　《左傳》文公十年：「初楚范巫矞似，謂成王與子玉、子西，曰：『三君皆將強死。』城濮之役，王思之，故使止子玉曰『毋死』，不及。止子西，子西縊而縣絕，王使適至，遂止之，使為商公。沿漢江泝江，將入郢。王在渚宮下見之，懼而辭曰：『臣免於死，又有讒言謂臣將逃，臣歸死於司敗也。』王使為工尹。又與子家謀弒穆王，穆王聞之，五月殺鬭宜申及仲歸。」鬭宜申，即子西。同註 1，頁 322。

9　《楚辭・九章・惜誦》：「昔余前登天兮，魂中道而無杭，吾使厲神占之兮，曰：『有志極而旁，終危獨以離異。』」王逸注。洪興祖《楚辭補註》，臺北：藝文印書館，1974 年，頁 208。

10　《小爾雅》卷四〈廣名〉。

11　《莊子・人間世》：「昔者堯攻叢枝、胥敖，禹攻有扈，國為虛厲，身為刑戮，其用兵不止，其求實無已。」唐陸德明《釋文》：「宅無人曰虛，鬼無後曰厲。」郭慶藩輯《莊子集釋》，臺北：河洛圖書出版社，1974 年，頁 140。

「厲鬼」。民間同情這群四處遊蕩的孤魂野鬼，建立祠廟、收埋骸骨，加以祭祀，名曰「有應公」。因地域或習慣的不同，另有種種別稱，如大眾爺、金斗公、義民爺、老大公、有英公、大墓公、百姓公、萬恩主、萬善爺、普渡公、大家祠、無嗣陰公、萬善同歸等；若為女性，則叫有應媽、萬聖媽、聖媽、大眾媽等；其實都是同一性質的亡靈，其中以「有應公」和「萬善爺」最通行，學界一般以「有應公」概稱之。民眾相信既然鄉民善心收理，那麼有應公、有應媽理應「有求必應」，幫助、保祐鄉人，因此厲祀衍成臺灣普遍而特殊的信仰。

　　為研究方便故，民俗學者歸納整理出厲的類型，李豐楙將臺灣信仰中的神鬼分為兩組對立結構：「自然與非自然」／「正常與非正常」；前者由死亡原因界定，年齡（得享天年）、處所（死得其所，如壽終正寢、內寢）、狀態（形軀完俱）三者備俱者為正常，反之，夭亡、橫逆、形殘之類為非正常；後者由處理方式界定，凡喪葬祭祀依禮成神、由奠而祭者為正常，反之，喪葬未得妥切安置、無後代子孫祭拜者為非正常；厲就是針對「非常死者」與「非自然死者」而言[12]。林富士也從死亡原因，析厲鬼為四類：（1）族群戰爭下的犧牲者；（2）兵戈擾攘下的亡魂；（3）大自然反噬下的死者；

---

12 參見李豐楙〈行瘟與送瘟──道教與民眾瘟疫觀的交流與分歧〉，臺北：漢學研究中心編《民間信仰與中國文化國際研討會論文集》，1994 年，頁 373-422。

（4）被遺棄與遺忘的死者。[13]都足以幫助我們瞭解臺灣民間厲信仰對象的內容及來源。

其實，厲鬼信仰為中國的固有信仰，厲祭原本屬於官方祀典，可以遠溯二、三千年前。《禮記・祭法》記載，姬周之時，天子為群姓立七祀：司命、中霤、國門、國行、泰厲、戶、竈；諸侯為國立五祀：司命、中霤、國門、國行、公厲；大夫立三祀：族厲、門、行；庶士及庶人立一祀：或戶、或竈[14]。其中，天子、諸侯、大夫都必須依規訂祭厲，孔穎達對於這些規訂有相當清楚的解釋，正義曰：

> 泰厲者，謂古帝王無後者也，此鬼無所依歸，好為民作禍，故祀之也。……公厲者，謂古諸侯無後者，諸侯稱公，其鬼為厲，故曰公厲。……族厲者，謂古大夫無後者鬼也；族，眾也；大夫眾多，其鬼無後者眾，故言族厲。[15]

鬼因無後而無所歸，無主復無祀，故而演展出祭厲的

13　參見林富士《孤魂與鬼雄的世界：北臺灣的厲鬼信仰》第三章「有求必應，萬善同歸」。臺北：臺北縣文化中心，1995年，頁23-59。

14　《禮記・祭法》：「王為群姓立七祀：曰司命、曰中霤、曰國門、曰國行、曰泰厲、曰戶、曰竈；王自為立七祀。諸侯為國立五祀：曰司命、曰中霤、曰國門、曰國行、曰公厲。大夫立三祀：曰族厲、曰門、曰行。庶士庶人立一祀，或立戶，或立竈。」十三經注疏本《禮記》，臺北：藝文印書館，未著出版年，頁801。

15　同註14，頁802。

行為，將無後的古代帝王、諸侯、大夫，交付各層級的
執政者去祭祀；王所立曰「泰厲」，指古帝王之無後者；
諸侯所立曰「公厲」，指古諸侯之無後者；大夫所立曰
「族厲」，指古大夫之無後者。此時，厲祭具有嚴格的
等級性，只能由陽世間相應身份者進行祭祀，如劉永華
所說：「『七祀』是貴族祭祀的超自然對象之一類，在
《禮記》所述封建體系中，祭祀的對象和數量是與祭祀
主體的等級相關的。」、「值得注意的是，大夫之下的
士和庶人沒有對厲的專門祭祀，因此他們跟厲祭本來是沒
有關係的。[16]」地位較低的庶士與庶人，於此祭祀體系無
相應位置，生前沒有資格祭厲，死而無後也不得血食。

　　《禮記》以下，歷代各朝並未謹慎遵循古制。漢代
只有「五祀」無「七祀」，所祀對象為：戶、竈、門、
井、中霤，厲祭不預焉。西晉泰始二年（266），有司奏
請祠厲殃及禳祠，武帝詔曰：「不在祀典，除之。[17]」
東晉隨制，故《晉書》說：「江左以來，不立七祀。[18]」

---

16 陳永華〈從鄉厲到無祀：基於閩西四堡的考察〉，《民俗研究》
　　第 6 期（總第 124 期），2015 年 6 月，頁 68。

17 《晉書‧禮志（上）》：「武帝泰始元年十二月，詔曰：『昔聖
　　帝明王脩五嶽四瀆，名山川澤，各有定制，所以報陰陽之功故。
　　也然以道涖天下者，其鬼不神，其神不傷人，故祝史薦而無媿辭，
　　是以其人敬慎幽冥而淫祀不作。末世信道不篤，僭禮瀆神，縱欲
　　祈請，曾不敬而遠之，徒偷以求幸，襖妄相煽，舍正為邪，故魏
　　朝疾之。其案舊禮具為之制，使功著於人者必有其報，而襖淫之
　　鬼不亂其間。』二年正月，有司奏春分祠厲殃及禳祠，詔曰：『不
　　在祀典，除之。』」臺北：鼎文書局，1980 年，頁 156。

18 《晉書‧禮志（上）》：「《禮》，王為群姓立七祀，……漢興，

唐、宋雖立七祀，卻依附太廟祭禮，祫或禘時遍祭七祀，頗失整飭。另一方面，本不具祭屬資格的庶民，胥求平安而盛行祭屬，鄭玄《禮記・祭法》注：「今時民家，或春秋祠司命、行神、山神、門、戶、竈在旁；是必春祠司命，秋祠屬也，或者合而祠之。山即屬也，民惡言屬，巫以屬山為之。[19]」可見漢代尋常百姓的無主亡魂，已由大眾百姓祭拜，不會乏人照料；唯官方多視之愚夫愚婦涉於淫諂，非禮之正，貶諸「淫祀」。官方既不行屬祭，祀典祭屬乃以「依附淫祠」的方式變相流行，宋人岳珂《愧郯錄》：「古有七祀，於前代帝王、諸侯、卿、大夫之無後者，皆致祭焉，謂之泰屬、公屬、族屬。今絕無舉行者，故此等無依之屬，勢或出於依附淫祠，殆無足怪。[20]」所說內容就是禮下庶民、禮俗互動的實況現象，屬的祭祀民俗化了。

　　明太祖洪武三年（1370），屬祭有了大轉變，太祖下令設立「屬壇」，以祭祀「無祀鬼神」。「無祀鬼神」即無主之鬼，前文所述無人祭祀的孤魂野鬼，這些沒有

高帝亦立靈星祠，及武帝，以李少君故始祠灶，及生戾太子始立高禖。《漢儀》云：『國家亦有五祀，有司行事。』其禮頗輕於社稷，……元康時洛陽猶有高禖壇，百姓祠其旁，或謂之落星，是後諸祀無聞，江左以來，不立七祀，靈星則配饗南郊，不復特置焉。」同註 17，頁 156。

19 《禮記・祭法》：「諸侯為國立五祀：曰司命、曰中霤、曰國門、曰國行、曰公屬。大夫立三祀：曰族屬、曰門、曰行。庶士庶人立一祀，或立戶，或立竈。」鄭玄注。同註 14，頁 802。

20 岳珂《愧郯錄》卷 12〈古今祠屬〉。臺北：商務印書館，1983年，頁 107。

後嗣、乏人拜祭，特別是其中「非正常」、「非自然」死亡，如冤死、橫死、陣亡等鬼魂，最易作祟為厲，對人間活動進行干預。元、明之際，戰連禍結，兵革之餘，死而無後者數量極多，明太祖悲憫其魂靈無所倚賴，令禮部議行「祭無祀鬼神」。禮部遵旨集議，於京都、王國、各府、州、縣，及里社皆祭之；京都謂之「泰厲」，王國謂之「國厲」，府、州謂之「郡厲」，縣謂之「邑厲」，里社謂之「鄉厲」。初立之時，泰厲、國厲、郡邑厲皆一年兩祭，春以清明，冬以十月初一，鄉厲則一年三祭，春以清明後三日，秋以七月十五日，冬以十月三日；其後有所變更，府、州、縣、里皆一年三祭，分別於清明、七月十五日、十月一日舉行。《明史‧禮志》：

> 泰厲壇祭無祀鬼神，《春秋傳》曰：「鬼有所歸，乃不為厲。」，此其義也。〈祭法〉，王祭泰厲，諸侯祭公厲，大夫祭族厲。〈士喪禮〉：「疾病禱於厲。」，鄭注謂：「漢時民間皆秋祭祠厲。」，則此祀達於上下矣，然後世皆不舉行。洪武三年定制，京都祭泰厲，設壇玄武湖中，歲以清明及十月朔日遣官致祭。前期七日，檄京都城隍；祭日，設京省城隍神位於壇上，無祀鬼神等位於壇下之東西；羊三、豕三、飯米三石。王國祭國厲，府州祭郡厲，縣祭邑厲，皆設壇城北，一年二祭如京師。里社則祭鄉厲。後定郡邑厲、鄉厲，皆以清明日、七月十五日、十

月朔日。[21]

上自「都城、省、府」，下迄「州、縣、里」，從中央到地方，各級政府轄區都設厲壇，按照國定祭祀日祭享，長期流行於民間卻被官方忽略的厲祭，再度固定成為祀典所列的祭祀對象之一。這是中國歷史上，首次將厲祭推植鄉間，得以規範化和普遍化，重新建構起相對應的厲壇體系和禮儀秩序。相對於古祀典厲制而言，明太祖因革損益，繼承兼創意，《禮記・祭法》所定泰厲、公厲、族厲，帶著鮮明的身份性等級差別，明太祖所定厲祭雖也有等級差別，卻是屬於「地域性」而非「身份性」，其中泰厲普祀天下無祀鬼魂，其他國厲、郡厲、邑厲、鄉厲各祀其本地的無祀鬼魂，所祭祀的對象絕無身份階級的分殊差異。

清代大約入關不久即沿襲明制，少有更動。《清史稿・禮志》：「祭厲，明制，自京師迄郡、縣，皆祭厲壇。……順治初，直省府、州、縣，設壇城北郊，歲以清明日、七月十五日、十月朔日，用羊豕三、米飯三石、香燭、酒醴、楮帛，祭本境無祀鬼神，府曰郡厲，縣曰邑厲。[22]」康熙二十二年（1683）臺灣納入清版圖，二十三年（1684）行政區劃分一府三縣：臺灣府、臺灣縣、諸羅縣、鳳山縣；祀典厲祭遂隨著統治權移入。

21　《明史・禮志（四）》。臺北：鼎文書局，1979 年，頁 350。
22　《清史稿・禮志（三）》。臺北：洪氏出版社，1981 年，頁 2551。

三、姚瑩「來臺」與「入蘭」

　　姚瑩，字石甫，一字明叔，以十幸名齋，自號十幸翁，晚號展和，生於清乾隆五十年（1785），卒於咸豐二年（1852），安徽省桐城東鄉之麻溪人。桐城麻溪姚氏在清代仕宦者多，皆卓有政績。姚瑩為麻溪姚氏的第十八世孫，嫡系上溯姚文然，為清初名臣，與魏象合稱「姚魏」，極負清望。姚文然第四子姚士基任知縣，士基次子姚孔鐩，姚孔鐩傳姚範，姚範傳姚斟元，再傳姚騤，即姚瑩父親。姚範官至翰林院編修，同鄉劉大櫆相友善，共同師事桐城派開山祖方苞，關心性命之學，經國濟世，學者號曰薑塢先生。姚斟元開始，家道中落，負債貧乏，然而姚氏父子仍秉傳統風家，用功問學，耿介不從流俗，姚斟元主講於粵東香山書院，姚騤遊幕三十餘年，行政經驗豐富，影響姚瑩的為官做人。

　　桐城派至姚鼐大盛，姚瑩是其姪孫，受學門下，奮發自勵，列名「姚門四傑」之一[23]。嘉慶十年（1805），在姚鼐資助下，至安慶府參加府試，取得第一名，進入府學為附生。十二年（1807）中鄉試，明年（1808）中進士，又明年（1809）兩廣總督百齡邀請入幕。當時東南沿海洋盜縱橫，百齡銳意捕盜，變鹽運由陸路，硝磺

---

23 清桐城古文派，以方苞、劉大櫆、姚鼐為三祖，方苞為創始人，到姚鼐形成有力運動。姚鼐晚年主講鍾山書院，蔚為一代文宗，弟子梅曾亮、管同、方東樹、姚瑩合稱「姚門四傑」各地傳授師說，稱揚標榜，於當日文壇影響甚大。

各廠改商營為官營，嚴禁食糧與火藥入海接濟；洋盜受迫，登岸掠奪，百齡派人撫勸，盜首先後投降，巨盜張保受朝廷冊封。百齡志得意滿，幕客紛紛以詩文歌頌功德，唯獨姚瑩憂慮不已，認為肅清洋盜後遺症大，同時：「保騷害七郡，仇怨甚多，留此必為怨家所殺，釋治兩不便。且四時之序，成功者退，盍暫息肩乎？[24]」百齡聽納建言，十六年（1811）稱病離開兩廣。姚瑩轉赴香山，主講欖山書院。十七年（1812）至程鶴樵學使公署授經，程學使離任後，再轉赴從化令王蓬壺署中任教。

嘉慶二十一年（1816），姚瑩脫離遊幕和教學的生活，奉朝命出任福建省平和知縣；二十三年（1818）調龍溪知縣。平和、龍溪隸屬漳州，兩地都械鬥成習、盜風熾厲，造成大量訟案糾纏不清，極其難治。姚瑩便宜行事，推行治亂國用重典、嚴捕誅除強暴的政策，親自到民間考察民隱，訊問罪狀，樹立官府的威儀。逮治安稍戢後，每月朔望擇地宣講聖諭，招集紳民聽訓，並且自捐養廉，提倡重建學舍，振興教育，變化悍俗。故而初仕閩中三年，政績顯赫，閩浙總督董教增嘉勉為「閩吏第一」[25]。

---

24 姚濬昌《姚瑩年譜》「（嘉慶）十五年，庚午，府君年二十六歲」，《中復堂選集》附錄二。臺灣文獻叢刊第 83 冊，臺北：臺灣銀行經濟研究室，1960 年，頁 237。

25 姚濬昌《姚瑩年譜》「（嘉慶）二十二年，丁丑，府君年三十三歲」：「時，閩督為董文恪公（教增），深器府君。嘗稱為閩吏第一，屢見訪以大政。」《中復堂選集》附錄二。同註 24，頁 240。

　　嘉慶二十四年（1819），姚瑩調任臺灣縣知縣兼理海防同知，第一次來到臺灣，父親姚騤陪同。抵臺後，姚瑩戮力從事，政教軍事頗具成果。道光元年（1821），由於和臺灣道葉世倬意見相左，貶調噶瑪蘭通判。入蘭甫一年，因龍溪任內，整飭吏治、急切直言，招來側目忌妒，有人彈劾他獲盜卻無勘報，被判罪革職。姚瑩內渡，姚騤病逝於鹿耳門舟中，境況窘困，而臺人愛之，群走道府乞留，奔哭者數十里。

　　道光三年（1823），舊交方傳燧出任臺灣知府，延攬姚瑩做門下幕客，姚瑩第二次來到臺灣。方傳燧字穎齋，亦是安徽桐城人，姚瑩實心任事，知無不言，言無不盡，上呈〈臺灣班兵議〉、〈籌議商運臺穀〉、〈埔裏社紀略〉、〈改設臺北營制〉等，反對廢班兵、廢商運臺穀，分析埔裏開社利弊，建議二十則噶瑪蘭規制等，無不鞭闢入裡、切中肯綮，方傳燧多所接納。道光四年（1824），參與許尚、楊良彬之平亂，有功受賞。明年（1825），姚瑩與方傳燧具調官內地，留京師一載，繼而任武進、元和等地知縣，在水鄉澤國的江南，處理不少水運、河道問題。

　　道光十七年（1837）九月，姚瑩職兩淮鹽運司，諭令接任臺灣道；十八年（1838）四月，姚瑩肩負重擔，第三次抵達臺灣，時年五十四歲。此時臺灣疲弊極矣，官民交困，人情洶洶，姚瑩預料必將發生叛變。鑒於臺灣的游民眾多而錯處，遇亂即與匪勾結，生非滋事，貽

禍嚴重，遂下令實施「聯莊養民」，要求各莊的總理董
事清查收編游民，造具名冊，除逆匪劫盜及人命正兇必
當懲治外，允許其改過自新，既往不究，再由各莊派出
公費，供給飯食，壯者作為團練莊丁，弱者任為僱工。
俄而鳳山、嘉義、彰化等地謀逆蜂起，姚瑩南中北三路
督飭，調度指揮，迅速平定。

　　道光十九年（1839）十一月，兩廣總督林則徐在廣
州厲行禁煙，停止英國貿易，中英兩國瀕臨戰爭，清廷
命沿海各督府嚴加防範。二十年（1840），鴉片戰爭正
式爆發，六月，英艦由廣州北上砲轟廈門，再北進定海，
挺至天津，舉國震驚。英人垂涎臺灣已久，自道光四年
（1824）到十三年（1833），英船經常往來鹿耳門、雞
籠（今基隆）、滬尾（今淡水）之間，以出售鴉片並收
購樟腦牟利；道光四年（1824）更在海岸進行測繪，歷
時六月；斯時於方傳穟門下為幕客的姚瑩，就曾慮英人
起異謀。鴉片戰爭開打，英船出沒閩海，六月中旬，一
艘雙桅英艦在鹿耳門外洋窺伺，姚瑩立即出示封港，傳
集郊商船總面諭；一面飛飭部將巡緝各口，一面派水師
護協駕駛兵艦攔擊，分左右中三路防堵，英艦才轉篷駛
向西南大洋逸去。

　　鹿耳門事件透顯出外患危機，姚瑩呈報福建督撫〈上
督撫言防夷急務狀〉[26]，將所辦不可緩的急務分七條陳

26 參見姚瑩〈上督府言防夷急務狀〉，七事為：募壯勇以貼兵防、
　派兵勇以衛砲墩、練水勇以鏖夷船、習火器以焚賊艘、造大艦以

說，請嘉義出身的在籍水師名將王得祿，會同鎮、道協守。同時審析敵我情勢，判定「以守為戰」策略，堅定守口守岸，設置砲臺砲墩。於是姚瑩親歷諸口岸，從南赴北，直達雞籠，所到之地，詳細考察，逐次勘辦，經由臺灣鎮總兵達洪阿、提督王得祿等諮商，同心協力，擘擬防衛計劃，定稿〈臺灣十七口設防圖說狀〉[27]，將臺灣綿亙一千四百餘里的海岸線，選擇最要、次要海口，決定砲墩、砲兵、駐守人員，妥善預備。相度雞籠的地理環境，在二沙灣築砲墩八座、設大小砲位十個，在三沙灣築砲墩八座；次年（道光二十一年，1841），再將二沙灣砲墩改為石砲臺，左右添築石牆，以期鞏固；這是二沙灣與三沙灣砲臺初建的最早文獻紀錄。

　　道光二十一年（1841）八月，英艦入侵雞籠，納布達號（Nerbuda）進港，轟擊二沙灣砲臺，艋舺營參將邱鎮功等率官兵鄉勇，在二沙灣將安防大砲緊對英艦連續發砲反擊，淡水同知曹謹等亦在三沙灣砲臺放砲接應，英艦竿折索斷，退出海口，觸礁擊碎，死傷被擒者不計其數，又撈獲英砲、大小砲子、鐵椗、大鐵鈎、地圖、書籍等戰利品，成績輝煌。奏達京師，宣宗大喜，立刻賞賜姚瑩、達洪阿戴雙眼花翎，所有出力人員交部從優

備攻戰、雇快船以通文報、添委員以資防守。《中復堂選集・東溟文後集》卷4，同註24，頁67-72。

27　參見姚瑩〈臺灣十七口設防圖說狀〉，《中復堂選集・東溟文後集》卷4，同註24，頁74-84。

議敘，並由福建撥銀三十萬接濟，令飭在事文武，添兵派勇，嚴密防範英人再犯。

九月五日，英軍由萬人堆放入小船，聲明以每名戰虜百元洋銀做代價，尋求納布達號被俘的英人與印度傭兵黑夷，真正目標則在刺探虛實，預計用兵。逡巡至十三日早上，開始發動攻勢，兵分兩路，一路直撲二沙灣砲臺，另一路從三沙灣鼻頭山登陸，火砲齊出，來勢凶狠。清軍立刻迎戰，雙方交鋒激烈，纏鬥到黃昏，清軍擊斃英人，擄獲砲器，但雞籠砲臺的石壁亦被攻破，二沙灣及三沙灣的兵房焚燬，哨船延燒。危急之時，適值各地團練雲湧趕抵雞籠，清陣營大振，兵勇合作，齊心禦侮，英人迭遭重創，寡不敵眾，十四日午時，終於潰逃飄竄外洋，第二次侵臺宣告失敗。

翌年（道光二十二年，1842）三月，英艦安因號（Brigg Ann）不敢復攻雞籠，轉向大安口游奕，被誘入土地公港，觸礁擱淺，清軍乘勢奮擊，第三次報捷；此後英艦勾結匪船，陸續在滬尾、鹿港、彰化、打鼓（今高雄）、琅嶠（今恆春）等處騷擾，終不能得逞。臺灣成為鴉片戰爭以來，中國唯一獲得勝利的戰場。姚瑩獲賞世襲雲騎尉，達洪阿獲賞世襲騎都尉。

幾次戰役，共虜獲英俘約二百餘名，姚瑩奏請取供、就地正法，宣宗核准照議辦理。閩浙總督怡良擔心引起英國報復，要求姚瑩將英俘解省，姚瑩斷然拒絕。〈覆怡制軍言夷事書〉：「夷性畏強欺弱，我擒其人，久而

不殺，是示之弱也。」、「兩軍對仗，勢必交鋒，非我
殺賊，即賊殺我，乃先存畏彼報復之見，何以鼓勵士氣
乎！[28]」除顛林（F.A.Danlian）等九名暫行禁錮，以及
在禁中病死的三十六名不論外，其餘一百三十九名戰俘
均予處斬。

　　英人侵臺一再失利，但卻連續攻陷上海、鎮江，闖
進長江，進逼南京，清廷被迫乞和，道光二十二年（1842）
八月簽訂喪權辱國的「南京條約」十三款。根據條約第
八款，戰爭期間拘禁的英人應予以釋放，英沙邊號
（Serpent）船長爾夫（W.Nevel），九月、十月兩次來
安平投遞索俘；英方全權公使僕鼎查（HeryPottinger）
在廈門張貼告示抗議，照晤江浙閩粵四省大吏，謂納布
達號、安因號等均係遭風商船，遇害之人並非軍人，只
是船員逃生上岸，姚瑩、達洪阿卻妄稱接戰捕獲，冒功
捏奏，混行殺戮，難民二百八十三人慘被凌虐死亡，請
會奏懲處。消息傳回英國，英人主張立刻採取報復行動，
停止換約，重新開戰。

　　主持和議的兩江總督耆英、閩浙總督怡良等，害怕
和局破裂，又素不滿臺灣因抗英有功，屢受上賞而督撫
無功，於是一再奏報英方抗議殺俘事件的嚴重性，請求
將姚瑩與達洪阿解京訊辦。宣宗最初認為不可，但聽聞
英人準備重新開戰，馬上根據耆英奏書，下旨籌及大局、

---

28 姚瑩〈覆怡制軍言夷事書〉，《中復堂選集·東溟後集》卷 7，
　　同註 24，頁 138。

追問欺君冒功之罪，慌忙派怡良赴臺查辦，姚瑩與達洪
阿褫職訊辦，隨即內渡，囚入刑部獄。其後，達洪阿貶
伊犁任辦事大臣，姚瑩以同知知州發配四川。道光三十
年（1850）咸豐帝即位後，姚瑩被重新起用，咸豐二年
（1852）授湖北鹽法道，未行，擢為廣西、湖南按察使，
參加在永安圍攻太平軍之役，圍攻失敗後，隨軍至湖南
長沙，病逝軍中。

至於姚瑩入噶瑪蘭，乃是在第一次來臺時期，如前
所述，嘉慶二十四年（1819）姚瑩調任臺灣縣知縣兼理
海防同知，道光元年（1821）由於和臺灣道葉世佐意見
相左，貶調為噶瑪蘭第七任通判[29]。葉世佐字健庵，江
蘇上元人，乾隆三十九年（1774）舉人，嘉慶二十五年
（1820）擔任按察使銜分巡臺灣兵備道。姚、葉兩人齟
齬，主要在於「糧運」和「班兵」的政論議題。

糧運問題，史料多見。《淡水廳志·武備志》：「（嘉
慶）二十五年，臺灣道葉世倬議，罷商人配運，請製官
船海運。[30]」姚瑩反對之，《臺灣通史·糧運志》：「（嘉
慶）二十五年，巡道葉世倬至鹿港，商困，歸欲革之，
議造官船自運，以語臺灣縣姚瑩，瑩曰：『未可，臺穀

---

29 歷任噶瑪蘭通判，姚瑩以前依先後有：楊廷理、翟淦、范邦幹、
　陳蒸、高大鏞、范邦幹。參見陳淑均《噶瑪蘭廳志》卷2〈職官·
　秩官〉，臺灣文獻叢刊第160種，臺北：臺灣銀行經濟研究室，
　1963年，頁57。
30 陳培桂《淡水廳志·武備志》，臺灣文獻叢刊第172種，臺北：
　臺灣銀行經濟研究室，1963年，頁185。

歲十萬石，舟以二千為率，當用五十艘，一艘以五千為
率，當費二十五萬圓。弁兵、管駕、舵工、水手，每舟
不下數十人，歲費又數萬圓。海舟駕駛，三年一修，費
又數萬，而重洋風濤不測，不有沉失，舟穀兩亡，是漕
艘之外，又增國家一病也。』世倬疑其有私。[31]」

　　班兵問題，更是兩人爭執的大癥結。清領臺灣施行
班兵，臺灣鎮道不在本地募兵，而是從閩粵各營抽調，
渡海充任，三年輪替一次，其後衍生許多嚴重的弊端，
改革罷廢之聲起。《臺灣采訪冊》記載，葉世倬在臺灣
道任內，曾作〈治臺議〉上兩院，提倡六點意見，其中
第四點「募兵本地」即倡議改班兵輪戍為在臺募兵[32]。
姚瑩亦強烈反對之，姚瑩〈復趙尚書言臺灣兵事第二
書〉：「班兵可慮，不自今日始也，其議始自葉中丞倡
也。中丞嘗任臺灣兵備，深以班兵為憂，建議易更戍為
招募，以語總督慶公，不可。後葉公罷去，猶以未行其
志為憾。[33]」又《東溟後集》〈感懷雜詩〉第五首自注：
「觀公喜字吉蘭，附陝西駐防，驤藍旗滿州人。余罷官
後，來鎮臺灣，時葉中丞面奏，請改臺灣戍兵召募。上

---

31 連雅堂《臺灣通史・糧運志》，臺灣文獻叢刊第 128 種，臺北：
　　臺灣銀行經濟研究室，1958 年，頁 541。
32 參見不著撰人《臺灣采訪冊・鳳山縣訓導・葉中丞傳》：「至於
　　〈治臺議〉上兩院：一曰官宜久任，二官嚴行保甲，三曰招徠生
　　番，四曰募兵本地，五曰籌備積貯，六曰分設船廠。」臺灣文獻
　　叢刊第 55 種，臺北：臺灣銀行經濟研究室，1959 年，頁 109-110。
33 姚瑩〈復趙尚書言臺灣兵事第二書〉，《中復堂選集・東溟後集》
　　卷 4，同註 24，頁 9。

命至閩與總督議之，檄下臺，觀公以問余，為言其不可改狀，且議上臺營事宜，公大歎服。[34]」姚瑩還寫了〈臺灣班兵議〉（上）（中）（下），針對葉世倬廢班兵的理由剖析班兵不可廢之來龍去脈[35]。

總之，「糧運」和「班兵」的歧見辯難，嫌隙猜忌，致使姚瑩降貶而進入噶瑪蘭。同治年間，姚瑩之子姚濬昌編撰《姚瑩年譜》，於「道光元年」條下，曾敘述事件之梗概，慨歎：「**葉以為梗議，噶瑪蘭之調，實難府君也。**[36]」

四、姚瑩〈噶瑪蘭厲壇祭文〉分析

姚瑩的在臺書寫，主要集中道光九年（1829）輯成《東槎紀略》一書，共計五卷二十五篇，有關噶瑪蘭論述有：〈籌議噶瑪蘭定制〉、〈噶瑪蘭原始〉、〈噶瑪蘭入籍〉、〈西勢社番〉、〈東勢社番〉、〈沿邊各隘〉、〈施八坑〉、〈噶瑪蘭颱異記〉、〈噶瑪蘭厲壇祭文〉。〈噶瑪蘭厲壇祭文〉收錄在第三卷，同時也收錄在陳淑

---

34 姚瑩〈感懷雜詩〉五首，感懷摯友五人：顏惺甫、方傳穟、音登額、王得祿、觀音。第五首寫觀喜：「元龍湖海餘豪氣，百折崎嶇不道貧。珍重荊州老都督，結交還與致千緡。」自注。《中復堂選集・後湘二集》卷 4。同註 24，頁 204。

35 參見徐麗霞《清治到日治時期之臺灣文研究》「姚瑩〈臺灣班兵議〉論析與建言」，臺北：文津出版社，2014 年，頁 61-106。

36 姚濬昌《姚瑩年譜》「道光元年，辛巳，府君年三十歲」，同註 24，頁 242。

均《噶瑪蘭廳志》[37]。迻錄全文如下：

嗚呼！上帝好生，蠢靈無異；聖王御世，中外一
家。安民以惠為先，善俗以和為貴。冤慘之深，
莫過沙場不返；厲氣之積，多由餒鬼無依。嗟爾
噶瑪蘭開闢之初，三籍流民，皆以孤身，遠來異
域，或負耒營田，披荊斬棘，或橫戈保眾，賈勇
爭先，探身鯨鱷之淵，射利虎狼之窟，始與兇番
格鬥，繼乃同類相殘。戰爭越十五年，死亡以數
千計。聚眾奪地，歿既無名；違例開邊，死且負
咎。重洋阻隔，魂躑躅以安歸？亂塚縱橫，骨拋
殘而莫辨！肝腦空塗，未得一弓之地。幽冥淪滯，
長銜九壤之悲！至於三十六社土番，被髮文身，
聖化未沐；含生賦性，覆載攸同。草為衣而肉為
食，獲鹿是伍，何知布粟之精；巢斯處而穴斯居，
風雨飄零，不解宮室之美。射鹿打牲，以鏢弩為
耒耜；赤男裸女，無媒娉與室家。睢睢盱盱，獉
獉狂狂。乃始以市買而通漢，繼因土地而交爭。
戰鬥屢摧，信漢人果有神助；疆原日蹙，疑番眾
殆是天亡。生雖愚陋無知，白刃可蹈，死亦沉冤
莫釋，碧血難消！更有黃髮少年，白衣壯士，奮
孤忠而討賊，識大義以勤王。當孫恩猖獗之時，

37 陳淑均《噶瑪蘭廳志》卷 8〈雜誌（下）・紀文（下）〉。同註
29，頁 384。

亦盧循縱橫之會，蛟吞鯨視，屢思破卵營巢，大
斾樓船，尚待焚艘拔幟。乃父老深明順逆，士女
爭饋壼漿。生擒醜類，投轄願效前驅；破敵功成，
碧海身喪黃泉。莫考姓名，未蒙卹典；忠誠不滅，
義魄何安？方今天子懷柔，澤周海外。嘉群番之
嚮義，負籍歸誠；憫絕域之初通，設官布化。授
地分田，鯷瀛有截；食租免稅，鱗冊無頗。十二
年教養涵濡，七萬戶謳歌鼓舞。漢庶則成家聚族，
都忘鋒鏑之艱；番黎亦鑿雨鋤雲，漸有衣冠之象。
生人安矣，受福方長；死者哀哉，含悲何極！萬
眾青燐之鬼，不免餒而；頻年癘屬之災，良有以
也。瑩等共膺此土，保赤為懷。睹民番之錯處，
日久而安；念溟漠之沉淪，心悲以惻！爰廣安民
之惠，更修祀鬼之壇，建旛招魂，設屋為主，傳
集三籍各社耆長，涓吉致祭。俾知忘身保眾，死
事無別乎公私；木本水源，此日猶申其禋祀。苙
楹既置，足以棲靈；生籍雖殊，何妨共食。奮身
以爭地，身亡地喪，尚復何爭？為漢以怨番，漢
睦番和，可以無怨。如果讎忿兩釋，自能屬氣潛
銷。漢乘風而內渡，速返鄉園。番超脫於沉幽，
各登善地。從此人鬼相安，民番永樂；殊方異域，
皆成舜日堯天；滯魄冤魂，盡化和風甘雨；豈不
休哉。尚饗！

噶瑪蘭始入版圖，民番未能和輯，時有械鬥，又

頻歲多災。瑩鋤除強暴，教以禮讓，民番大和。
乃以秋仲會集三籍漢民、生熟各社番，設厲壇於
北郊，祀開蘭以來死者。為漳籍之位於左，泉、
粵二籍之位於右，列社番之位於地，以從其俗。
城隍為之主，列位於上。是日文武咸集，率各民
番，盛陳酒醴牲核以祀之，至者二千餘人。社番
亦具衣冠，隨眾跪拜，如漢人禮。祀畢，又使民
番互拜。瑩乃剴切諭以和睦親上之義，陳說五倫
之道，使善番語者逐句傳繹之。環聽如堵，多泣
下者！[38]

　　姚瑩〈噶瑪蘭厲壇祭文〉前為祭文（嗚呼～尚饗），
後為附記（噶瑪蘭始入版圖～多泣下者）；祭文以駢體
呈現，附記以散體寫成。清代駢文雅有中興氣象，乾嘉
以來駢散合流，桐城古文家姚瑩的這篇駢體厲壇祭文，
形式工整而氣勢清剛，辭韻鏗鏘而文理深厚，頗富感人
力量。附記則報導了祭祀現場，說明本次祠厲是舉行於
七月十五日的秋祠，參與祭典人數高達二千餘，由漢人
籍首和番社族老率隊入列，場面壯闊，身為主祭的守土
長官姚瑩，朗讀祭文，依典制行儀，禮畢，特別演講人
倫道德以開導眾心，因為漢番同祀，除採用漢語，還安
排諳噶瑪蘭語者直接逐句口譯，譯文迅速轉換，漢番等

---

38 姚瑩《東槎紀略》卷 3，臺灣文獻叢刊第 7 種，臺北：臺灣銀行
　　經濟研究室，1957 年，頁 85-87。

眾皆能知曉大義，整體過程氛圍肅穆，很多人灑淚祭場。
以下由「厲壇與城隍」（儀式）和「祭祀對象和目的」
（內容）分述：

（一）厲壇與城隍

所謂「厲壇」，即祀典祭厲的祭所，自明太祖下令
「立壇」祀「無祀鬼神」，明、清兩代各級政府厲祭皆
在「壇」。臺灣甫設官分職，康熙二十三年（1684）蔣
毓英出任第一任臺灣府知府，與諸羅縣令季麒光、鳳山
縣令楊芳聲合修《臺灣府志》，成為清治臺灣方志的嚆
矢；〈祀典志〉記載，當時臺灣府「郡厲壇」在東安坊，
臺灣縣附府祭，鳳山縣、諸羅縣「邑厲壇」尚處於草創，
致祭無定所[39]。三十一年（1692）高拱乾由泉州知府陞
補分巡臺廈兵備道，蒐補修葺蔣志，三十五年（1696）
高拱乾《臺灣府志》付刊，〈規制志〉記載，臺灣縣有
「郡邑壇」在府治東安坊，諸羅縣有「邑厲壇」在善化
里，鳳山縣也有「邑厲壇」在興隆莊[40]，一府三縣厲壇
已然妥善。

根據謝金鑾《續修臺灣縣志》，邑厲壇的制度是：
「方一丈五尺，高二尺，前出階陛三級，四周繚以牆垣，

---

39 蔣毓英《臺灣府志》卷 7〈禮典志‧郡邑厲祭〉：「府厲壇在東
　安坊，臺灣縣附府祭，鳳、諸二縣之壇草創，致祭無定所也。」
　南投：臺灣省文獻委員會，1993 年，頁 103。
40 高拱乾《臺灣府志》卷 2〈規制志‧壇廟〉，臺灣文獻叢刊第 65
　種，臺北：臺灣銀行經濟研究室，1960 年，頁 40-41。

開門南向。[41]」其後，清政府的統轄疆域向北拓展，新編置的縣、廳亦各有其厲壇，多見載於各志書，如《淡水廳志》、《苗栗縣志》等，都有：「**祭厲壇於城北郊**[42]」的文字。前引《清史稿・禮志》規定「**直省府、州、縣，設壇城北郊**」，臺灣的厲壇雖依規訂設立，但不必定在城北郊，許多地方還往往有南、北兩壇，而且並非全部都由官方籌設。姚瑩說噶瑪蘭「**設厲壇於北郊**」，可謂標準例式。

　　此外，明太祖定制，祀典厲祭必請城隍為主神，京都要於祭前七日移咨京都城隍，地方官府則於祭前三日移牒本地城隍，告請城隍先期分遣諸將，召集闔境鬼靈，祭日悉赴壇所普享，同時也請城隍鎮控壇場，鑒察善惡。考城隍本由庶物崇拜「水庸」演化而來，《禮記・郊特牲》：「**天子大蜡八。**」鄭玄注：「**所祭有八神也。**」孔穎達正義：「**蜡祭有八神：先嗇一，司嗇二，農三，郵表畷四，貓虎五，坊六，水庸七，昆蟲八。**[43]」《春明夢餘錄》曰：「**水庸居七，水則隍也，庸則城也，此正城隍之祭始。**[44]」

---

41 謝金鑾《續修臺灣縣志》卷 2〈政志・壇廟〉：「厲壇：在小北門外（壇制方廣一丈五尺，高二尺，前出陛三級，繚以垣，開門南向，以清明日、七月十五日、十月朔日，祭無主孤魂於是。壇地為康熙辛丑死事臺協水師遊擊游崇功棲神所。……）」臺灣文獻叢刊第 140 種，臺北：臺灣銀行經濟研究室，1962 年，頁 61。

42 陳培桂《淡水廳志》卷 6〈典禮志・厲祭〉，同註 30，頁 146。沈茂陰《苗栗縣志》卷 10〈典禮志・厲祭〉，臺灣文獻叢刊第 156 種，臺北：臺灣銀行經濟研究室，1962 年，頁 156。

43 《禮記・郊特牲（下）》，同注 14，頁 500。

44 孫承澤《春明夢餘錄》〈論城隍〉。陳夢雷撰、蔣廷錫編校《古

水係指城塹，庸係指城壁，古代城池具有抵禦敵人、保
護我民的功能，所以被視為神明崇祀，其最初面貌乃護
城溝渠的自然神祇。人格化的城隍轉為陰間司法官，有
考校地府冥籍、拘放魂魄的職責，配祀文武判官、牛頭馬
面，儼然是地獄設在人間的官府。明太祖認為城隍既為
陰界地方官，其官等、轄境應與陽世行政官署相仿，遂以
皇帝身分大封城隍：京都城隍正一品稱「明靈王」、府城
隍正二品稱「威靈公」、州城隍正三品稱「靈佑侯」、縣城
隍正四品稱「顯佑伯」；京師城隍統轄府、州、縣之城隍
[45]。自此，城隍有了地方官色彩，在國家祀典規範之下，
被尊奉做厲祭壇的主神。

　　清治臺灣祀典厲祭告照城隍的時間，蔣毓英《臺灣
府志》：「先期一日，主祭官牒呈城隍。至祭日，設城
隍位於壇上，用羊一、豕一。[46]」這個說法，大約有誤；
高拱乾改成：「先期三日前，主祭官牒告城隍。至日，
用綵仗迎城隍主祀；牲用羊一、豕一。[47]」其他方志多
與高志同，如周鍾瑄《諸羅縣志》：「先期三日，牒告城

今圖書集成》〈經濟彙編・禮儀典・城隍祀典部〉，上海圖書集
成鉛版印書部。
45 《明史》卷 49〈禮志（三）・城隍〉：「以京都為承天鑒國同民昇福
明靈王，開封、臨濠、太平、和州、滁州皆封為王。其餘府為鑒察司民
城隍威靈公，秩二品。州為鑒察司民城隍靈佑侯，秩三品。縣為鑒察司
民城隍顯佑伯，秩四品。袞章冕旒俱有差，命詞臣撰制文以頒之。」同
註 21，頁 343。馬書田《華夏諸神・鬼神卷》6〈城隍〉，臺北：雲
龍出版社，1993 年，頁 43-56。
46 蔣毓英《臺灣府志》卷 7〈禮典志・郡邑厲祭〉，同註 39，頁 103。
47 高拱乾《臺灣府志》卷 6〈典秩志・壇〉。同註 40，頁 181。

隍；至日，迎城隍神位於壇主其事，用羊一、豕一、爵三。[48]」姚瑩〈噶瑪蘭厲壇祭文〉僅「附記」曰：「城隍為之主，列位於上」而已，《噶瑪蘭廳志》雖亦未陳述，但對於儀式有較詳細的載錄：「前期，守土官飭所司具香燭，公服詣神祇壇以祭厲，告本境城隍之位，上香、跪、三叩；興，退。至日，所司陳羊三、豕三、米飯三石、尊酒、楮帛於祭所，設燎爐於壇南。黎明，禮生奉請城隍神位入，壇設於正中；香案一、爐燈具，贊禮生二人引守土官公服詣神位前。贊：『跪』，守土官跪。贊：『上香』，守土官三上香。贊：『叩、興』，守土官三叩；興，退。執事者焚楮帛，守土官詣燎爐前，祭酒三巡，退。禮生仍奉城隍神位還神祇壇，退。[49]」由此推之，姚瑩於祭前、祭中、祭畢，大抵依牒告、敬迎、設位、上香、跪拜、祭酒、送神等節目致禮敬拜。

（二）祭祀對象與目的

　　基本上，祀典厲祭原有固定的祭文，地方官欽奉聖旨與禮部箚付來主持祭典，准允斟酌調度。高拱乾《臺灣府志‧典秩志》收錄了一篇清代縣官通用的〈邑厲壇祝文〉（《鳳山縣志‧祀典志》同）[50]，內容含括官方

48　周鍾瑄《諸羅縣志》卷4〈祀典志‧壇祭〉，臺灣文獻叢刊第141種，臺北：臺灣銀行經濟研究室，1962年，頁63。
49　陳淑均《噶瑪蘭廳志》卷3（中）〈祀典‧厲祭〉，同註29，頁108。
50　高拱乾《臺灣府志》卷6〈典秩志‧壇〉，同註40，頁181-182。該文亦見陳文達《鳳山縣志》卷3〈祀典制‧壇〉，臺灣文獻叢

厲祭的重要事項：（1）依據（維康熙某年某月某日→事神之道如此）；（2）對象（尚念冥冥之中無祀鬼神→祀典無聞而不載）；（3）原因（此等孤魂→依時享祭）；（4）等級（在京都有泰厲之祭→在一里又各有鄉厲之祭）；（5）地點（謹設壇於城北）；（6）時間（以三月清明日→或十月初一日）；（7）主神（仍令本處城隍，以主此祭）；（8）儀式（置備牲禮、羹飯）；（9）告誡（凡我一縣境內人民→一體昭報）；（10）致享用語（尚饗）。其中「對象」列舉了所祀的各種鬼魂：

> 尚念冥冥之中無祀鬼神，昔為生長，未知何故而歿。其間有遭兵刃而橫傷者，有死於水火盜賊者，有被人強奪妻妾而死者，有遭刑禍而負屈死者，有天災流行而疫死者，有為猛獸毒蟲所害者，有為饑餓凍死者，有因戰鬥而殞身者，有因危急而自縊者，有因牆屋傾頹而壓死者，有死後無子孫者。此等鬼魂，或終於前代，或歿於近世，或兵戈擾攘流移於他鄉，或人煙斷絕久闕其祭祀，姓名泯歿於一時，祀典無聞而不載。[51]

以上內容接近「『厲』釋義與『厲祭』沿革」所討

刊第 124 種，臺北：臺灣銀行經濟研究室，1961 年，頁 43-44。參見附錄全文。

51　高拱乾《臺灣府志》卷 6〈典秩志・壇〉。同註 40，頁 181。

論之普泛對象。臺灣是由移民所組成的社會，清治早期禁止來臺漢人攜帶家眷，而一般移民意識到遠隔重洋、死生未卜，所面臨者為全然陌生又充滿各種凶險的環境，因此大多數隻身前來；孤獨來到臺灣的唐山客，有些幸運的平安返回原鄉，有些在臺灣成家立業並且終老埋骨，成為「開基祖」，有些則來不及返鄉也來不及留下子嗣，就已斃命，他們或死於瘟疫、疾病、戰亂、盜賊、族群衝突、天災地變，全都成了客死的羈旅之魂。職此之故，臺灣的厲祭有其特殊的背景條件和歷史情境，與中國並不全同，通用祭文不能符契臺灣厲祭的客觀須求與真實意涵，流於形式官僚化，矧噶瑪蘭入籍過程複雜，所祀涉及族群互動下的不同死者，姚瑩創作〈噶瑪蘭厲壇厲文〉，或許即思慮及此。

　　古稱「kacalan」的宜蘭，清文獻或音譯：噶瑪蘭、蛤仔難、蛤仔蘭、蛤仔欄、甲子蘭，以「噶瑪蘭」最通用[52]。未入清版圖以前，屬於界外番地，漢人罕至，北起頭城烏石港，南至蘇澳，呈三角形平原，其上原住民分兩系：泰雅族（Aiaya）、噶瑪蘭族（kacalan）。泰雅族為高山族，清人以「生番」或「山番」稱之；噶瑪蘭族為平埔族，相傳由海外移入，擊敗泰雅族，將其驅

---

52 陳淑均《噶瑪蘭廳志》：「《番俗六考》及《郡志》《諸羅志》，俱作蛤仔難。蕭竹詩作甲子蘭，賽將軍奏作蛤仔蘭。《鄭六亭集》亦作蛤仔蘭。」同註 29，卷一封域志・附考，頁 6。清嘉慶十七年（1812）設噶瑪廳，光緒元年（1875）噶瑪蘭廳改制為縣，首任知縣馬桂芳始稱「宜蘭」。

逐至南澳、大同等山區，從此取代泰雅族成為蘭陽平原
的主人，因漢化較深，史料多以「熟番」或「化番」稱
之。漢人未入墾前，噶瑪蘭人大多居住濱海及平原中央，
漁獵和農業為其主要生活方式，共計三十六社，以濁水溪
（今蘭陽溪）為界。溪北「西勢」二十社，多集中於今壯
圍、礁溪，以哆囉美遠（今壯圍大福村）、新仔罕（今壯
圍功勞村）、奇立丹（今礁溪德陽村）為最大社；溪南「東
勢」十六社，多沿冬山河兩岸附近鱗次居住，今冬山、五
結為其大本營，以加禮宛（今五結秀水村）、掃笏（今冬
山三奇村）為最大社。這些番社各立頭目，不相統屬。

　　乾隆中葉起，臺灣西部開發已呈飽和，嚮往噶瑪蘭
平原的土厚泉甘，漢人或翻山越嶺、或順海上季風，逐
漸拓展新地。乾隆三十三年（1768），漳人林漢生與鄉
親曾至五結一帶墾荒，遭到噶瑪蘭人反抗而被殺，宣告
失敗。乾隆三十八年（1773）漳浦人吳沙抵臺，輾轉在
三貂[53]從事鹽、糖、布匹等商品買賣，有時也與平埔族
來往生意，日漸發達後，由於他任俠好義，講究信諾，
漳、泉、粵三籍流民紛紛前來投靠，吳沙每人發給米一
斗、斧一把，資助他們入山開墾，使其自給自足，於是

53　明天啟六年（1626）西班牙人航行至今新北市貢寮三貂角一帶登
　　陸，以西班牙聖人「聖迪雅哥」（Santiago）為所登陸之岬命名，
　　習譯為「三貂角」。此地區原為平埔巴賽族人的聚落與狩獵之地，
　　巴賽語叫「Ki-vanow-an」（基瓦諾），漢人進入後，「Ki-vanow-an」
　　消失，「三貂」被保留作為整體區域（貢寮、雙溪）的總稱，其
　　他譯名也有稱作「三朝」或「山朝」。

人口日多，闢地日廣，儼然成為移民團體的領袖。五十一年（1786）臺灣發生林爽文反清事件，餘黨竄入三貂附近，臺灣知府楊廷理檄令淡水同知徐夢麟派兵緝捕，吳沙熟諳地埋，遂為所用，事平之後，依功封武信郎。嘉慶元年（1796），吳沙在許天送、朱合、洪掌謀等通力合作下，得到淡水人柯有成、趙隆盛、何績等經濟支援，經過長期準備，招募三籍流民一千多人、鄉勇二百多人、擅通原住民語者二十三人，浩浩蕩蕩進墾烏石港南方，建立了漢人入墾的第一個據點：頭圍（今頭城）。

　　漢人大規模遷徙，噶瑪蘭人驚怖恐慌，傾其全族火拼，吳沙之弟吳立死於戰鬥，吳沙認為不宜力爭，退回三貂。嘉慶二年（1797），噶瑪蘭天花肆虐，吳沙以草藥施救，得到噶瑪蘭人信任，願意分地拓墾，雙方埋石設誓，共約不相侵擾。然而吳沙繼續挺進，次第開築二圍（今二城）、三圍（今三民村）、四圍（今吳沙村），所到之處出單招佃，訂立鄉約，徵收租穀；嘉慶三年（1798）吳沙病逝，姪吳化代理義首，與吳沙子吳光裔等，續墾五圍（今宜蘭市）。吳沙之後，許多移墾團體尾隨跟進，一時間群雄四起，結首[54]逐鹿，自是噶瑪蘭

---

54 指結首制，是噶瑪蘭的基本拓墾方式，將三十至五十個農民編成一結，由小結首帶領進行拓殖，結下田園分成數份，每位力墾者一份，在小結首之上有大結首、總結首，小結首負責的區域稱為結，大結首負責的區域為圍。姚瑩〈埔裏社紀略〉：「昔蘭人之法，合數十佃為一結，通力合作。以曉事而貲多者為之首，名曰小結首；合數十小結中舉一富強有力、公正服眾者為之首，名曰大結

墾務大興；噶瑪蘭人由於生計日益窘迫，逐漸放棄原居地而徙居近山地帶，甚至遠走他鄉。民間力量早已啟動，清廷設廳卻極遲緩，初楊廷理在林爽文事平後，強力建議將噶瑪蘭收入版圖，福建巡撫以界外之地、恐開番叛為由拒絕；乾隆六十年（1795）楊廷理因故貶謫伊犁，直到嘉慶十二年（1807）才再度調任臺灣知府，時蔡牽與朱濆擾臺，流竄蘇澳一帶，楊廷理領兵北上至五圍，復積極議請開蘭，十五年（1810）總督方維甸巡臺，命楊廷理勘查，條陳籌辦情形，噶瑪蘭歸入清版圖；十七年（1812）終於正式設廳，廳治五圍，置通判，築城建署。

姚瑩〈噶瑪蘭厲壇祭文〉所祀為「祀開蘭以來死者」，依祭文內容分析有三批對象，其中三籍流民居第一（嗟爾噶瑪蘭開闢之初，三籍流民～幽冥淪滯，長銜九壤之悲），三十六社土番居第二（至於三十六社土番～死亦沉冤莫釋，碧血難消）；正是鑑於開蘭之初無所遁避的史實：入墾者和定居者長期積累深化的矛盾衝突、殘酷的漢番流血事件。姚瑩在祭文中，諄諄告誡「生籍雖殊，何妨共食」、「漢番和睦，可以無怨」、「漢乘風而內渡，速返鄉園；番超脫於沉淪，各登善地」，祀畢「又使民番互拜」，其目的即在於化解「噶瑪蘭始入版圖，民番未能和輯，時有械鬥」的宿讎舊怨，期待從此「讎

首。有事，官以問之大結首，大結以問之小結首。然後有條不紊，視其人多寡授以地，墾成眾佃公分，人得地若干甲，而結首倍之或數倍之，視其資力。」《東槎紀略》卷 1，同註 38，頁 37。

忿兩釋」，「民番永樂」。

　　除此，漳、泉、粵三籍移民，族群地域情結激昂，未入噶瑪蘭分類械鬥便屢見不鮮，噶瑪蘭開發為典型「官未闢而民先墾」形態，完全以武裝自衛方式自力更生，未得到官方的協助與保護，越發養成凸顯的草莽剽悍性格，侵取無擇。而且初闢地區勢力範圍不清，新墾移民爭奪水源、土地、利益，於是閩粵械鬥、漳泉械鬥、姓氏械鬥、挑夫械鬥，以及特殊的音樂派系西皮、福路械鬥等等，都先後在噶瑪蘭上演，姚瑩入蘭之前，如嘉慶四年（1799）粵泉械鬥、十一年（1806）泉、粵聯合平埔族攻漳人[55]等，無不傷亡狼籍，無辜者慌亂逃奔。漢人與漢人之間的互鬥糾纏，同樣血淚斑斑，姚瑩說是「**始與兇番格鬥，繼乃同類相殘**」，同類殺戮，又為噶瑪蘭厲祭添了不少悲恨的冤魂。

　　姚瑩〈噶瑪蘭厲壇祭文〉納入祭祀第三種對象為：協助政府軍作戰、或支持政府軍作戰而死難的民眾（**更有黃髮少年～義魄何安**）。清治臺灣期間，常有大小不一的「民變」、「起義」「匪亂」、「反叛」、「撫番」等，官兵捐軀而外，也會有在戰亂中協助政府而喪命的一般民眾。姚瑩入蘭之前最嚴重的剿匪行動，莫過於海盜蔡牽和朱濆的騷擾。蔡牽是福建同安人，朱濆是福建雲霄人，嘉慶二年（1797）蔡牽率眾數百在廈門殺官起

55　參見高淑媛《宜蘭縣史大事記》第一單元「明清時代」。宜蘭：宜蘭縣政府，2004 年，頁 28-29。

事，沿海漁民、船戶響應，嘉慶十年（1805）占領臺灣
府城，自封鎮海王；翌年朱濆也在海上呼應，聯合組織
船隊，這是嘉慶年間活躍於臺灣沿岸的龐大海上軍事集
團。官所不轄的噶瑪蘭，賊所必爭，鄭兼才〈山海賊總
論〉：「蔡牽雖垂涎臺灣，然日久計熟，所欲得志者噶
瑪蘭。其地膏腴，未入版圖，田畝初開，米粟足供，居
郡城上流，險固可守。[56]」果不其然，嘉慶二年（1797）
春，蔡牽攏靠蘇澳沙崙，上岸打掠；十一年（1806）猛
攻烏石港，福建水路提督李長庚力戰，終於海上擊退之。
十二年（1807），朱濆載滿農具，由鹿港至雞籠，由雞
籠掠奪蘇澳，欲佔取蘭陽溪南北之地做為巢穴；楊廷理
北征，募義勇合居民陳奠邦等支援，與王得祿海陸夾擊，
才將其擊潰退走。少詹事梁上國上仁光帝的奏摺提到：
「臺灣淡水廳屬之蛤仔難地方，田土平曠豐饒，每為盜
賊所覬覦。從前蔡牽、朱貴曾欲佔畊其地，具為官兵擊
退。[57]」諸如此類的戰役，都有在地住民效命而「兵死」，
姚瑩贊揚這些百姓，能深明順逆，「奮孤忠而討賊」、
「識大義以勤王」，他們有老有少，有男有女，殉難後
卻無姓名可考，未蒙卹典，「忠誠不滅，義魄何安」，
自然不能不有所祀。

---

56 陳淑均《噶瑪蘭廳志》卷 8〈雜志（下）‧紀文（下）〉，同註
　　29，頁 376。
57 陳淑均《噶瑪蘭廳志》卷 7〈雜志願（上）‧紀略〉，同註 29，
　　頁 267-368。

　　最後，在國家體制之下，由官府掌握祭儀的祭典，不脫官方的「資治」與「輔政」色彩，姚瑩〈噶瑪厲壇祭文〉也宣揚清政府的「美政」「偉績」。他回首噶瑪蘭過往的血雨腥風，非常慶幸能夠從對立拼狠的移墾社會通關走出，如今已經「漢庶則成家聚族，都忘鋒鏑之艱」、「番黎亦鑿雨鋤雲，漸有衣冠之象」，堂堂邁進編戶七萬「謳歌鼓舞」的綏和世界，臻於安定富庶，姚瑩頌贊這是「天子懷柔，澤周海外」、「十二年教養涵濡」之結果。所謂十二年，大蓋約從嘉慶十五年（1810）噶瑪蘭入版圖起算，迄於道光二年（1822）姚瑩主持厲祭為止[58]；由此看來，凡土地之上生活之人，無論先來後到，都務須感戴大清皇恩，服膺順從政府的領導。

五、結　語

　　總而言之，厲祭是對厲的撫慰和禳除，自古為國家祀典之一。文獻最早資料見於《禮記》，天子祀泰厲、諸侯祀公厲、大夫祀族厲。後世多廢弛，禮俗互動之下，厲祭反依附民間俗信而流行。至明太祖，詔令天下設「厲壇」以祀「無祀鬼神」，京都泰厲、王國國厲、府州郡厲、縣廳邑厲、里社鄉邑，厲祭重返國家祀典，以行政體系為單位而普及全國，俾鬼有所安乃不為厲作祟。清代因襲明制，臺灣隸清之後，祀典厲祭便隨著政權的變

---

58 姚瑩入蘭在道光元年（1821），撰寫〈噶瑪蘭厲壇祭文〉在第二年道光二年（1822）。

動而進入。

　　桐城派姚門四傑的姚瑩，道光元年（1821）任噶瑪蘭通判，主持秋祠厲，創作〈噶瑪蘭厲壇祭文〉，所記儀式大抵與中國同，價值取向也帶著濃厚的「資治」與「聲教」官方意味。當然，以整個官僚體制的運作而言，一位官員所能發揮的影響力，通常是立基「國家」立場，姚瑩自不例外。但換轉角度看，林富士說：

> 姚瑩當時在祭厲時所讀「祭文」，真的是寫得極其優美、真誠，如今讀來，仍令人感動不已。在群族關係仍然相當緊張的臺灣社會，我們似乎有必要重新省思一下前人的經驗和說詞。[59]
> 這篇典雅的駢體祭文提醒我們，在這座島上，已經有太多的族群衝突，有太多的官民對抗，有太多不必要的死難，有太多悽楚的孤魂野鬼，有太多的冤魂怨靈，等待「超度」。一個有智慧、有良心的政治人物，應該效法這一位清代的官吏，利用厲鬼，利用痛苦的歷史經驗，來化解衝突、消釋怨氣，而不應利用死者的幽靈製造更多的恐怖或增添新的厲鬼。創造一個「人鬼兩安」、「眾族永樂」的社會，不應只是姚瑩的祈願，也應該

59　林富士《孤魂與鬼雄的世界：北臺灣的厲鬼信仰》第九章「厲鬼的信徒」，同註 13，頁 214。

是我們共同戮力以赴的目標。[60]

　　姚瑩捨棄官方通用的祝祭文，自撰〈噶瑪蘭厲壇祭文〉，所祀對象因應臺灣獨特的社會結構和噶瑪蘭初闢的歷史現象，如實地呈現了臺灣本土化的在地質性；同時善加利用既有的厲祭典禮，呼籲促進族群之間溝通和諧，使祀厲這樣的祭典發揮了正向價值。這篇專為噶瑪蘭書寫的厲壇祭文，因而有了內涵與意義，應該可以在臺灣文學、臺灣文化上，獲得其適合的重量和地位。

六、附錄：高拱乾《臺灣府志·典秩志》〈邑厲壇祝文〉

　　維康熙某年某月某日，某官尊奉禮部箚付，為祭祀本縣闔境無祀鬼神等眾：欽奉聖旨：普天之下，后土之上，無不有人，無不有鬼神；人鬼之道，幽明雖殊，其理則一。故天下之廣、兆民之眾，必立君以主之，君總其大；又設官分職於、州、縣以各長之，各府州縣又於每處戶內，設一里長以細領之；上下之職，綱紀不紊，此治人之法如此。天子祭天地鬼神及天下山川，王國、各府、州、縣祭境內山川及祀典神祇，庶人祭其祖先及里社、土社之神；上下之禮，各有差等，事神之道如此。

60　林富士《孤魂與鬼雄的世界：北臺灣的厲鬼信仰》第九章「厲鬼的信徒」，同註 13，頁 216。

尚念冥冥之中無祀鬼神，昔為生長，未知何故而歿。其
間有遭兵刃而橫傷者，有死於水火盜賊者，有被人強奪
妻妾而死者，有遭刑禍而負屈死者，有天災流行而疫死
者，有為猛獸毒蟲所害者，有為饑餓凍死者，有因戰鬥
而殞身者，有因危急而自縊者，有因牆屋傾頹而壓死者，
有死後無子孫者。此等鬼魂，或終於前代，或歿於近世，
或兵戈擾攘流移於他鄉，或人煙斷絕久闕其祭祀，姓名
泯歿於一時，祀典無聞而不載。此等孤魂，死無所依，
精魂未散，結為陰靈，或倚草附木，或作為妖怪，悲號
於星月之下，呻吟於風雨之中。凡遇人間節令，心思陽
世，魂杳杳以無歸，身墮沉淪，意懸懸而望祭。興言及
此，憐其悽慘，故敕天下有司，依時享祭。在京都有泰
厲之祭，在王國有國厲之祭，在各州、府有郡厲之祭，
在各縣有邑厲之祭，在一里又各有鄉厲之祭。期於神依
人而血食，人敬神而知禮；仍令本處城隍，以主此祭。
欽奉如此，今某等不敢有違，謹設壇於城北，以三月清
明日（或七月十五日、或十月初一日）置備牲禮、羹飯，
專祭本縣闔境無祀鬼神等眾。靈其不昧，來享此祭。凡
我一縣境內人民，倘有忤逆不孝、不敬六親者，有不敬
六親者，有奸盜詐偽、不畏公法者，有拗曲作直、欺壓
良善者，有逃避差役、靠損貧戶者。似此頑惡、奸邪不
良之徒，神必告於城隍，發露其事，使遭官府；輕則笞
的杖斷，不得號為良民；重者徒流絞斬，不得還生鄉里。
若事未發露，必遭陰譴，使舉家並染瘟疫，六畜田蠶不

利。如有孝順父母、和睦親族，畏懼官府、遵守禮法、
不作非為、良善正直之人，神必達之城隍，陰加護祐；
使其家道按和、農事順序，父母妻子保守鄉里。我等闔
縣官吏人等，如有上欺朝廷、下枉良善，貪財作弊、蠹
政害民者，靈必無私，一體昭報。如此，則鬼神有鑒察
之明，官府非諂諛之祭。尚饗！

第七篇 「義學」與〈大觀義學碑記〉初探

一、前　言

　　義學是專為民間孤寒子弟設立的免費學校，濫觴自上古，起源於宋代的族塾義學，元明趨向官學化，清代大盛，為地方蒙學教育之一種。清治臺灣的義學有：官費設立、地方行政長官義捐、地方政府主倡籌集民間義捐、純粹民間人士義捐；大觀義學屬純粹民捐。咸豐～同治臺北大械鬥，板橋林本源家族時為漳人領袖，築城拼鬥而死傷慘重，林維讓、林維源兄弟痛定思痛，嫁妹於泉州舉人莊正，由莊正倡議、林家倡貲興辦義學，不論漳泉皆教化之，其始末載於〈大觀義學碑記〉。本文從概述義學流變切入，繼而梳理碑記撰寫人莊正的在臺時間、大觀義學成立的械鬥背景，最後詮解分類械鬥的思想意識：「氣類」和「風俗」，藉以掌握臺灣清治時期的義學教育的歷史意義。

二、義學的起源和發展

「義學」又稱「義塾」，專為民間孤寒子弟所設立的免費學校，由所在地官民義捐成立，或官司創建，或個人私設，用以補官學之不足，學生入學年齡大約六歲至十一歲左右，學習讀書寫字，為地方性質的蒙學教育之一種。傳統用語，凡周濟公眾、與眾同之的事物，概多以「義」名之，南宋洪邁《容齋隨筆》：「與眾共之曰義，義倉、義社、義田、義學、義役、義井之類是也。[1]」清錢大昕《十駕齋養新錄》：「義者，蓋以眾所共設為名。今世俗置產以給族人曰義莊，置學以教鄉曲子弟曰義學，設漿於道以飲行旅曰義漿，辟地為叢塚以藏露骨曰義塚。[2]」檢索方志文獻，義學也常與義賑、義倉、義井、義塚、義渡、普濟院、育嬰堂……等設施並列，推之，乃跨屬於教育與恤政的公共福利事業。

義學的起源說法分歧，有學者認為其雛形可追溯至上古，《禮記・學記》：「古之教者，家有塾，黨有庠，術有序，國有學。[3]」顯然，這是把義學視作古代鄉學，與後世義學不等同。「義學」一詞，典籍最早見《後漢

---

1 宋洪邁《容齋隨筆》卷 8〈人物以義為名〉條。臺北：商務書局印書館。
2 清錢大昕《十駕齋養心錄》卷 19〈義〉條，上海：商務書局印書館，1935 年，頁 446。
3 《禮記》卷 36。十三經注疏本《禮記》，臺北：藝文印書館，未著出版年，頁 649。

書・儒林傳・楊仁傳》：「寬惠為政，勸課掾史弟子，悉令就學，其有通明經術者，顯之右署，或貢之朝，由是義學大興。[4]」唯此處所述為經書義理之學。下逮南北朝，《陳書・徐陵傳》：「後主在東宮，令陵講《大品經》，義學名僧，自遠雲集。[5]」所指為佛教的名相訓義之學，仍與學校教育無關。《新唐書・王潮傳》：「乃作四門義學，還流亡，定賦斂，遣吏勸農，人皆安之。[6]」學者認為相關性質和具體辦學情況很難考證，較不多論。大多數學者認為對後世產生深遠影響的義學，起源於宋代。宋代義學，常冠以「族塾」，叫「族塾義學」，是宗族內為了照顧同一宗族子弟，由家境殷實之家，建立的家塾、族塾、宗塾。此類由宗族組織所辦的民間「族塾義學」普遍分布各地，規模有大有小且各具特色；小者塾師一名，學生數人；大者名師薈萃，生徒眾多，甚至藏書萬卷，分級授課，足以與「官學」媲美。

根據《元史・孝義傳》，北宋太宗時，南康建昌人洪文撫，在所居雷湖北側崇飾書舍，招來學者，弦誦不輟，太宗聞而嘉之，飛白一軸「義居人」以賜之[7]；有學

---

4 范曄撰，李賢等注，司馬彪補志《後漢書・儒林傳・楊仁傳》。臺北：鼎文書局，1979 年，頁 2574。

5 姚察、魏徵、姚思廉合撰《陳書・徐陵傳》。臺北：鼎文書局，1980 年，頁 334。

6 歐陽脩、宋祈撰《新唐書・王潮傳》。臺北：鼎文書局，1979 年，頁 5492。

7 元脫脫《宋史・孝義傳》：「文撫，南康建昌人，本姓犯宣祖偏諱，改焉。曾祖諤，唐虔州司倉參軍，子孫眾多，以孝悌著稱。六世義

者認為這就是宋代「族塾」意義上義學的開始[8]。但一般研究指出：族塾義學肇啟於范仲淹。北宋神宗皇祐元年（1049），范仲淹在家鄉蘇州吳縣，捐靈芝坊祖宅創「義莊」，購買良田千畝，號曰「義田」，以養濟族眾；隨後又置屋聘師，開辦「義學」，以教育族人子弟。《范仲淹史料新編》：「范文正公常建義宅，置義田、義莊，以收宗族，又設義學以教，教養咸備，意最近古」、「暨公登第立朝，為守為帥，以至大用，名位日盛，祿錫日厚，遂成義莊、義學，為其宗族者宅于斯，學于斯[9]」。范仲淹卒後，子孫恪遵祖訓、踵行志業，賡續發展蘇州范氏義學，繼而開辦書院，因范仲淹諡號「文正」，命名「文正書院」。范氏義學的成果，觸引起熱烈的迴響，官紳富豪們紛紛倣行，替本宗族置義田、義學，逐漸形成一個傳統，北宋中期已經蔚成風習，南宋更加普及流行。此類義學，以莊為基礎，提供固定田產作為義學的經濟基礎，義學結合義莊，從而保證義學的穩定經營，蘊涵「推廣教化」和「以富資貧」的雙重理念價值，滿

居，室無異爨。就所居雷湖北創書舍，招來學者。至道中，本軍以聞，遣內侍裴愈齎御書百軸賜其家。文撫遣弟文舉詣闕貢土物為謝，太宗飛白一軸曰『義居人』以賜之，命文舉為江州助教。」臺北：鼎文書局，1979 年，頁 13392。又參見宋楊億《武夷新集》〈南康軍建昌縣義居雷塘書院記〉。

8　參見于曉燕〈「義學」釋義〉，《貴州師範學院學報》第 30 卷第 10 期，2014 年 10 月，頁 58。

9　周鴻度等編《范仲淹史料新編》，瀋陽：瀋陽出版社，1989 年，頁 131-132。

足了民間兒童蒙學教育之需求。

　　宋代「族塾義學」以宗族為單位，僅限於教授本族子弟。元代，沿襲舊俗開辦族塾義學者猶頗繁榮，此外，在民間族塾義學的基礎上，「官辦義學」[10]漸次增加，義學傾向官學化。明代，義學的內涵與性質呈現多元樣貌，既有官辦義學，也有民辦義學；既有族塾義學，限招本宗族子弟，又有非族塾義學，不限招收本宗族，外族及外村的貧寒子弟都可以入學；有的置學田，有的則無，無者興廢無常。綜述之，元明時期，義學是官方或民間創辦面向貧寒子弟的蒙學教育，為清代義學的廣泛設置紮下根基。清代，義學流變進入巔峰，約分：官建、官民共建、民建等類型。官建由政府出資興辦，塾師束脩從國庫支取；民建大多數是通過民間捐田、捐銀、捐房設立，教學經費和塾師束脩從公款或公田支取；由於各地域的政治、經濟等情況不同，辦學規模亦不一。

　　清代的官辦義學，最早從旗人和邊遠少數民族起步。開國之初，專為八旗子弟設義學，教學目標為培養人才[11]；其後擴至京師，京師五城各設一所，放寬對象，不限八旗子弟。而洎康熙朝起，歷代皇帝皆下詔令貴州、

10　《滕州教育志》：「元大德四年，滕州知州尚敏創建縣義學於縣城南門外偏東處。」《蒲臺縣志》：「本縣義學為元邑致政知州戴惟中建。」

11　清高宗敕撰《清朝文獻通考》卷 113〈學校〉：「世職幼童近而盛京遠，而船廠黑龍江官學義學規制具備。」八旗義學的教學內容依種族而有所差異，滿人幼童學習滿語及滿書，蒙古人幼童學習滿、蒙古書及古語，漢軍子弟則教以滿書、滿語及騎馬射箭。

雲南、廣西、四川等邊遠少數民族地區設置義學，宣講
「聖諭」[12]，目標在利於教化統治。康熙二十一年（1682）
通行府、州、縣、衛，飭令建設義學，擇人司教，官辦
的義學遂與社學[13]，組織為地方蒙學教育的重要機構。
五十二年（1713）再度擴大內涵，議准省、府、州、縣
多方設置義學，延請明師，「聚集孤寒生童[14]」，使其勵
志讀書。五十四年（1715）諭：「宜窮鄉僻壤皆立義學，
該撫即遍示莊村，俾知朕崇文好學深意。[15]」此時，義
學即官方專為民間孤寒子弟所設立的免費啟蒙學校，其
深度遍達於鄉莊村社之中。

康熙二十二年（1683）臺灣納入清版圖，為了儘速
推行文教、方便管理，在「儒學」與「書院」[16]之外，亦

---

12 清康熙 9 年（1670）頒《聖諭十六條》，雍正逐條推衍解釋，成
　為《聖諭廣訓》，雍正 2 年（1720）官修出版。康熙起規定地方
　官每月朔望宣講，終有清一代，宣講不輟，並通過學校與科舉考
　試，定為誦習與考試內容。《聖諭十六條》、《聖諭廣訓》是清
　統治者的重要文化政策，一方面用來維護統治之穩定，同時也作
　為對人民進行思想和法制教育的重要手段。
13 清代地方蒙學的教育機構主要有社學、義學、私塾三種。社學，
　起自元代，元代「社」為「縣」層級下的社會基本組織，至元 23
　年（1286）規定每社立學校一所，明清沿襲，清順治 9 年（1652）
　起，命令每鄉置一社學，成為地方政府在大鄉巨堡開置的學校，
　分漢人社與土番社學兩種。官辦義學與社學性質相近，唯社學全
　數官辦，義學則官私皆有。
14 清允祿《欽定大清會典事例》卷 70，臺北：文海書店，1991 年，
　頁 4804。
15 清允祿《欽定大清會典事例》卷 70，同註 14。
16 儒學為地方政府官辦學校，府設府儒學，縣設縣儒學，大都蓋在
　文廟內，偏重科考舉業。書院為介於官學與私學之間而別於官學
　的另一教育系統。

透過設置義學來建立文教基礎。日人金川嘉子分析清治
臺灣義學為四種：政府官費設立、地方行政長官義捐設
立、地方政府主倡籌集民間義捐設立、純粹民間人士義
捐設立[17]；大領域看來，還是不脫官辦與民捐兩類型。
康熙四十三年（1704），知府衛台揆在臺灣縣東安坊府
治之南設立第一所義學，至光緒二十一年（1895）乙未
割臺，估計約二百餘所[18]。同治與光緒號稱鼎盛，以同
治為例，南臺灣部分，同治八年（1869）分巡臺灣道黎
兆棠在府城內外設置義學十四所，並舊有之道署官員子弟
義學一所，以及臺灣、鳳山二縣番社義學[19]三所，合稱「道
憲十八義學」；北臺灣則是：淡水同知嚴金清同治六年
（1867）設竹塹義學四所，嗣又於各重要地區設置十一
所，九年（1870）應巡道黎兆棠之議，又於竹塹城外設
二所，十年（1871）再增設一所，總稱「淡水十八義學」。
上述義學設有總查、幫辦，由臺灣道任命，負責監督，
多由各府縣書院院長兼任，教師由每年府縣儒學生員中
考選，學生均係閭里的幼童，定例正月二十日左右開塾，
十二月二十日左右散塾，道臺於散塾前數日，示期諭知
各塾師，帶領學生到署，親稽功課，年齡稍大者，評定

17 參見小川嘉子〈清代義學設立的基盤〉，收入林友春《近世中國
　　教育史研究》，東京國土社，1958 年 3 月，頁 283-284。
18 周民慧〈清代的大觀義學〉統計各朝設置情形，含未詳 34 所，總
　　計 224 所，光緒創建 112 所列首位，同治創建 36 所列第二。花蓮
　　師範學院語文科碩士論文，2005 年，頁 65-76。
19 清治臺灣義學分漢莊義學和番社義學兩大類。番社義學以平埔原
　　住民為對象。

甲乙，填列榜上，發交總查老師黏貼曉諭，分上中下三種
獎賞，以示鼓勵。

至於民間義學，清治初期臺民忙於移墾，財力匱乏，
尚無私人創設之義學。乾隆二十六年（1761）貢生胡焯
猷，把位於淡水廳興直堡山腳（今新北市泰山區）的舊宅、
田園八十甲、年收六百餘石租穀等，捐置「明志義學」，兩
年後（乾隆二十八年，1763）淡水廳同知胡邦翰將義學
改制為淡水廳所轄之官辦「明志書院」，尋遷徙竹塹城
內。按臺灣義學常改易書院，然性質與程度仍屬義學[20]；
臺灣縣東安坊府治之南的第一所義學，即額曰「崇文書
院」。嘉慶十九年（1814）生員廖澄河於西螺堡（今雲
林）創建義學，後改「振文書院」；道光三、四年（1823、
1824）貢生曾拔萃於燕霧下堡（今彰化）創建義學，後
改「興賢書院」，不一而足。純粹民間義捐設立而始終
以義學為名，北臺較可觀、可考者即：道光二十年（1840）
由士紳潘永清倡設於芝山巖開漳聖王廟（惠濟宮）文昌
祠的「芝蘭義學」（今臺北市士林區）[21]，以及本文所

---

20 臺灣義學多兼具書院，如彰化的白沙書院即白沙義學、淡水廳明
　志義學後亦改為明志書院。清王瑛曾《重修鳳山縣志》：「書院
　（即義學。附土番社學）。」臺灣文獻叢刊第 146 種，臺北：臺
　灣銀行經濟研究室，1962 年，頁 181。大體言，書院與義學的關
　係約有三種：一是部分書院雖名書院，實際則為義學性質；二是
　部分義學由書院經營托管；三是部分義學設於書院一隅。
21 潘永清，字少江，號定民，臺北八芝蘭（今士林）人，祖籍漳州。
　潘氏渡臺始祖為潘滿興，乾隆初攜眷入墾桃園八塊厝（今八德），
　逐漸發展為北臺灣重要家族，第三代潘宮籌遷居唭里岸（士林舊
　街，今佳里、芝山巖一帶），生八子，長子潘永清性情英敏，在
　民間享有「頂港潘永清，下港許超英」之聲譽。

討論的「大觀義學」。

三、〈大觀義學碑記〉的撰寫人

〈大觀義學碑記〉是解瞭「大觀義學」沿革的第一手文獻，撰文書寫人莊正，福建省泉州府晉江縣籍，同治壬戌年（同治元年，1862）恩科舉人，字養齋，號誠甫；妻林要姬，為林本源家族林國華之女、林維讓與林維源兄弟之妹。連橫《臺灣通史‧林平侯傳》：「初，漳泉械鬥，歷年不息，及成，猶不通慶弔，維讓憂之，以其妹妻晉江舉人莊正。正字養齋，名下士也。至是來臺，與維讓兄弟合設大觀社，集兩族之士而會之，月課詩文，給膏火。自是往來無猜。[22]」民國七十七年（1988）盛清沂編纂《板橋市志》，第十九章〈文藝〉逐此碑記，列入「流寓本市人士之作」，文末註記：「莊正，字養齋，福建晉江人，同治間舉人。板橋富紳林維讓妹婿也。[23]」

板橋現今仍存留莊正墨蹟三件：其一、大觀書社右壁〈大觀義學碑記〉，碑記末題「同治十有二年癸酉中春溫陵莊正并書[24]」。其二、接雲寺三川門匾額：「同

---

22 連橫《臺灣通史》卷 33、列傳 5〈林平侯列傳〉。臺灣文獻叢刊第 128 種，臺北：臺灣銀行經濟研究室，1958 年，頁 929。

23 張馥堂主修，盛清沂、吳基瑞編纂《板橋市志》第 19 章「文藝」、第 2 節「文」、第 2 項「流寓本市人士之作」。臺北：板橋市公所印，1988 年，頁 969。

24 大觀書社（大觀幼稚園）右壁，橫 411 公分，高 54 公分。碑記「首倡義貲創學舍於板橋東北隅」句中「板橋」二字為重修時誤刻，臺北市文獻委員編《臺灣北部碑文集成》收錄〈大觀義學碑記〉

治甲戌年春月穀旦『種諸善根』溫陵莊正敬獻[25]」。其三、林本源園邸來青閣懸掛匾聯：「積善有餘慶，看今日仁周晉豫，寵錫絲綸，定卜畫堂開綠野；人生惟行樂，且偷閑嘯傲煙霞，平章風月，靜憑曲檻數青山。」上下聯跋云：「時甫仁弟大人富而好禮，義必勇為，側聞晉豫奇荒，義粟仁漿，遠周兩省，楓宸錫命，萱室蒙麻，可謂能貽令名矣。暇日抒其胸中丘壑，結構園亭，怡情花鳥，誠翩翩濁世佳公子也。爰書數語以紀其實。戊寅冬月養齋莊正。[26]」前兩件莊正自署「溫陵」，後一件自署「養齋」。

溫陵，泉州郡治之雅稱，是一個形象化概括地形氣候的地名。根據福建志書所述，泉州地處高阜、燠多寒少；高阜為陵、燠多為溫；唐初已別名溫陵，故古泉州人常以「溫陵」自稱[27]。明洪武二年（1369），福建全省八路，先後改為八府：福州、建寧、延平、邵武、興化、泉州、漳州、汀州；泉州府領七縣：晉江、南安、

作「枋橋」。參見徐麗霞《板橋行腳－古蹟與宗教》，臺北：財團法人大觀書社，1999 年，頁 16-17。
25 林本源園邸來青閣匾。參見徐麗霞《林本源園邸古蹟細賞系列－匾聯之美》，臺北：新北市政府文化局，2011 年，頁 62-67。
26 板橋接雲寺三川門匾。參見康鍩錫《板橋接雲寺建築藝術與歷史》，臺北：板橋接雲寺委員會，2007 年，頁 142。
27 《晉江縣志》：「地處高阜，其氣獨溫。」《南安縣志》：「泉州氣候燠多寒少，故古有溫陵之稱。」又相傳宋朱熹在泉郡治東北「小山書院」講學，種竹建亭，謂該地為清源山龍脈入城之衝，故地氣獨溫，由此而稱溫陵，此說一出，溫陵之名越流傳，成為泉州之別稱。

同安、惠安、安溪、永春、德化。清承明制，泉州府仍
為閩八府之一；雍正十二年（1734），永春升為直隸州，
德化歸其所轄；泉州府餘五縣：晉江、惠安、南安、安
溪、同安。晉江屬泉州府轄下縣，職此，莊正循地方慣
例，自稱「溫陵」人，無誤。

〈大觀義學碑記〉：「歲癸亥，余游寓於茲，思有
以洗滌而振興之，商諸外兄弟觀察林君維讓、維源，首倡
贊創學舍於枋橋東北隅，月集諸生考課。余不忝司月旦，
既砥礪其德業，亦柔和其心性。」按「歲癸亥」即大觀義
學創建年：同治二年（1863）。莊正向林維讓、林維源
倡議興辦義學，林氏兄弟隨即出貲發起；學舍完竣，莊
正出任首屆講席，主持學務。同年，莊正歸返泉州，十
年後才再次來抵板橋，此年即大觀義學擴建落成年：同
治十二年（1874），歲次癸酉；亦就是〈大觀義學碑記〉
撰寫年。〈大觀義學碑記〉：「余內渡十年，再遊斯土，
深幸士氣民情駸駸日盛，由是薰陶振作，使游淡北者，
謂斯之風俗人才絕冠海邦，豈不懿哉？」再次來臺的莊
正，觀看大觀義學十年化民成俗的辦學成效，深感欣慰，
而林本源也再次邀請莊正出任講席，主持學務。碑記：
「余忝倡是謀，且兩登講席，敢不揣固陋而為之記。」
所謂「兩登講席」之時與事，脈絡清晰可考。雖然如此，
莊正首次「來臺」與「在臺」，應更早於同治二年，臆
測不晚至咸豐中葉，緣於親身經驗「咸豐～同治」臺北
大械鬥之慘烈，痛定思痛，遂有興學之思。

　　同治十二年（1873）再次主講大觀義學後，莊正繼續寓居板橋，翌年獻匾接雲寺[28]。接雲寺主祀觀音，金身由中和柯仔崙石壁湖「慈雲巖」[29]奉請而來；慈雲巖創建於雍正年間，咸豐三年（1853）艋舺泉人火攻中和漳人，化為焦土而廢寺，林本源家族林國芳將觀音移駐板橋城內西北隅建廟，咸豐六年（1856）動工，同治七年（1868）竣工；其後林本源拓建五落大厝，光緒四年（1878）接雲寺遷移今址西門街，重新破土動工，光緒十三年（1887）完竣，一直是大板橋地區首屈一指的觀音信仰中心。莊正匾題「種諸善根」[30]，善根為佛教術語，善、善法，根、根本，意謂能生出善法的根本，指好的根性、良善的特質，這是以樹根作譬喻，形容「善法」猶如樹根一般能生長，故取名曰「善根」；莊正勉勵接雲寺信眾，時時刻刻修養善心善行，種諸多善根，廣結善因緣，以成就人我。落款：「同治甲戌春月穀旦」，甲戌為同治十三年（1874），春月統稱春季初、仲、暮

---

28 接雲寺，位於今新北市板橋區西門街，府中路、舘前西路與西門街交叉口。

29 慈雲巖，位於今新北市中和區圓通路圓通寺後柯仔崙山頂，相傳夜間寺廟燈火破壞艋舺龍山寺風水，咸豐漳泉械鬥燬於火。1954年柯仔崙林火燒山，發現舊址，圓通寺住持妙清法師倡議重建，1969年竣工，由妙清弟子達見法師出任住持。

30 種諸善根：種，培養；諸善根，很多善根。《入阿毗達磨論》卷上：「能為根，生餘善法，故名善根。」《維摩詰經‧菩薩行品》：「護持正法，不惜軀命。種諸善根，無有疲厭。」《阿毘達磨品類足論》：「善根云何？謂三善根。即無貪善根、無瞋善根、無癡善根。」《長阿含經》：「云何三法向善趣？謂三善根：無貪善根、無恚善根、無癡善根。」

三個月，穀旦則是吉日的同義詞[31]，「春月穀旦」表述
不確定的月與日，泛說春季吉日而已。由此推之，自前
年（同治 12 年）「中春」（仲春二月，〈大觀義學碑記〉），
光陰荏苒又一年春臨大地，莊正始終在板橋。

　　林本源園邸來青閣「**積善有餘慶**」匾聯，書贈「**時
甫仁弟大人**」，時甫即林維源，林維源初名友逢，字時
甫。上聯的跋文：「**時甫仁弟大人富而好禮，義必勇為，
側聞晉豫奇荒，義粟仁漿，遠周兩省，楓宸錫命，萱室
蒙麻，可謂能貽令名矣。**」大意謂：林家富裕且有德好
禮，凡道義之所在必勇敢做去，聽聞山西（晉）、河南
（豫）嚴重凶荒，捐輸施濟遠及兩省，皇帝賞賜，母親
蒙受封誥，留下懿美之名聲[32]。按光緒初年，華北旱魃
肆虐，光緒二年～五年（1876～1879）持續酷燥，受災
區包含：山西、河南、陝西、直隸（河北）、山東等北
方五省，並波及蘇北、皖北、隴東、川北等地，光緒三
年～四年（1877～1878）山西（晉）、河南（豫）兩省
尤甚，旱繼之以癘，赤地千里，饑民數百萬輾轉流離，
鬻子食人，史家稱「晉豫奇荒」、「晉豫大飢」[33]，林

---

31 《詩經・陳風・東門之枌》：「穀旦于差，南方之原。」毛傳：
　　「穀善也。」十三經注疏《詩經》，臺北：藝文印書館，未著版
　　年，頁 251。王先謙《詩三家集疏》：「穀旦，猶言良辰也。」
　　臺北：鼎文書局，1973 年。
32 參見徐麗霞《林本源園邸古蹟細賞系列－匾聯之美》，同註 25，
　　頁 62-67。
33 朱壽朋《光緒朝東華錄》：「自去年以來，直隸、山東、山西、河
　　南等省，田河缺雨，荒旱成災，糧價日增，流民遍野。……而山

維讓、林維源兄弟，都以母親之名捐款賑災，拯救全活不少人。連橫《臺灣通史》：「光緒二年，巡撫丁日昌視臺，邀維讓至郡。維讓病不能行，維源往焉。日昌語之曰：『方今海防重大，財政支絀，子為臺灣富戶，亦當稍報國家。』維源乃捐銀五十萬兩。其母鍾氏以晉、豫之災，捐賑二十萬兩。奉旨嘉獎，追贈三代一品，賜『尚義可風』之匾。已而，維讓生母鄭氏，亦以山西之賑，自捐二十萬兩，賜『積善餘慶』之匾。[34]」莊正所贈聯語，即針對此義行而頌揚。落款年「戊寅冬月」，戊寅為光緒四年（1878），歲次戊寅。據此，推估計算，從同治十二年起，莊正留寓板橋六年左右。

綜括前文，仍有兩處疑慮：（一）同治十三年至光緒四年之間，莊正是否曾渡海回閩而後復來？（二）光緒四年以下，莊正是續寓抑或離去？何時離去？囿於文獻和才拙，明確答案猶待詳細考解。〈大觀義學碑記〉：「余以親舍白雲，未敢淹留；客路清風，無從恢廣。觀察君昆仲好義性成，圖始必能圖終，或後之君子有與余同志者，不獨諸生之感，亦余所厚望也。」此段文字透露，莊正主體性認定的角色為「客」，板橋執掌義學唯

西一省，荒歉更其於去年，人情洶洶，朝夕難保。」曾國荃〈請飭拔西征軍餉疏〉：「赤地千有餘里，飢民至五六百萬之眾，太古奇灾，古所未見。」參見氏著《曾忠襄公奏議》卷 5，臺北：文海書局，頁 33。按光緒 3 年、4 年為丁丑、戊寅年，亦稱「丁戊奇荒」、「丁戊大荒」。

34 連橫《臺灣通史》卷 33、列傳 5〈林平侯列傳〉，同註 22，頁 930。

是「客路」，並無著根落地之規劃，而莊正不能長期居臺之故，係導因「親舍白雲」。「親舍白雲」比喻客居他鄉，思念父母；典出唐代狄仁傑。狄仁傑年輕時曾任并州（山西太原）法曹參軍，父母遠在河陽（河南孟縣），某日登太行山，遠眺河陽，見孤雲飄浮天際，狄仁傑指白雲說：「吾親舍其下。[35]」瞻悵久之，等到白雲移散才離開。「父母在，不遠遊[36]」，定省承歡乃人倫義理之必然，莊正深知之，衷心祈盼自己歸鄉離開後，林本源家族能夠貫徹始終，延續發揚大觀義學的教育事業。

四、大觀義學的創設背景：
林本源家族與分類械鬥

　　林本源家族的來臺始祖為林應寅，乾隆四十三年年（1778）自漳州府龍溪渡海，落腳新莊，設帳授徒。康熙三十三年（1694）北臺大地震，形成「康熙臺北湖」[37]，

35　《新唐書・狄仁傑傳》：「薦授并州法曹參軍，親在河陽。仁傑登太行山，反顧，見白雲孤飛，謂左右曰：『吾親舍其下。』瞻悵久之，雲移，乃得去。」同註 6，頁 4207。《大唐新語・舉賢》：「特薦為并州法曹，其親在河陽別業。仁傑赴任并州，登太行，南望白雲孤飛，謂左右曰：『吾親所居，近此雲下。』悲泣，佇立久之，候雲移乃行。」

36　《論語・里仁》：「父母在，不遠遊，遊必有方。」朱熹《四書集註》，臺南：大孚書局，1991 年，頁 24。

37　康熙 33 年（1694）4 月，新店與金山斷層發生連續月餘的芮氏七級大地震，臺北盆地液化，造成深 3 至 4 公尺，面積超過 30 平方公里以上的「臺北大湖」，範疇包括：基隆河下游及其北側河道、

淡水河岸的新莊（指新莊街）[38]正好面湖，衍成內海港，從福建、廣東等各口岸開抵的巨舶多泊於此；乾隆十七年（1752）新莊設「新莊巡檢署」，嘉慶四年（1799）又設「新莊縣丞」。移民大規模在新莊平原鑿圳[39]，興設水利，使水導不通、稻作不植的荒埔地，變成良畝，農業富饒，帶動米糧輸出與日用品的輸入與消費，自乾隆中葉到嘉慶末年，新莊街千家煙火，萬商雲集，是大甲溪以北的首要城市，享有「一府二鹿三新莊」[40]之美譽。

第二代林平侯[41]，是林本源家族的奠基人，十六歲（或曰二十歲）來臺依父，受傭新莊米商鄭谷，不數年蓄積數百金，鄭谷再借資千金，自創商號[42]。由於新莊平原米產之故，淡水河流域以運銷「米」為經貿之最大

社子島、關渡平原等。康熙臺北湖的潮流，受地形和溪流影響，新莊與板橋間大漢溪轉向北流，經大龍峒接基隆河，轉西北，越北投、關渡出海，新莊適逢潮流進入臺北大湖的中點，港深水闊。

38 新莊地區指新莊平原，含三重、新莊、泰山、五股、丹鳳、蘆州、樹林部分，稱興直堡。新莊街指新莊的帶狀老街，約今廟街一帶。

39 新莊平原的水圳主要兩條：一是永安陂，又稱張厝圳，乾隆 11 年（1733）泉人張必榮、張克聲開鑿；一是萬安陂，又稱劉厝圳，乾隆 18 年（1753）客籍潮人劉建昌、劉和林開鑿。

40 一府之府，指臺灣府府城，今臺南市；二鹿之鹿，指彰化鹿港。

41 許雪姬〈林本源及其花園之研究〉：「應寅有三子，長名安然，安邦其次，即平侯也，三子姓名不詳。」《高雄文獻》第 3、4 期合刊，1980 年 6 月，頁 38。

42 連雅堂《臺灣通史・林平侯傳》：「平侯年十六，省父，傭於米商鄭谷家。性純謹習勞，谷信之，數年積資數百，谷復假以千金，命自經紀。平侯善書算，操其奇贏，獲利厚。谷年老將歸，平侯奉母利以還，不受，為置產芎腳莊，歲收租息以餽之。」同註 22，頁 927-928。芎腳莊，今新北市中和區積穗一帶。

宗，林平侯乃利用水運、海運，以販米為業。米業發跡
的林平侯，再與竹塹（今新竹）林紹賢[43]合辦全臺鹽務，
插手樟腦，拓展航運至華南、天津、營口等地，躍升臺
灣富紳。嘉慶三年（1803）由商轉政，納捐五千餘兩，
得縣丞為起捐官品，再捐知州，分發廣西，任潯州通判
兼攝來賓縣事，旋補桂林同知，再陞南寧府知府、柳州
知州，前後約十年[44]，嘉慶二十一年（1816）辭官賦歸。
返臺之際，北臺械鬥正熾，新莊當要衝必爭之地，為了
避免捲入紛爭，嘉慶二十三年（1818）林平侯帶領全家
遷徙大嵙崁（今桃園大溪）[45]。

　　道光二十四年（1844）林平侯卒。有五子：長子國
棟，早卒，家號飲記；次子國仁，家號水記；三子國華，
家號本記；四子國英，家號思記；五子國芳，家號源記；
合稱「飲水本思源」。國華與國芳為嫡生，共同管理資

43　林紹賢（1761-1829），乾隆年間隨父自福建同安移居府城（臺南），
　　轉徙竹塹（新竹），經營南洋貿易，與林平侯合辦全臺鹽務，創
　　立「恆茂」商行，廣置田產，累貲鉅富，成為新竹望族。道光年
　　間，孫林占梅於內公館築「潛園」，與開臺進士鄭用錫「北郭園」，
　　為新竹兩大名園。
44　許雪姬《林本源家族與庭園歷史》：「頗有政績，在仕途前後 10
　　年（自 1806-1915）。」臺北：臺北縣政府文化局。1806-1815 年，
　　即自嘉慶 11 年至嘉慶 20 年。
45　司馬嘯青《臺灣五大家族》（下）：「當時新莊地當要衝，每為
　　漳泉兩族必爭之地，林平侯痛定思痛，乃於 1818 年舉家遷往大嵙
　　崁。」臺北：自立晚報出版社，1987 年。王國璠《板橋林本源家
　　傳》：「二十四年，公以所居新莊，適當淡水下游，兩郡豪勇之
　　夫，咸欲據為貨運樞紐。公懼禍根已伏，必罹大戾，乃移家大嵙
　　崁。」臺北：林本源祭祀公業。

產，謂曰「本源」，[46]「林本源」名號由此而來。道光二十七年（1841），林國華、林國芳於板橋築「弼益館」點收租穀；咸豐三年（1853）興建三落大厝，正式自大嵙崁入主板橋。此年，臺北爆發了臺灣史聞名的大械鬥「頂下郊拼」。

咸豐年間，淡水河沿岸最重要的河港都市已由艋舺（今萬華）取代新莊崛起，商業碼頭掌握於三邑人（晉江、南安、惠安）手中。咸豐三年（1853），下郊三邑人與頂郊同安人，因釁火拼，兵燹綿延，其後安溪人將鄉土神廟清水巖祖師廟[47]，借給頂郊人焚燬，使順利衝燒同安人八甲庄，三邑人大勝，同安人敗退大龍峒附近的大稻埕。頂下郊拼原係泉州人的異縣械鬥，三邑、同安、安溪皆泉州府轄下縣，然而漳人卻因複雜原故而捲入戰爭，《臺北市志》：「頂下郊拼起自咸豐三年（1853）細故搆釁，卒至大動干戈，各盡死力火拼，直至咸豐九年（1859）秋八月，下郊人不願拖延戰事，決定採取最後手段，驅迫頂郊人入淡水河，然此計謀事先被頂郊人探悉，先發制人，向中立派的安溪人借用清水巖祖師廟，

---

46 司馬嘯青《臺灣五大家族》（下）：「這五子的字號合稱『飲水本思源』，其中有三房與五房的國華、國芳以才氣縱橫，特重祭祖，合約設立祭祀公業，名稱則合『本記』與『源記』，而以『林本源祭祀公業』為其公號。這是後人以『林本源』代表林家的來源，而林家對外的代表性投資活動，大都以『林本源』出名，道理也在此。」同註 45。

47 艋舺清水祖師廟，臺北市萬華區康定路 81 號，主祀清水祖師，三級古蹟。

放火焚燒，趁火直搗下郊人之根據地八甲庄，板橋林本
源（林國芳）與淡水黃阿蘭（黃龍安）於此時加入戰局，
遂引爆全面性之漳泉拼分類械鬥。[48]」

　　其實，咸豐三年林本源為了逮捕欠租佃人也曾引爆
漳泉拼，被捕佃人均屬泉籍，租佃泉人全面反抗，林本
源召漳人對打，泉人不支，求援於咸菜硼（今新竹關西）
陳福成墾號，雙方激戰，難分勝負。咸豐五年（1855）
林國華、林國芳，興築「枋橋城」準備長期抵禦泉人。
陳培桂《淡水廳志》：「枋橋城堡，在擺接堡。週圍約二
里，皆甃以瓦，設四門。咸豐五年，紳民捐建。[49]」所謂「紳
民捐建」其實為：林本源策畫、捐款、守備。日人淀川
喜代治《板橋街誌》：「板橋之周圍築高一丈五尺厚二
尺餘之城牆，沿內側城牆築造高六尺寬五尺之馬路，於
城牆每距離約一丈五尺造槍口供射擊之用，於東西南北
造四大城門，進而為圖住民汲水或洗濯之便，於各門與
門之中間設四個水門，於各大城門築城樓，再從現市場
前起向北（通於社後之路）十數間前築造了敵樓（當時稱
為高銃樓）。[50]」四大城門之外，另有小東門；東門在今
慈惠宮之東，小東門在今文化路與北門街交口處，西門

---

48 黃啟瑞監修，郭海鳴等修《臺北市志稿》卷10《雜錄文徵篇》‧
　《雜錄篇》。臺北：臺北市文獻委員會，1957年，頁48。
49 清陳培桂《淡水廳志》〈建置志〉，臺灣文獻叢刊第172種，臺
　北：臺灣銀行經濟研究室，1963年，頁46。
50 淀川喜代治編著、陳存良等譯《板橋街誌》，臺北：臺北縣立文
　化中心，1998年，頁36。

在今接雲寺前，南門在今館前西路和南門街交會口，北
門在今北門街口北門橋一帶。每座城門駐紮林家壯勇十
餘名，黃昏關閉，僅留狗空（竇）供進出，城內設置警
衛系統與夜間巡更制度[51]。光緒六年（1880）臺北府城
建立以前，「板橋城」是臺北盆地唯一具備城牆的防禦
性都市。

　　咸豐九年（1859），漳泉拼大爆發，《淡水廳志》：
「枋寮街火，漳同（漳州人、同安人）互鬥，并燒港仔
嘴、瓦窯、加臘仔等莊，旋而擺接、芝蘭一、二堡亦鬥，
縱毀房屋。[52]」此時，林國華已於咸豐七年（1857）卒，
林國芳以其財力及武力，受漳人擁戴為領袖，泉人瞭解
要瓦解漳人，唯有先攻下板橋林本源，黃龍安為首的泉
人聯軍，全面進攻板橋城，林國芳招募丁勇應戰。王國
璠《板橋林本源家傳》：「九年五月，恩賜舉人，捷訊
方傳，而漳泉復鬥，禍之慘，前所未見。其際國華已逝，
公獨扼其衝，於城外四隅數百尺處，設寨建碉，架火砲，
遴敢死者司射擊。懸巨鑼，有警鳴之，與城中相呼應。
七月，滬尾黃某率艋舺、新莊、坪頂（今林口）、和尚
洲（今蘆州）、港仔墘（疑當作埤仔墘，今板橋新埔附
近）、加蚋仔各鄉莊豪勇者三千餘人，攻枋橋。新店溪

---

51 參見徐麗霞〈清治板橋地方文化之流變〉，《銘傳大學 2011 年應
　中系中國文學「學理與應用」國際學術研討會論文集》。〈板橋鎮
　鄉土史座談會記錄〉，林土木發言，《臺灣風物》17 卷 5 期，頁 3。
52 清陳培桂《淡水廳志》〈祥異考〉，同註 49，頁 366。枋寮，今
　新北市中和區；瓦窯，今新北市中和區與永和區交界地帶。

而下，火光燭天，哭聲遍野。[53]」

　　翌咸豐十年（1860）正月農忙，雙方暫時停歇，九月晚稻收割後，戰事又爆。此次，林國芳先破泉人的新莊、港仔嘴、西盛等，泉人極其狼狽，和談之聲高唱入雲。安溪人白其祥領導安溪人嚴守中立，奔走於黃龍安與林國芳之間，最後達成協議。然而咸豐十一年（1861），復因開墾烏突堀，林國芳與黃龍安再起爭鬥，林國芳率領漳人再度大破新莊、西盛，禍焰延及於大坪頂（今林口）、桃仔園（今桃園）[54]。

　　械鬥漸止，清廷鎖定懲處林國芳，同治元年（1862）閩浙總督慶瑞、福建巡撫瑞璸上奏，將林國芳革職、交省嚴辦。《清穆宗實錄選輯》：「同治元年元月十九日（壬寅），諭〔內閣〕：『慶端、瑞璸奏：「請將橫行閭里、糾眾焚搶之紳士革職審辦」等語。福建臺灣淡水廳紳士鹽運使銜候選郎中林國芳，因與泉州人民挾嫌，輒將泉人耕種該紳士之田恃強起換，另招漳州人民耕種，致激漳泉民人互相鬥殺。該員復敢招募壯勇四出焚搶，幾至激變；實屬為富不仁，目無法紀。林國芳着即行革職，交慶端等派員提省，嚴行審辦；並勒令兩造交出兇要各犯，一併解省徹底根究，毋稍疏縱。』[55]」相傳，林國芳死在

53　王國璠《板橋林本源家傳》〈林國芳傳略〉，林本源祭祀公業，1985 年，頁 26。
54　參見許雪姬《林本源家族與庭園歷史》，同註 44，頁 98-99。
55　《清穆宗實錄選輯》，臺灣文獻叢刊 190 種，臺北：臺灣銀行經濟研究室，1963 年，頁 14。

押送京城的途中[56]。

　　林國華生二子：林維讓、林維源。林國芳無子，過繼林維源為嗣。經年累月的拼鬥，林本源傷亡慘重，林家論功行賞、厚恤亡者家屬，並收埋屍骸、建祠慰靈，王國璠說是「撥重金勞遺族，築迪毅堂祀陣沒[57]。」林本源家族改由林維讓、林維源兄弟接續掌理，痛定思痛，遂以臺北漳人領袖的身份，破除情面，嫁妹泉州舉人莊正，出資倡建大觀義學，以示調解糾紛與致力祥和的誠意與決心。光緒年間，閩浙總督何璟請恢復林國芳原官職[58]，後林維源顯貴，林國芳誥封通奉大夫、晉光祿大夫、正室一品榮銜。

五、〈大觀義學碑記〉所述義學的成立與目的

　　分類械鬥，是民間的武力衝突，對立雙方因利益分

---

56 許雪姬《林本源家族與庭園建築》：「因此其捐職（鹽運使銜候選郎中）革除，並要即時逮捕他到福建省城福州問訊，就在這時（1862）林國芳忽然過世，得年 42 歲，被臺灣民間說成『第一驚死林國芳』。」王國璠《板橋林本源家傳》無此記載，僅說「同治元年卒」。

57 王國璠《板橋林本源家傳》〈林國芳傳略〉，同註 53，頁 26。

58 清何璟〈閩浙督何等奏紳士捐輸請為故父開復〉：「臣伏察該革員林國芳，業已身故；其從前起佃激成鬥搶一案已歷十九年之久，兩造均無質證，案懸未結。職是之故，而林維源急公好義，慨捐鉅款，思蓋父愆，其志實屬可嘉。現飭臺灣道夏獻綸速將此案訊明辦結，並查明故革員林國芳如無應議罪名或情堪原宥，再行仰懇天恩奏請開復，廣朝廷錫類之仁，遂該紳顯親之志。」《清季申報臺灣紀事輯錄》「光緒五年七月十二日發抄旨一道」，臺灣文獻叢刊 247 種，臺北：臺灣銀行經濟研究室，1968 年，頁 872。

配失衡、種族及地緣意識強烈，形成分偏黨護，偶一細虞便列械而鬥、累世仇殺，造成家破人亡、哀鴻遍野，不僅危及地方安寧，更延遲經濟、文化的發展，影響巨大，洵為臺灣清治時期社會動盪不安的重大因素之一。姚瑩〈上督撫請收養游民議狀〉：「**竊見臺灣大患有三：一曰盜賊，二曰械鬥，三曰謀逆。**[59]」〈與湯海秋書〉：「**及其弊也，一耗於奢淫，二耗於詞訟，三耗於械鬥。**[60]」分類械鬥的嚴重性可見一斑。

康熙六十年（1721）朱一貴事件引起鳳山縣「閩粵械鬥」是首次案例，到光緒年二十一年（1985）臺南學甲堡的謝黃兩族「異姓械鬥」[61]，清治二百餘年，總計高達一百二十五次[62]，乾隆末至嘉慶初、咸豐至同治，為兩大高峰期[63]。劉家謀《海音詩》自註：「**北路則先**

---

59 清姚瑩《中復堂選集》，《東溟後集》卷 3，臺灣文獻叢刊第 83 種，臺北：臺灣銀行經濟研究室，1960 年，頁 39。
60 清姚瑩《中復堂選集》，《東溟後集》卷 6，同註 59，頁 119。
61 臺南學甲堡學甲庄黃姓族人，經向謝姓族人典租魚塭，屆期不還，引起謝黃兩姓械鬥，後黃姓通函全臺同姓，約謀於索還後，魚塭 380 甲均允作宗親公產，於是蘊釀更激烈的鬥爭，因適值清廷割臺，紛爭始得自息。
62 許達然〈械鬥和清朝臺灣社會〉，《臺灣社會研究季刊》第 23 期，1996 年 10 月，頁 51-57。有關清治臺灣械鬥次數，因認定標準不同，統計亦不同；張菼〈臺灣反清事件的不同性質及分類問題〉為 38 次，黃秀政〈清代臺灣分類械鬥事件之檢討〉為 41 次，林偉盛《清代臺灣社會與分類械鬥－羅漢腳》為 60 次，許達然〈械鬥與清代臺灣社會〉為 125 次。
63 黃俊雄〈清代臺灣分類械鬥書寫之研究〉，統計前行學者研究成「清代臺灣械鬥發生頻率圖」，中正大學中國文學研究所碩士論文，2008 年，頁 16-17。

分漳泉，繼分閩粵；彰淡又分閩番，且分晉南惠安同。南路則惟分閩粵，不分漳泉。然俱積年一鬥，懲創即平；今乃無年不鬥，無月不鬥矣。[64]」道光十九年（1849）來臺任訓導（或曰教諭）的劉家謀，咸豐二年（1852）夏秋之交養病休閒，聞海吼而發乎吟詠，刻意倣白居易「秦中新樂府[65]」的寫實精神，組成百首絕句《海音詩》，「今乃無年不鬥，無月不鬥矣」，蓋咸豐年的客觀實錄；大觀義學興建前的大械鬥即發生在第二高峰期。

　　清政府於臺灣設置義學，其初始目的與中國邊遠地區同，乃企圖通過教化以收控管之功能。官方思維，臺灣不僅孤懸海隅，是皇威莫及的偏疆，臺灣還民性憍悍、風俗浮動而亂盪難治，更應強化基礎蒙學來革弊應對。朱一貴事件甫平，參贊南澳總兵藍廷珍戎幕的藍鼎元〈覆制軍臺疆經理書〉：「臺灣之患，又不在富而在教，興學校，重師儒，自郡邑以至鄉村，多設義學，延有品行者為師，朔望宣講聖諭十六條，多方開導，家喻戶曉，

64　清劉家謀《海音詩》：「同是萍浮傍海濱，此疆彼界辨何真。誰云百世讎當復，賣餅公羊始誤人。」自註。吳守禮《校注海音詩全卷》，臺灣文獻叢書藝門第 2 種，南投：臺灣省文獻委員會，1953 年，頁 18。劉家謀道光 12 年（1832）舉人，道光 19 年（1849）遷調臺灣府學訓導，咸豐 3 年（1853）廈門小刀會黃位流竄臺灣海域，臺灣盜匪互為呼應，攻臺南府城，劉家謀力守城，三個月後卒。

65　清劉家謀著，吳守禮校注《校注海音詩全卷》，同註 64，頁 29。秦中樂府為唐白居易的《秦中吟》樂府詩，白居易自序：「貞元、元和之際，予在長安，聞見之間，有足悲者，因直歌其事，命為秦中吟。」白氏樂府強調現實主義的詩史特質。

以孝悌忠信禮義廉恥八字轉移士習民風，斯又今日之急務也。[66]」道光二十八年（1848）分巡臺灣兵備道徐宗幹，在府城小西城外新建南廠義學，訂定〈設義塾約〉：「臺郡城鄉子弟，浮蕩者多，皆由養蒙未得其正。大半苦無恆產，無力延師教課，及長成，或不免流為匪類。[67]」臺灣方志內相關書寫屢見不鮮，康熙三十五年（1696）高拱乾《臺灣府志・風土志》：「人情之厭常喜新，交誼之有初鮮終，與夫信鬼神、惑浮屠、好戲劇、競賭博，為世道人心之玷，所宜亟變者亦有之。夫以雕題黑齒之種，斷髮文身之鄉，一旦閩擴為九，縣設而三，滌疵蕩穢。[68]」這種風俗民性之說，大氐成為宦臺人士對臺灣的最普遍解讀，也被視為分類械鬥與官方所謂「民變」的禍首。

　　其實，臺灣械鬥頻繁，是多元因素總和之結果。就政治因素言，牡丹社事件[69]之前，清廷消極治臺，吏治窳敗。藍鼎元《平臺紀略》：「官吏孳孳以為利藪，沉

---

66 清藍鼎元《東征集》卷 3〈覆制軍臺疆經理書〉，臺灣文獻叢刊第 12 種，臺北：臺灣銀行經濟研究室，1958 年，頁 39。

67 清丁曰健《治臺必告錄》卷 5，徐宗幹《斯未信齋文集》〈設義塾約〉，臺灣文獻叢刊第 17 種，臺北：臺灣銀行經濟研究室，1959 年，頁 373。

68 清高拱乾《臺灣府志・風土志》，臺灣文獻叢刊第 65 種，臺北：臺灣銀行經濟研究室，1960 年，頁 186-187。

69 同治 10 年（1871）琉球人因海上遇風，船漂流琅𤩝附近八瑤灣（今屏東滿州），66 人被排灣族牡丹社原住民所殺，12 人逃出。12 年（1873）日本派外務卿向北京交涉，毛昶熙答：「生番既屬我國化外」。13 年（1874）日軍登陸進攻牡丹社。

緬樗蒲，通宵連曙。[70]」徐宗幹〈答王素園同年書〉：
「各省吏治之壞，至閩而極，而閩中吏治之壞，至臺灣
而極。[71]」劣官不能善盡護民之責，遇有糾紛，臺人每
自行率眾、私相逞鬥。同時，清治之初，嚴禁移民攜眷
渡海，造成畸型人口結構，青壯男多、婦女絕少，羅漢
腳[72]隨處充斥，結黨滋事。尤甚者，政府常挑撥族群矛
盾，進行分化，擴大閩粵或漳泉之間的衝突，操弄牽掣
以削弱反清力量，因此臺灣族群意識始終壁壘分明。就
經濟因素言，乾隆中葉後，臺灣南北已先後開發，可容
納新移民的土地縮減，為了爭取拓墾空間，遂組成對立
的各個勢力，強割佔耕、連塍爭水，只要毫釐口角都能
釀成大衅。泊商業興起，又為了搶碼頭、競營利，照樣
蠻觸狠拼、互不相讓。械鬥也就愈演愈熾，層出不窮。

　　莊正〈大觀義學碑記〉所述內涵包括：大觀義學的
教化功能、大觀義學的建設沿革、大觀義學的命名由來、
大觀義學的神祇信仰與學術宗派，對林本源家族的推崇
和期許。其中「教化功能」是整體碑記的結穴點，也是

---

70 清藍鼎元《平臺紀略》，臺灣文獻叢刊第 14 種，臺北：臺灣銀行
　經濟研究室，1958 年，頁 29。
71 清丁曰健《治臺必告錄》卷 5，徐宗幹《斯未信齋文集》，同註
　67，頁 349。
72 陳淑均《噶瑪蘭廳志》卷 2〈規制・鄉莊・附考〉：「臺灣一種
　無田宅無妻子，不士不農，不工不賈，不負載道路，俗指謂羅漢
　腳。嫖賭摸竊，械鬥樹旗，靡所不為。曷言乎羅漢腳也？謂其單
　身遊食四方，隨處結黨，且衫褲不全，赤腳終身也。大市不下數
　百人，小市村不下數十人，臺灣之難治在此。」臺灣文獻叢刊第
　160 種，臺北：臺灣銀行經濟研究室，1963 年，頁 28。

大觀義學創辦的動機和目標，莊正對於械鬥而興教的邏
輯推理如何？〈大觀義碑記〉：

> 程子曰：「治天下以正風俗、得賢才為本。」余謂
> 非必天下也，即一都一邑亦然。風俗必本人心，關
> 乎士習。賢才不遽得，當培養而至成之。然則化民
> 成俗之原，興賢育才之道，莫要於建學立教。淡水，
> 海外荒徼，入版圖最後，國初以前癘為狉榛，開闢
> 百十年，瘴雨蠻煙，悉為含鼓嬉游之宇。然地富庶
> 而人強悍，睚眦之怨，逞刃相仇連年，累歲亡身破
> 家不休。其性耶習耶？其不學不教之咎耶？淡北距
> 塹城學宮百餘里，惟艋舺有學海書院而甄陶未廣，
> 僻壤孤村之士，既閟教澤，其有漫分氣類，畢生裹
> 足不登書堂者，民風之陋士習之頹，職是故歟？

以上為碑記的起文之節錄，約分三層次，其軸心圍
繞著「學校⇆教育⇆風俗⇆械鬥」。第一層引宋儒程顥
〈請修學校尊師儒取士箚子〉[73]，從「風俗」與「賢才」
建立起總綱「建學立教」；第二層「其不學不教之咎耶」
止，夾敘夾議寫淡水廳械鬥，「睚眦之怨」都可以「逞

---

73 宋程顥〈請修學校尊師儒取士箚子〉：「臣伏以治天下以正風俗、
  得賢才為本。宋興百餘年，而教化未大醇，人情未盡美，士人微
  謙退之節，鄉閭無廉恥之行，刑雖繁而奸不止，官雖冗而材不足
  者，此蓋學校之不修，師儒之不尊，無以風勸養勵之使然耳。」
  《全宋文》卷 1734。

刃相仇連年,累歲亡身破家不休」,其原因即前述:地理邊荒及民性剽悍,特別是因性成習這個因素;第三層「淡北距塹城學宮百餘里」以下,從全面「淡水廳」收束於大觀義學所在「淡北」,繼續呼應第二層寫淡北械鬥,淡北距離淡水廳的廳治淡南竹塹(今新竹)遙遠,獨有一座艋舺學海書院,教化不溥,致使風習鄙陋,故「漫分氣類」起矣。

臺灣分類械鬥之「類」即指「氣類」。姚瑩〈臺灣班兵議〉:「臺地漳泉粵三籍,素分氣類,動輒械鬥。[74]」〈答李信齋論臺灣治事書〉:「以府為氣類,漳人黨漳,泉人黨泉,粵人黨粵,潮雖粵而亦黨漳。[75]」莊正所述亦然。「氣」源自古「气」字,大自然雲氣的象形文,雲氣具有流動特質,抽象概念化後,成為天地一切事物組成的基本元素,以及人類與生物所具備的生命能量或動力。中國傳統觀念,氣之於人乃必然之存在,且會順生長環境而顯出差別相,同一生活環境的人往往稟受相似的氣類型態。這個普遍使用的詞彙,在朱子學可以找到溯源的理論依據。〈大觀義學碑記〉:「為屋二,中祀文昌帝君,券諸生之文明,奉濂洛關閩五先生,示學術之標準。」宋代理學的發展,朱子是繼承從周濂溪、張

---

74 清姚瑩〈臺灣班兵議〉上,《東槎紀略》,臺灣文獻叢刊第 7 種,臺北:臺灣銀行經濟研究室,1957 年,頁 93。
75 清姚瑩〈答李信齋論臺灣治事書〉,《東槎記略》,同註 74,頁 111。

横渠以至二程子以來的討論而蔚成大觀；清康熙尤重朱
子，在政治與地方推波助瀾之下，福建省朱子學昌盛，
號稱「閩學」，臺灣移民多自閩來，行政區為閩省下第
九府，濂洛關閩五夫子順理成章被崇奉為學術神。

　　理學家的論述，以天地間有兩種「根源存在」：「理」
與「氣」；「理」是形而上之道，生物之本；「氣」是形
而下之器，生物之具。朱熹主張「性即理」，「性」擡高
到「理一」位置，圓滿具足，無所謂顯隱，言「性」之
開顯或遮蔽，那是種種「氣」之滲雜所生的蔽障。朱熹
〈經筵講義〉：「天道流行，發育萬物，而人物之生，……
則又不能無所資乎陰陽五行之氣。而氣之為物，有偏有
正，有通有塞，有清有濁，有純有駁。以生之類而言之，
則得其正且通者為人，得其偏且塞者為物；以人之類而
言，則得其清且純者為聖為賢，得其濁且駁者為愚為不
肖。[76]」氣的流行定位方式：偏／正、塞／通，決定人
與物的分別；而氣的正與通之下，猶有清、濁、純、駁
的屬性分野，這些屬性形成各種氣質的人類，以上為：
先天的「氣質之性」。

　　當不同的先天「氣質之性」，納置在人的成長過程
中，還會受到後天習染的影響。其初以家為基點，進而
處於同一生活區域（生活圈）的家，經由社群彼此之間
的互動聯繫，在情境氛圍裡共鳴類感著個體氣質中的相

---

76 宋朱熹〈經筵講義〉，《朱子文集》卷 15。

同部分，久而久之，漸漸蘊釀→塑造→凝聚出群體的氣質形態。這種共鳴作用朱熹謂之「感格」，群體氣質即謂之「氣類」。朱熹解釋祭祖之禮時，說「氣類固已感格[77]」，表述的範疇與內涵：家族世代因血緣承繼了相似的個性，家族成員受處在共同的生活環境、家庭教育而交感出相似的行為與思維質素；因為這樣的緊密聯結，祭祀產生了意義。朱熹又曾舉呂子約為例，說：「某嘗謂氣類近，風土遠；氣類才絕，便從風土去。且如北人居婺州，從來皆做出婺州文章，間有婺州鄉談在裏面，如呂子約輩是也。[78]」呂子約本籍山東青州東萊縣，具北方人之氣質，其後徙居浙江婺州，遠離了故里，便隨著移入地氣質的貼近感染，北地氣質淡化，文章轉出婺州人的南方風格，此即是群體氣類的無形作用。

上述學理下落運用到現實社會層面，普遍而言，人的氣質隨外在牽引而變化，處在同樣時空環境的人，其氣質易於吸引聚合而形成「類」，如此轉變的結果總稱之「氣類」。由此推繹，各地的風土習俗就是各地氣類的形象產物，故學者或曰：氣類與風土是一體二面，社群氣類即風俗，不同的是風土偏重地域面和形式面[79]。

---

77 宋朱熹《朱子語類‧禮七‧祭》卷 90：「蓋子孫既是祖宗相傳一氣下來，氣類固已感格。」欽定四庫全書本，頁 65。

78 宋朱熹《朱子語類‧論文下》卷 140，欽定四庫全書本，頁 75。

79 參見林朝威、盧其薇〈清代臺灣「分類械鬥」思想探微：以朱熹「氣類」觀念為核心的考察〉，《東華漢學》第 5 期，東華大學中國語文學系，2007 年 6 月，頁 141。

臺灣的分類械鬥，以地緣為氣類，內化心靈意識，組成龐大群體，共同處理解決所面對的問題，形成以地緣為名的械鬥型態。經由這樣的分析，前述宦臺人士以風俗民性說解讀臺灣，也就不言可喻了，而針砭氣類的方法自然而然也就莫過於加強地方教育，從根本處轉化民間氣類了。〈大觀義學碑記〉所述義學的成立與目的亦在此。〈大觀義學碑記〉又說：

> 夫湮鬱之開在人不在地，轉移風氣在士不在民，士為四民之首，一舉一動，關係民風。士習端則民生觀感興起，日趨於善，漓則鄉里效尤放縱，日鶩於爭故。為士者望彌重，責亦彌重。諸生既誦法先聖，號稱衣冠之士，非徒株守章句，揣摩時尚，以弋取科名而已。所當納身禮讓之中，以變移鄉俗為己任，修於身而型於家，日與子弟鄉人言，出入友助和親康樂，共為堯舜之民，興仁興讓，且徧國俗；中原禮讓之邦，文物之地，何能以加茲？

　　這段文字本旨在推崇林維讓、林維源，「士為四民之首，一舉一動，關係民風」、「納身禮讓之中，以變移鄉俗為己任」，林氏兄弟正是如此之典範，以知識分子的道德反省，親身奉行禮義，積極建設地方教育，提倡政教風化。莊正進而認為大觀義學的教育，必能移風

易俗，讓湮鬱蠻荒的臺灣，升格為如中原一般的文化美境，誠然，這是莊正〈大觀義碑記〉的最高創學理念。

六、結　語

　　義學乃為民間孤寒子弟專設之地方蒙學教育，清治臺灣的義學約別為四類：官費設立、地方行政長官義捐、地方政府主倡籌集民間義捐、純粹民間人士義捐。大觀義學為純粹民捐，創設之因由，肇起於咸豐至同治年間，臺北地區的大規模械鬥，北臺重要的漳籍領袖 —— 林本源家族林維讓、林維源兄弟，嫁妹於泉州舉人莊正，以「漳泉聯姻」及「創建義學」，竭力表達調解糾紛與致力祥和之誠心；自此地方文風丕起，士氣民情駸駸日盛；其始末載於〈大觀義學碑記〉。本文從概述義學流變切入，接續討論碑記撰寫人、大觀義學成立的械鬥背景，最後詮解分類械鬥的思想意識：「氣類」和「風俗」。

　　〈大觀義學碑記〉是探討「大觀義學」的第一手文獻，碑記撰寫人莊正，為義學始倡人之一，兩次出任義學講席、掌理學務，居功厥偉。惜乎！其詳細的生平經歷多付闕如，本文初步透過板橋存留的莊正墨蹟三件：〈大觀義學碑記〉、接雲寺三川門匾額、林本源園邸來青閣匾聯；梳理判讀莊正客寓板橋之時間，雖大抵略可掌握，唯其中仍有疑問未廓清，殊感抱憾。

　　審視〈大觀義學碑記〉，以「教化功能」為全文軸

心，莊正認為消弭「氣類」端賴地方教育，從人心根本
處轉化之，最後必能薰陶振作，接軌中原文化。細繹史
實，臺灣頻繁的械鬥動亂，洵為政治、經濟等多元因素
總和之結果，龐雜繁複，很難簡單討論，而清政府視臺
灣為邊陲荒陬，民性憍悍、風俗浮動，是導致亂盪難治
之主因，臺灣設置義學，目的即欲以教化之文治力量行
政治管理之效，歷來宦臺重臣如高拱乾、藍鼎元、徐宗
幹、姚瑩……等，莫不如是觀，因此，強化基礎蒙學，
設教興學，以「移風易俗」，遂成為治臺革弊之要策。
身為流寓文士的教育家莊正,亦賡續此條路線撰寫碑記。

　　板橋，是一個廣大變遷的多元文化地理空間。在地
方開發史上，大觀義學之創立，表徵著板橋由「移墾社
會」躍升「文治社會」，轉型為臺灣北部的文教中心。
莊正〈大觀義學碑記〉留下了驗證，成為今人貼近土地
的最佳資料來源，而臺灣清治時期義學教育的歷史意
義，亦由焉覘之。

七、附錄：〈大觀義學碑記〉

　　程子曰：「治天下以正風俗、得賢才為本。」余謂
非必天下也，即一都一邑亦然。風俗必本人心，關乎士
習。賢才不遽得，當培養而至成之。然則化民成俗之原，
興育才之道，莫要於建學立教。淡水，海外荒徼，入版
圖最後，國初以前瘝為狉榛，開闢百十年，瘴雨蠻煙，

悉為含鼓嬉游之宇。然地富庶而人強悍，睚眦之怨，逞刃相仇連年，累歲亡身破家不休。其性耶習耶？其不學不教之咎耶？淡北距塹城學宮百餘里，惟艋舺有學海書院而甄陶未廣，僻壤孤村之士，既闊教澤，其有漫分類氣類，畢生裹足不登書堂者，民風之陋士習之頹，職是故歟？歲癸亥，余游寓於茲，思有以洗滌而振興之，商諸外兄弟觀察林君維讓、維源，首倡貲創學舍於枋橋東北隅，月集諸生考課。余不忝司月旦，既砥礪其德業，亦柔和其心性。遠邇世人翕然向風，邇來民無競心，士有奮志，忝陋文風，日振日上，而科名遂以踵起，則教學之明驗大效也。夫湮鬱之開在人不在地，轉移風氣在士不在民，士為四民之首，一舉一動，關係民風。士習端則民生觀感興起，日趨於善，漓則鄉里效尤放縱，日鶩於爭故。為士者望彌重，責亦彌重。諸生既誦法先聖，號稱衣冠之士，非徒株守章句，揣摩時尚，以弋取科名而已。所當納身禮讓之中，以變移鄉俗為己任，修於身而型於家，日與子弟鄉人言，出入友助和親康樂，共為堯舜之民，興仁興讓，且徧國俗；中原禮讓之邦，文物之地，何能以加茲？余內渡十年，再遊斯土，深幸士氣民情駸駸日盛，由是薰陶振作，使游淡北者，謂斯之風俗人才絕冠海邦，豈不懿哉？顧惟義學之設，鳩貲僅二千金，而土木營構已逾五千餘，所建祀田三十石，及按歲考課膏火費用數百金，皆觀察君昆仲捐助勉成，恒產未謀，後恐難繼，寸心用是耿耿。而余以親舍白雲，未

敢淹留；客路清風，無從恢廣。觀察君昆仲好義性成，
圖始必能圖終，或後之君子有與余同志者，不獨諸生之
感，亦余所厚望也。義學之前，大屯觀音山對峙焉，故
名大觀。為屋二，中祀文昌帝君，券諸生之文明，兼奉
濂洛關閩五先生，示學術之標準。前為行禮出入之所，
兩旁學舍十餘，前後有隙地可擴充，尚遲有待。余忝倡
是謀，且兩登講席，敢不揣固陋而為之記，其捐貲姓名，
另書他石。

　　同治十有二年癸丑中春
　　溫陵莊正並書
　　監工楊早明

參考書目

一、書籍類

十三經注疏本《易經》，臺灣：藝文印書館。

十三經注疏本《詩經》，臺灣：藝文印書館。

十三經注疏本《左傳》，臺灣：藝文印書館。

十三經注疏本《禮記》，臺灣：藝文印書館。

朱熹《四書集注》，臺南：大孚書局。

司馬遷《史記》，臺灣：藝文印書館。

班固《漢書》，臺北：藝文印書館。

房玄齡等《晉書》，臺北：鼎文書局。

歐陽修等《新唐書》，臺北：鼎文書局。

劉昫等《舊唐書》，臺北：鼎文書局。

張廷玉等《明史》，臺北：鼎文書局。

趙爾巽、柯劭忞等《清史稿》，臺北：洪氏出版社。

蕭統《文選》，臺北：藝文印書館。

瞿蛻園等校注《李白集校注》，臺北：里仁書局出版。

彭定求、沈三曾等《全唐詩》，臺北：明倫出版。

洪邁《容齋隨筆》，臺北：商務書局印書館。

郭慶藩《莊子集釋》,臺北:河洛圖書出版社。

林雲銘《增註莊子因》,臺北:廣文書局。

洪興祖《楚辭補注》,臺北:藝文印書館

姜亮夫《楚辭書目五種》,昆明:雲南人民出版社。

何文煥《歷代詩話》,臺北:藝文印書館。

丁仲祜《續歷代詩話》,臺北:藝文印書館。

丁仲祜《清詩話》,臺北:藝文印書館。

袁枚《隨園詩話》,臺北:廣文書局。

蘇與《春秋繁露義證》,臺北:河洛圖書出版。

章學誠著、葉瑛校注《文史通義校注》,北京:中華書局。

嚴可均《全上古三代秦漢三國六朝文》,臺北:宏業書局。

張溥《漢魏六朝百三家集》,臺北:新興書局。

錢謙益《列朝詩集小傳》,臺北:世界書局。

許印芳《詩法萃編》,臺北:新文豐。

王國維《人間詞話》,揚州:廣陵書社。

錢穆《莊老通辨》,臺北:東大出版。

范文瀾《文心雕龍注》,臺北:臺灣開明書局。

劉永濟《文心雕龍校釋》,臺北:華正書局。

黃侃《文心雕龍札記》臺北:文史哲出版。

張少康《文心雕龍新探》,臺北:文史哲出版。

王禮卿《文心雕龍通解》,臺北:黎明文化出版。

徐復觀《中國藝術精神》,臺北:臺灣學生書局。

張文勳《文心雕龍探秘》,臺北:業強出版。

周振甫《周振甫講《文心雕龍》,南京:江蘇教育出版社。

陸侃如、牟世金《文心雕龍譯註》，濟南：齊魯書社。

黃霖《文心雕龍彙評》，上海：上海古籍出版。

詹鍈《文心雕龍義證》，上海：上海古籍出版。

羅立乾注釋、李振興校閱《新譯文心雕龍讀本》，臺北：
　　三民書局。

朱光潛《文藝心理學》，臺北：臺灣開明書店。

朱光潛《談美》，臺北：新潮社文化出版。

王世貞著，陸潔棟、周明初批註《藝苑卮言》，南京：江
　　蘇古籍出版社。

祖保泉《司空圖詩品注釋及釋文》，臺北：新文豐出版。

郭紹虞《中國文學批評史》，臺北：明倫出版。

陳鍾凡《中國文學批評史》，臺北：中華書局。

顧易生、王運熙《中國文學批評史》，臺北：五南圖書出
　　版社。

羅根澤《中國文學批評史》，臺北：明倫書局。

朱東潤《中國文學批評史綱》，臺北：開明書局。

葉朗《中國美學史大綱》，臺北：滄浪出版社

劉大杰《中國文學發展史》，臺北：華正書局。

王金凌《中國文學理論史》，臺北：華正書局。

黃保真、成復旺、蔡鍾翔《中國文學理論史》，臺北：洪
　　葉文化有限公司。

孟藍天、趙國存、張祖彬《中國文論精華》，北京：河北
　　教育出版社。

張少康《中國古代文學創作論》，臺北：文史哲出版社。

王瑤《中古文學思想》，臺北：鼎文書局。

王瑤《中古文學史論》，臺北：長安出版社。

林庚《魏晉南北朝文學史參考資料》，臺北：泰順書局。

張仁青《魏晉南北朝文學思想史》，臺北：文史哲出版社。

瞿蛻園《漢魏六朝賦選注》，臺北：西南書局。

鄭在瀛《六朝文論講疏》，臺北：萬卷樓圖書有限公司

許文雨《文論講疏》臺北：正中書局。

裴斐《文學原理》，北京：中央民族學院出版社。

松浦友久著，孫昌武、鄭天剛譯《中國詩歌原理》，臺北：
　　洪葉文化出版。

黎活仁《現代中國文學的時間觀與空間觀》，臺北：業強
　　出版。

田兆民《歷代名賦譯釋》，哈爾濱：黑龍江人民出版社。

蔣凡《葉燮和原詩》，臺北：萬卷樓圖書公司。

張葆全《詩話和詞話》，臺北：萬卷樓圖書公司。

蔡鎮楚《中國詩話史》，長沙：湖南文藝出版社。

劉若愚著、賴春燕譯《中國人的文學觀念》臺北：成文
　　出版社。

吳經熊著、徐誠斌譯《唐詩四季》，臺北：洪範書店出版。

葛景春《李白與唐代文化》，鄭州：中州古籍出版社。

茆家培、李子龍《謝朓與李白研究》，北京：人民文學出
　　版社。

青木正兒著、陳淑女譯《清代文學評論史》，臺北：開明
　　書局。

吳宏一《清代詩學初探》，臺北：牧童出版社。

藍鼎元《東征集》，臺灣銀行經濟研究室：臺灣文獻叢刊
　　　第 12 種。

藍鼎元《平臺紀略》，臺灣銀行經濟研究室：臺灣文獻叢
　　　刊第 14 種。

姚瑩《東槎紀略》，臺灣銀行經濟研究室：臺灣文獻叢刊
　　　第 7 種。

姚瑩《中復堂選集》，臺灣銀行經濟研究室：臺灣文獻叢
　　　刊第 83 種。

劉家謀著、吳守禮《校注海音詩全卷》，臺灣省文獻委員
　　　會：臺灣文獻叢書。

蔣毓英《臺灣府志》，臺灣省文獻委員會：臺灣文獻叢書。

高拱乾《臺灣府志》，臺灣銀行經濟研究室：臺灣文獻叢
　　　刊第 65 種。

陳文達《臺灣縣志》，臺灣銀行經濟研究室：臺灣文獻叢
　　　刊第 103 種。

謝金鑾《續修臺灣縣志》，臺灣銀行經濟研究室：臺灣文
　　　獻叢刊第 140。

鍾周瑄《諸羅縣志》，臺灣銀行經濟研究室：臺灣文獻叢
　　　刊第 141 種。

陳淑均《噶瑪蘭廳志》，臺灣銀行經濟研究室：臺灣文獻
　　　叢刊第 160 種。

陳培桂《淡水廳志》，臺灣銀行經濟研究室：臺灣文獻叢
　　　刊第 172 種。

連橫《臺灣通史》，臺灣銀行經濟研究室：臺灣文獻叢刊
　　第 128 種。

司馬嘯青《臺灣五大家族》，臺北：自立晚報。

王國璠《板橋林本源家傳》，臺北：林本源祭祀公業。

馬書田《華夏諸神・鬼神卷》，臺北：雲龍出版社。

林富士《孤魂與鬼雄的世界：北臺灣的厲鬼信仰》，臺北：
　　臺北縣立文化中心。

許雪姬《樓臺重起》，臺北：臺北縣政府文化局。

淀川喜代治著、陳存良等譯《板橋街誌》，臺北：臺北縣
　　立文化中心。

張馥堂主修，盛清沂、吳基瑞編《板橋市志》，臺北：板
　　橋市公所印。

徐麗霞《清治到日治時期之臺灣文學研究》，臺北：文津
　　出版社。

徐麗霞《板橋行腳 — 古蹟與宗教》，臺北：財團法人大
　　觀書社。

徐麗霞《林本源園邸古蹟細賞系列 — 匾聯之美》，臺
　　北：新北市政府文化局。

二、學位論文

丁嬪娜《陸機研究》，私立輔仁大學中文研究所碩士論
　　文，1972 年。

金良美《陸機〈文賦〉研究》，國立臺灣師範大學國文研

　　究所碩士論文，1991 年。

王秋傑《陸機及其詩賦研究》，國立臺灣大學中文研究所
　　碩士論文，1992 年。

陳惠豐《葉燮詩論研究》，國立臺灣師範大學國文究所碩
　　士論文，1977 年。

馮曼倫《葉燮原詩研究》，私立東吳大學中國文學研究所
　　碩士論文，1980 年。

李興寧《葉燮詩論「正變」觀念之研究》，國立高雄師範
　　大學國文學系碩士論文，1999 年。

楊文雀〈李白詩中神話運用之研究 ── 以仙道神話主
　　體〉，私立輔仁大學中國文學研究所碩士論文，1990
　　年。

呂明修〈李白古風五十九首研究〉，私立輔仁大學中國文
　　學研究所碩士論文，1991 年。

楊靜宜〈李白詩歌感時傷逝情懷研究〉，國立中正大學中
　　國文學系碩士論文，1996 年。

林姵君〈板橋大觀書社之探究〉，私立中國文化大學史學
　　研究所碩士論文，2004 年。

周民慧〈清代的大觀義學〉，國立花蓮師範學院語文科碩
　　士論文，2005 年。

曾蕙雯〈清代臺灣啟蒙教育之研究〉，國立臺灣師範大學
　　教育系碩士論文，2000 年。

葉峻憲〈清代臺灣教育之建置與發展〉，私立中國文化大
　　學史學研究所博士論文，2003 年。

黃俊雄〈清代臺灣分類械鬥書寫之研究〉，國立中正大學
　　中國文學研究所碩士論文，2008 年。

三、期刊論文

朱東潤〈陸機年表〉，《武漢大學文哲季刊》第一卷第一
　　期。
陳老驤、逯欽立〈關於文賦疑年的四封討論信〉，《民主
　　評論》第九卷第十三期。
張肇祺〈文學與哲學〉，《哲學與文化》第四卷第十一期。
張亨〈陸機論文學的創作過程〉，《中外文學》第一卷第
　　八期。
蘭婷〈陸機文賦析論〉，《文藝月刊》第一二八期。
王更生〈劉勰的文學三原論〉，《中國古典文學研究》第
　　一期。
何寄澎〈悲秋 ── 中國文學傳統中時空意識的一種典
　　型〉，《臺大中文學報》第七期。
李豐楙〈行瘟與送瘟 ── 道教與民眾瘟疫觀的交流與分
　　歧〉，漢學研究中心編《民間信仰與中國文化國際研
　　討會論文集》。
陳永華〈從鄉厲到無祀：基於閩西四堡的考察〉，《民俗
　　研究》第六期。
于曉燕〈「義學」釋義〉，《貴州師範學院學報》第三十卷
　　第十期。

林朝威、盧其薇〈清代臺灣「分類械鬥」思想探微：以朱熹「氣類」觀念為核心的考察〉,《東華漢學》第五期。

許達然〈械鬥和清朝臺灣社會〉,《臺灣社會研究季刊》第二十三期。

孫準植〈清代臺灣之義學〉,《國史館館刊》復刊第十五期。

徐麗霞〈清治板橋文化發展之流變〉,銘傳大學應用中國文學系「2012年學理與應用」國際學術研討會論文集。